求索职业教育

许高炎 著

东南大学出版社
·南京·

内容提要

本书阐明了一个重要的理论观点:"职业教育是一类基础性的特殊教育。"全书重点阐述了职业教育办学教学与普通教育育人方面不同的特质;以深化产教融合为核心,深化职业教育教学改革,高质量发展职业教育。具体地介绍了职业教育办学的跨界特质;培养准社会职业人的人才目标;实施产教融合,强化教学价值取向;职业教育教学内容的课程类型四元素;职业教育教学综合策划备课;教学过程育人的五要素,教学教育相融;职业教育教学评价的三特色与教学管理的三重点。

全书内容共分三部分:第一部分,求索概述;第二部分,求索纲要;第三部分,求索论文。作者在对教学实践、教学管理与教学研究的40年探索过程中,总结实践文章、发表研究论文、探索课题研究、撰写报告文件(据百度"学术"统计,发表论文仅16篇中就有被引量154次),本书从中精选31篇收编。

本书可以供从事职业教育教学改革的教师阅读与参考,也可以供编写职业教育教学课程教材者参考。

图书在版编目(CIP)数据

求索职业教育 / 许高炎著. -- 南京:东南大学出版社,2025.4. -- ISBN 978-7-5766-2084-9

I. G719.21

中国国家版本馆 CIP 数据核字第 2025X1X781 号

求索职业教育
Qiusuo Zhiye Jiaoyu

著　　者	许高炎
文字审稿	董秦婴
责任编辑	贺玮玮　张慧芳
责任校对	子雪莲
封面设计	速泰熙　毕　真
责任印制	周荣虎
出版发行	东南大学出版社
出 版 人	白云飞
社　　址	南京市四牌楼2号
网　　址	http://www.seupress.com
经　　销	全国各地新华书店
印　　刷	广东虎彩云印刷有限公司
开　　本	787mm×1092mm　1/16
印　　张	18.5
字　　数	372千字
版　　次	2025年4月第1版
印　　次	2025年4月第1次印刷
书　　号	ISBN 978-7-5766-2084-9
定　　价	89.00元

(本社图书若有印装质量问题,请直接与营销部联系。电话:025-83791830)

序(一)

我与本书作者许高炎老师相识约六十年,我们在同一个战线工作了近五十年。他从一个普通中学的物理教师,转身投入职业教育。从一个职业教育的实践者,到研究者,是他一生中最重要、最值得记忆的历史,这本《求索职业教育》是他年逾八十之后交出的令人敬佩的篇章。

我国现代职业教育的蓬勃发展从20世纪80年代初开始,教育战线借教育改革的东风,大力兴办职业教育,南京市最早参与了我国与联邦德国合作项目,一种新型职业教育模式"双元"制进入南京,许高炎幸运地成为第一批"实验者"之一。由于中德两国社会制度、经济发展模式、文化传统的差异,引进联邦德国这种新型教育模式,在实践中产生各种碰撞是难免的。既要吸收联邦德国的新型培养理念、培养方式,又要结合我国国情,准确而有效地对不适合我国国情的部分加以改造,是中德合作中最大的难题。这是一个较长的过程,是一个逐步磨合中德方面分歧、逐步探索适合我国国情的新方案的艰难的过程。

许高炎勇敢而坚定地参与了这个探索过程。他从课程设计、课程施行,到教学过程、评价考核,针对不同专业都提出了一系列实施方案,并亲力亲为。更为可贵的是,他在离开教学第一线之后仍致力于职业教育的研究,前后十余年,笔耕不辍,在各级刊物及各类研讨会上发表自己的成果。他是职教战线上一位勤勤恳恳的实践者,是一位孜孜以求的探索者,这本《求索职业教育》便是这一成果的最好表达。

职业教育是一类不同于普通教育的教育,它具有教育所有的教书育人功能,但在教育理念、培养目标、教学内容和方式、考核考试、人才评价等方面,却和普通教育完全不同。这就是本书的显著特色,也是作者数十年来从事教育实践和理论研究的结论,我对此十分赞同。

当然,现代职业教育在我国蓬勃发展的历史并不长,人们对于职业教育的实践和研究,还有更多的问题需要探索,这是一个不断深入、不断前进的过程,我们依然任重而道远。

高 耘
2022 年 11 月 12 日

(高耘曾任南京市地方志办公室党组书记、主任,南京市教育局副局长,钟山学院职教研究所所长)

序(二)

近日收到许高炎寄来的大作《求索职业教育》,这是作者许高炎为国育才付出几十年心血的结晶。从中可以看到作者许高炎几十年辛劳的身影和取得的丰硕成果,是他奋战在职教战线上的岁月留痕。无论是结合国情试行德国"双元制",还是开展职业技术探索研究,许高炎都是勇敢的践行者和探索研究者,他亲力亲为,并做出显著成绩。许高炎的这份大礼十分厚重,读来使人倍感亲切。不少老同志在职时为国为民效劳,退休后想对自己一生的工作做一个总结,但由于年老力衰,力不从心,未能如愿。而许高炎已八十多岁高龄,还能完成这一艰巨的工程,笔耕不辍,盛世谱职教华章,确实可喜可贺。祝作者健康长寿,乐享天年。

李步斗

2023 年 6 月 13 日

(李步斗曾在中国科学院江苏分院教育科学研究所工作,曾任江苏省教委职教处处长)

序（三）

　　学习习近平新时代中国特色社会主义思想，要走深走实，以学促干。南京市的经济与职教发展，一直走在全国前列。当今职业教育如何高质量发展？如何实现中国式现代化职业教育？原南京职业教育教学研究室主任许高炎同志，总结40年职教经验，撰写了《求索职业教育》这本书，提出"职业教育是一类具有基础性、特殊性的教育"的观点，认为"实现中国式现代化须认识职业教育培养技术技能人才占比强国人才的基础性；实现高质量发展深化产教融合，须认知职业教育的特殊性"，通篇都贯穿这个基本观点。我建议，同仁们可以研究、讨论、探索、实践他的教育观点。

　　什么是职业教育？职业教育是一种具有与普教同等重要地位、同等重要作用的类型教育，也是一种具有与普教有区别的特殊教育。我认为，可将中国式现代职业教育定义为"以技术技能人才强国为标杆，以其产教融合硬核特质为主要内容，从事学习与实践的教育活动"。

　　本书分"求索概述、求索纲要、求索论文"三部分，是一般到具体的结构，演绎法排序。作者实践探索的研究方向是"实践、纲要、概括"，是具体到一般的过程，归纳法方向。作者亲身经历了我国职业教育的"积极发展、提高质量、加强教研、高职发展、高质量发展"五个发展阶段。书尾选择"片段与碎片"，以江苏南京为主，粗略展现了40年职业教育发展脉络。我认为，认知职业教育改革40年发展史，对继承发展"筚路蓝缕，艰苦创业""互帮互学，勇于创新"的职教精神，对"深化产教融合，高质量发展职教"的职教方向，有一定的激励与推动作用。

　　为什么说职业教育也是基础教育？作者认为，普教的基础教育是针对"文化科学知识与立德树人"打基础。职教的基础教育是针对"应用技术技能与立德树人"打基础。建设中国式现代化的人才强国，职业教育培养的大体量的技术技能人才，是基础，他们将直接参与中国式现代化的强国劳动建设。我认为，提出职业教育的基础性，对于建设中国式现代化强国具有长远的人才战略意义。

为什么说职业教育更是特殊教育？本书以深化产教融合为核心，针对职业教育的办学教学工作，具体阐述了办学跨界融合、教学价值取向、教学内容元素、备课整合策划、教学教育过程融合、教学评价特色、教学管理重点、直接为国育才等8个方面特质。我认为，本书对职业教育实践，对高质量发展职业教育，具有一定的借鉴与指导作用。

本书作者从事普通教育约20年，从事8届班主任与物理教学工作，是全国物理学会会员，南京市教育局高评委学科组长，从事职业教育实践、探索、研究40年，具有丰富教育教学经验与较高理论水平。曾参与中德合作创新南京"2-1-2学制技术员学校"谈判与办学工作，后转至五年制大专——江苏省联合职业技术学院高等职业技术学校分院工作，曾因工作出色创新被委派参与拟定与发表部级专业指导文件与主编国家规划实训实习教材，受到教育部职教司与高等教育出版社高度赞扬，曾撰写发表职教实训教学程序规范并落地指导该校实践实训，曾受邀于部司单位在北京理工大、青岛平度、西安等地开设的职业教育培训班上讲课，曾主持与参与国家级、部级、省级五项职教课题研究，曾获部级课题三等奖，曾获部级职教论文一等奖、院级论文一等奖，发表论文30多篇，退休后受聘为教育部"面向21世纪职业教育课程改革和教材建设规划"研究与开发项目成果审定委员会委员，是全国知名职业教育教学专家。我认为，本书可供职教教师、教研员、职教工作者进修参考。另外，我衷心感谢，许高炎同志作为80多岁高龄老人还笔耕不辍，关心职业教育事业高质量发展。我很高兴，能为老同志作序。

潘东标
2023年9月6日

（潘东标现任南京市教育局二级巡视员）

导　言

本书名是《求索职业教育》,追求探索职业教育特色,分"求索概述""求索纲要"和"求索论文"三部分。

本书第三部分"求索论文"是系统论文。它伴随着笔者从普通教育班主任、物理教师、物理教研组长岗位到从事职业教育的跨界转变,从中德第一期合作南京项目(1983—1986年)开始,在职业学校的建筑专业教师、专业教研组长、教务副主任岗位工作。在中德第二期(1987—1990年)与第三期合作南京项目(1991—1993年)时,在职业学校教务主任、教学校长岗位工作。1993年调任南京市教学研究室副主任岗位,后在江苏省首个成立的南京市职业教育教学研究室主任岗位工作,2000年退休后被推荐到钟山学院职业教育研究所从事研究员工作。笔者有幸在改革开放后,能在各个不同职业教育岗位系统工作,这为笔者创造了很好的客观条件,可在职业教育各个不同岗位工作的实践进程中,有心有目标地对职业教育的办学特色与人才培养、教学内容与教学方法、人才评价与教管教研的工作实践进行总结。在这几十年间,笔者发表了多篇论文,试图求索撰写中国式职业教育特色。第三部分"办学、人才、教材、教学、评价、管理"六章的每一章都是通过几篇文章来阐明的,非常具有说服力。第二部分内容,是笔者亲力亲为沉浸式职业教育的工作实践总结,并升华为唯象经验与职教理论。其中,一有调研代拟国家教委规划的中职建筑专业教学计划、统稿13门教学大纲(已在高等教育出版社出版);二有研究国家教育科学规划教育重点课题中的"专业技能""综合课程"两个项目(已在高等教育出版社出版);三有研究国家教育科学规划课题中的"区域中职教管模式"(教育部三等奖);四有研究国家教育科学规划教育重点课题中的"专业设置南京地方案例研究"(已在高等教育出版社出版),时任教育部职成司司长说,在操作层面上有很强的实用性;五有主编国家教委规划示范创新"技能训练"中职教材(已在高等教育出版社出版);六有主编国家规划中职"综合实习"教材内容(已在高等教育出版社出版);等等。2024年5月高等教育出版社成立70周年时向笔者颁发纪念证书,并称赞对中职教材建设有"杰出贡献"。其中有两层意思,第一,"职业标准进教材、职业工作内容进教材、实训程序训练进教材",笔者的三进实践教材为中职教材建设做出重要贡献。第二,多维度调研产业职业与人才市场,多维度调研专业设置与课程设置,创新了一个专业系列的教学计划、教学大纲与教材,反映了职业教育教学内容特色,为产教内容融合做出重要贡献。书稿第三部分内容,对广大职业学校教师把握职业教育教学特色,从事职业教育教学具有一定的具体指导作用。

  本书第二部分是简约表格。笔者从职教老师扩展到职教管理干部,从符合职业教育教学管理干部的工作需要着手,把求索职业教育的第二部分,概括简约为表格形式,这样有利于读者了解办学、教学、管理的特色内容。

  本书第一部分是求索概述。笔者对有关职业教育的办学特色与人才培养、教学内容与教学方法、人才评价与教学管理等各类实践进行总结,试图在第三部分实践经验认知的基础上,遵循马克思主义实践论、认识论,概括职业教育理论的本质内容,撰写了第一部分四篇文章,即:求索概述职教、职业教育简史、求索产教融合与实用课程结构。笔者撰写第一部分内容的目的在于抛砖引玉,以供职业教育界、理论界人士探索、研究和讨论。第一部分主要回答两个问题:第一,什么是职业教育?职业教育的重要地位体现在哪里?职业教育与普通教育的区别是什么?第二,德国职业教育双元制本土化的方向是什么?中国式现代化职业教育高质量发展方向是什么?职业教育课程设置内容要素与设置原则是什么?职业教育与普通教育的沟通节点是什么?笔者试图通过第一部分不成熟内容,引起职业教育界、理论界的讨论,并引起高层领导对中国式现代化职业教育进行顶层设计。

本书三部分内容既相互联系又互为因果。从内容联系上看，从历史的实践经验到经验理论，"三、二、一"部分符合归纳法、符合逻辑性；从排序结构上来看，"一、二、三"部分符合从一般到具体的逻辑顺序、符合分析法；从职教教师、教管干部、教研人员等三部分受众读者来看，"一、二、三"部分具有可读性与针对性。本书不仅在内容上进行了创新，而且在结构形式上也进行了创新。

本书在撰写过程中，得到了很多人的支持与帮助，在此特别衷心感谢高耘老先生对本书多次提出宝贵的意见，衷心感谢李步斗老先生对笔者发扬职教精神的高度评价，感谢市教师进修学校汉语教员、语文教研组长董秦婴女士为本书文字作审阅修正，感谢南京文化名人、全国装帧大师之一、南京艺术学院硕士生导师速泰熙先生为本书做封面设计，感谢南京市教育局副局长潘东标为本书作序，感谢江苏省教育厅二级巡视员眭平同志和江苏省联合职业技术学院党委书记刘克勇同志的关心与支持，感谢责任编辑贺玮玮的帮助和支持，感谢责任校对三次认真审稿，感谢东南大学出版社工作人员的辛勤付出。南京职教教研室同事们亦给予了帮助与支持，在此一并表示感谢！

由于本书内容均为笔者亲力亲为，难免有偏颇、局限和不足之处，望读者斧正，多提意见！

许高炎　修改于 2024 年 10 月 18 日

目 录 CONTENTS

- **第一部分　求索概述** ·············· 001
  - 第一章　求索概述职教 ·············· 002
  - 第二章　职业教育简史 ·············· 013
  - 第三章　求索产教融合 ·············· 019
  - 第四章　实用课程结构 ·············· 022
- **第二部分　求索纲要** ·············· 029
  - 第五章　办学模式 ·············· 030
    - 第一节　办学模式 ·············· 030
    - 第二节　人才目标 ·············· 031
  - 第六章　教学纲要 ·············· 032
    - 第一节　教学价值取向 ·············· 032
    - 第二节　课程元素 ·············· 033
    - 第三节　教学过程 ·············· 035
  - 第七章　管理纲要 ·············· 038
    - 第一节　教学评价 ·············· 038
    - 第二节　教学管理 ·············· 043
  - 第八章　特殊纲要 ·············· 046
- **第三部分　求索论文** ·············· 049
  - 第九章　办学篇 ·············· 050
    - 第一节　六国高职教育 ·············· 050
    - 第二节　中德合作教育 ·············· 061
    - 第三节　专业设置调研 ·············· 066
  - 第十章　人才篇 ·············· 077
    - 第一节　职教人才取向 ·············· 077
    - 第二节　浅谈准职业人 ·············· 082
    - 第三节　职业生涯概论 ·············· 089

第四节　职业生涯规划 …………………………… 101
第十一章　教材篇 …………………………………… 106
　　第一节　职教课程特色 …………………………… 106
　　第二节　专业教学方案 …………………………… 114
　　第三节　综合教材特点 …………………………… 120
　　第四节　实训教材特色 …………………………… 122
　　第五节　附篇　实训教材特色 …………………… 125
　　第六节　课程教学取向 …………………………… 130
　　第七节　附篇　浅谈课程设置原则 ……………… 137
第十二章　教学篇 …………………………………… 141
　　第一节　教学的五过程 …………………………… 141
　　第二节　职教重实训课 …………………………… 146
　　第三节　演练程序教学 …………………………… 149
　　第四节　动态教学法 ……………………………… 155
　　第五节　故障排除法 ……………………………… 161
　　第六节　项目教学法 ……………………………… 164
　　第七节　综合技术法 ……………………………… 169
　　第八节　教学策划法 ……………………………… 172
第十三章　评价篇 …………………………………… 179
　　第一节　课堂教学评价 …………………………… 179
　　第二节　毕业操作考试 …………………………… 194
　　第三节　职教数学教材 …………………………… 199
　　第四节　教学评价体系 …………………………… 201
第十四章　管理篇 …………………………………… 212
　　第一节　教管模式研究 …………………………… 212
　　第二节　职教教研职能 …………………………… 243
　　第三节　教研管理工作 …………………………… 247
　　第四节　职教质量管理 …………………………… 254
　　第五节　课程学分管理 …………………………… 257
第十五章　沉浸篇 …………………………………… 262
　　片段与碎片 ………………………………………… 262
后　记 ………………………………………………… 275
附表：论文、课题等文章一览表 …………………… 277

第一部分

求索概述

第一章　求索概述职教
第二章　职业教育简史
第三章　求索产教融合
第四章　实用课程结构

第一章　求索概述职教

为什么说职业教育是一种类型教育？为什么说职业教育是具有基础性的教育？为什么说职业教育是一类具有特殊性的教育？党的二十大报告指出："统筹职业教育、高等教育、继续教育协同创新，推进职普融通、产教融合、科教融汇，优化职业教育类型定位。"本章主要讲述"职业教育类型定位"，从宏观上说明职业教育是一种类型教育，是具有基础性的教育，从微观上阐明职业教育是一类特殊的教育。笔者认为，职业教育应为"一类具有基础性的特殊性的教育"。

一、为什么说职业教育是一种类型教育？

（一）宏观横向

专业技术教育、职业学校教育、职业技术培训教育、技工学校、技师学校、在职成人培训教育，构成职业教育"范围广泛、形式多样"的教育规模。

（二）宏观纵向

职业培训教育、中等职业技术教育、高等职业学院大专教育、职业大学本科教育、试点"产学研用"模式培养职业研究生教育，构成职业教育"层次完整、体量很大"的教育系统。

（三）职、普异同

1. 职业教育与普通教育的共同之处

（1）职、普都是以党的方针、国家的政策为指导，贯彻教育为本，立德树人，育人培根铸魂，培养新时代中国特色社会主义的接班人、建设者和劳动者。

（2）职、普都是基础性的，职、普教师的地位是一样重要的。基础性是相对的，普教的基础是打好"文化科学与立德树人"的基础，为培养科技人才打好基础。职教的基础是打好"应用技术技能与立德树人"的基础，为培养建设中国式现代化强国事业劳动人才打好基础。

（3）职、普教育的中心工作是教学，教师、师傅是主导者、指导者、引领者，学生、学员是主体，教学相长。

（4）职、普教育教学过程贯彻教学教育相结合的原则，在教育的各个环节上，如以环境正能量熏陶、教师言传身教正确引导、要求学生自律等，培根铸魂培养合格学生。

2. 职业教育与普通教育的不同之处

(1) 职业教育办学主要以"就业"为导向,跨界办学。普通教育主要以"升学"为导向,以"文化科学与立德树人"为基础。

(2) 职业教育专业设置主要以"产业发展需求与产业转型升级需求"为导向。普通教育主要设置基本稳定的文化科学基础课,如"语数外、政史地、理化生计、音体美劳"等。

(3) 职业教育培养人才主要以"建设中国式现代化职业教育强国,培养肯干活、会干活、能干活的基础人才",为国育才为导向。普通教育培养人才主要向"高一级教育"输送精英人才。

(4) 职业教育教学内容主要是以"深化产教融合,渐近、整合、重构改革教学内容"为导向。普通教育的教学内容改革主要还是在文化科学基础课范畴内,少有越界、跨界与企业、行业、产业融合办学模式。

(5) 职业教育主要是以"基础元素、技术元素、技能元素、模块元素"为架构,设置职业教育课程。普通教育的课程类型主要还是文化课,少有综合课程、交叉课程。

(6) 职业教育教学过程、课堂教学要"整四融五",教学"整四"为内容,教育"融五"为本,推进重教育教学融合。普通教育的教学过程,教学教育要融合,没有具体的一般要求与指导意见。

(7) 职业教育教学评价突出了"学分全面发展评价、技能特色质量评价、企业行业用人评价",反映了职业教育教学评价特色标准。普通教育有百分制与综合素质评价标准。

(8) 职业教育教学管理三项重点与普通教育不一样,主要是职业教育教学"动态管理"多于"静态管理",普通教育正好相反。

所以从规模、系统、特征上分析,职业教育是一种不同于普通教育的类型教育。

二、为什么说职业教育是具有基础性的教育?

《国家职业教育改革实施方案》(简称"20条")明确指出,"职业教育与普通教育是两种不同教育类型,具有同等重要地位"。职业教育具有什么重要地位?笔者认为,职业教育的重要地位是指它是具有基础性地位的教育。

1. 职业教育基础性发展显现

经过40多年的教育改革,我国教育动态三元素结构模式已基本形成:一是学术性科研性大学,培养科学家与领导管理人才;二是普通工程技术大学,培养科技工程项目人才;三是职业技术大学,培养技术技能人才。我国又经过了20多年的努力发展,深化发展学术性科研性大学,形成少量的国际一流大学,稳定积极发展科技工程大学,形成第四次工业革命与产业升级转型的革命生力军,大力积极发展职业大学(大专与本科),普及发展职业教育或者职业培训,在职在岗工作人员都经过了职业教育或职业培训。职业教育基础性显现。这说明文化教育与职业教育同样都具有基础性。

2. 职业教育基础性内涵

普通教育基础性,是指以"文化科学知识与立德树人"为其教育基本内容,其基础性对应的是高等文化科学知识的学习,以升学为导向,这个基础教育是重要的。职业教育基础性,是指以"应用技术技能与立德树人"为其教育基本内容,其基础性对应的是跨界的职业工作,以就业为导向,这个基础同样是重要的。因此基础性的内涵不同,一个指"文化科学知识",一个指"应用技术技能"。但,文化教育与职业教育,都是基础性的教育。

3. 建设强国的人力资源基础是技术技能人才,是劳动人才

在中华民族伟大复兴进程中,科学家、工程师、技术技能人才等各类人才聚集,其中工业、农业、服务业等产业中的技术劳动人才最多。从产业技术劳动人才内涵来说,掌握应用技术技能是工作的基础。现代化强国建设大厦的基础是谁?是产业技术技能劳动人才。职业教育培养人才目标、办学方向与教育教学内容,与中华民族伟大复兴的产业技术技能劳动人才要求完全吻合,说明职业教育在建设中国式现代化中具有非常重要的基础性人才培养作用。强调高质量发展职业教育的基础性,具有职业教育强国的战略意义。中国式现代化,数字产业化与产业数字化的产业技术劳动人才是基数,是多数。另外,人的职业生涯是离不开职业教育与职业培训的。对个人来讲,职业教育或职业培训也是基础性的。

从职业教育发展来看,职业教育的基础性是必然的,从职业教育基础性内涵来看,基础是相对就业工作而言的,这个基础对个人的职业生涯非常重要。从建设强国的人力资源基础是技术技能人才来看,这个人力资源基础对我国从富到强,就更显得重要。总之,职业教育与普通文化教育一样,具有基础性的重要地位。

三、为什么说职业教育是一类特殊的教育?

(一)办学模式

当前我国已进入第四次工业革命与产业转型升级的时代,已进入一个数字赋能产业创新为"产业数字化"、"产业数字化"发展促进了数字技术发展也推动形成了"数字产业化"发展的新时代。到2049年,我国要实现第二个百年奋斗目标,"数字产业化"与"产业数字化"是发展经济基础的重要任务。职业教育直接为经济基础服务,必须适合适应产业发展需求,必须适合适应产业升级转型需求,必须"走出去请进来",与外界合作办学,跨界合作是职业教育的办学方向。

1. 为什么职校办学模式是合作模式

实践经验、教育属性、国家战略、人才目标、系统理论,决定了职业教育须开放跨界,与外界产业、行业、企业合作,形成校企合作、工学合作、产教融合的办学模式。理论与实践都已证明,职业教育办学模式是合作模式。

2. 职教合作办学的历史与发展方向

新中国成立后30年,就有半耕半读、学工学农学军、教育与生产劳动相结合等职教的合作模式。改革开放40多年,职业教育合作模式大致有校企合作—产教合作—产教融合等内容。2022年5月1日颁布实施的《中华人民共和国职业教育法》与《中华人民共和国国民经济和社会发展第十四个五年规划和2035年远景目标纲要》指出,职业教育办学的基本模式是校企合作,深化产教融合。职业教育从"校企合作"的结构模式,深化发展为"产教融合"的融合模式,是高质量发展职业教育的要求,也是培养应用技术技能人才的要求,也是新时代中国式现代化对职业教育办学的要求。

3. 高质量发展职业教育,深化产教融合分三步走

深化产教融合模式,是高质量发展职业教育的决定因素。我国职业教育发展不平衡,发展有前有后,质量有高有低。深化产教融合,高质量发展职业教育,大致分三步走:

(1) 跨界校企合作过程,主要内容是在生产实习上与企业的合作。

(2) 跨界产教融合过程,主要内容是在教学取向上与产业的整合。

(3) 深化产教融合过程,主要内容是形成三制一机与动态稳定的产教融合模式。

(二) 人才目标

职业教育要整合社会经济发展与个体发展两个需求,职业是纽带、是载体,主体是人,因此职业对人的生涯发展比学历更重要。职业具备三大功能:第一,是个体融入社会的载体,职业载体使个体从自然人成为社会人;第二,是个体发展生涯的媒体,媒体使个体从自然人成为职业人;第三,是个体潜能展现的平台,是制造与智造的平台,职业平台使自然人成为人才。职业具备"载体、媒体、平台"三大功能,使自然人成为社会人、职业人、人才。职业教育以"就业"为导向,职业教育具备的功能本质上要求培养准社会职业人。中国式现代化职业教育培养人才的目标要求:为强国育人才,实现主体自然人(学员)转化内化为新时代有知识、有技术、有能力、有素质的准社会职业人。

1. 有知识要求:具有认知知识与认知策略。认知知识、信息、数据,以及掌握如何获得知识、信息、数据的方法。

2. 有技术要求:具有实践技术与实践技能。实践技术是专业技术与职业技术(职业技术包括硬件技术、软件技术、经验技术)。实践技能是专业技能与职业技能。

3. 有能力要求:具有实践能力与方法能力。什么是实践能力?实践能力是通过技术与技能的实践积累,形成稳定的心理倾向。什么是方法能力?方法能力是通过实践与知识的积累,形成稳定的心理倾向。方法能力包含实践能力。

4. 有素质要求是:具有良好素质与正确三观。如何形成呢?

(1) 环境:职业教育积极创造塑造良好素质与正确三观的主客观条件,营造形成良好的企校育人的环境,对学员产生潜移默化的作用。

(2) 教育:职业教育的目标在于能有一批有理想信念、有道德情操、有扎实学识、有仁

爱之心的职业教育双师型教师,认真进行耐心育人与教育引导。

(3) 主体:主体自然人(学员)在一个正能量的育人环境的教育与引导下,能主动生成内生动力,在环境、教育、自律三种内外因素多重正能量作用下,形成良好的对人对事对物的正确态度,形成稳定的心理状态,形成良好的素质,形成正确的世界观、人生观、价值观。

当校企合作交互性与融合性最大化、产教融合深化时,将实现将主体自然人内化为新时代的四有准社会职业人的人才目标。职业教育实现人才目标要求,具有直接为国育才特质。

(三) 教学取向

《中华人民共和国国民经济和社会发展第十四个五年规划和2035年远景目标纲要》与《中华人民共和国职业教育法》指出,职业教育办学的基本模式是校企合作,深化产教融合,高质量发展职业教育。从校企合作的结构形式,深化发展到产教融合的融合模式,教学价值取向将从"传道授业解惑"发展深化为四加强:

1. 教师强调研。老师为什么要加强调查研究?

(1) 教师的职责与任务是备课。备好课是上好课的必要条件、前提与基础。对于职业教育来讲,备课要四备,其中一条是要备职业实际,要了解职业实际,要调研职业实际。

(2) 教师的职责与任务是上课。上好课是优化教学的充分条件。对于职业教育来讲,教学过程是教学教育融合过程,只有走近学生、了解学生、研究学生,才能优化教学效果,为国育才。所以,教师要加强对"职业实际与职教生"的调查研究。

2. 教学强整合。教学为什么要加强专业内容与职业实际整合?

(1) 基于职业教育培养准社会职业人的本质要求。各国的职业教育,如德国的双元制、国际劳工组织世界职业技能培训协会、澳大利亚太府学院、美国加拿大的能力中心等等,都要求教学不脱离职业工作实际,加强教学内容与产业实际的融合。

(2) 基于职业教育直接为社会经济服务的现实要求。专业是学习门类,职业是工作门类。学习与工作结合,专业与职业整合,才能做到无缝对接,职教生上岗工作,才会有当今职业教育毕业生90%以上的就业率。

(3) 基于中国式现代化对职业教育培养人才的要求。建设现代化强国大厦需要基础人才。数字产业化与产业数字化的数字经济的劳动人才,是应用技术技能人才。所以,现代化职业教育培养的人才目标要求,必须加强教学内容与产业实际的整合。

3. 内容强技术。

(1) 职业技术:技术是指一种专门的手段和方法的体系。技术的载体是物与人。技术有自然科学技术、生产技术,广义的技术还包括非物质生产的技术,如语言技术、教学技术、医疗技术等。以是否以谋业为目的进行技术种类划分,技术可分为职业技术与劳动技术。中小学开设的劳动技术课,如木工、烹饪、编织等及退休老人为休闲学习的园艺技术属于一般劳动技术。生产技术是职业技术,是指职业或职业群使用及掌握的某方面的设备、材料、工具等硬件,执行操作工艺、规范、标准等软件,以及关于硬件与软件的经验知识系统。

(2) 技术内容:包含两方面,一是专业技术,二是职业技术。专业涉及对应的职业或职业群的技术内容,叫职业技术。职业技术有使用、执行、认知三方面内容:第一,认知与使用物化产品的相关设备、工具、材料等硬件内容(硬件技术)。第二,执行内化其规范、工艺、标准等软件内容(软件技术)。第三,认知硬件与软件技术知识架构或体系、认知技能技艺要领(经验技术)。

(3) 技术转化:不论是什么技术,是生产技术,或是劳动技术,或是生活技术……一旦转化为以谋业为目的的技术,都可成为职业技术。在当今新时代、新征程、新业态下,要关注高质量发展出现的新事物。

4. 学习强实践。

(1) 认知:实践是职业教育的基础,是掌握技术技能的源泉。

(2) 内涵:实践是做事、是过程。实践是体力劳动也是脑力劳动。通过实践,学生形成良好的劳动习惯与劳动品质,启智润心,培根铸魂,培养爱业、敬业、勤业、精业工匠精神。

(3) 形式:实践形式多样、内容丰富。如教学实训、科学实验、职业实习、计划行动、参观访问、调查研究、大型课程作业、毕业设计、岗位培训等。

教学与产业整合取向是教学的价值取向,职业教育教学具有综合特质。

(四) 课程元素

职业教育的教学内容或课程类型产生于20世纪80年代校企合作的教学实习与岗位培训。为适应经济发展需要,教育部职教司曾领导组织发起了二十多个省市、一百多所职业学校、教科研单位、千名职业教育工作者,对教学内容与教材进行研究,创新提出"广浅用新""宽基础活模块""综合化""课程集群""专业设置""专业集群"等一系列研究成果,对促进职业教育教学工作,起了积极的指导作用。30多年里,教育部职教中心(1990年成立至今)围绕服务职业教育改革发展大局,在不同时期发挥了应有的作用。党的二十大报告指出:"统筹职业教育、高等教育、继续教育协同创新,推进职普融通、产教融合、科教融汇,优化职业教育类型定位"。《中华人民共和国职业教育法》与《中华人民共和国国民经济和社会发展第十四个五年规划和2035年远景目标纲要》提出,职业教育办学的基本模式是校企合作,深化产教融合。从校企合作的结构模式深化为产教融合的融合模式,教学价值取向明确了四加强,教学内容与课程内容将随之发生变化。

1. 推进深化产教融合将有哪些变化?

(1) 职教姓"职":职业教育有职业培训、中等职业技术教育、高等职业技术学院、职业大学等不同层次,但直接为中国式现代化经济服务的方向是一致的,推进产教融合的价值取向是一致的,推进教学价值提升的取向是一致的。因此,其课程类型本质一样,课程类型元素一样。

(2) 课程元素:课程类型元素的说法借代了元素概念。元素是质子数相同的同类原子,中子数可不同,核子数可不同。职业教育层次不同,教学内容深浅与要求不同,具体课程不同,但课程类型相同,课程元素相同。

(3) 四类元素:推进产教融合的教学价值取向,具体体现为职业教育课程类型有四类元素,即基础元素、技术元素、技能元素、模块元素。

(4) 课程设置:课程元素相同,具体课程不同,教学内容深浅与要求不同。职业教育课程设置既有科学纵向体系内容,从抽象到具体,也有实用职业群横向体系内容,设置课程要根据需求,综合遴选纵向体系有关层次内容,进行规律性排列组合。具体如何设置,还要调研社会经济需求,根据职业教育层次等多种因素研究定夺。

2. 明确课程类型四元素有哪些作用?

(1) 有利于明确职业教育教学内容是由基础、模块、技术、技能等元素构成的结构框架。

(2) 有利于创新职业教育专业方案架构。

(3) 有利于精准在四元素内设置新课程。

(4) 有利于提供创新编写新教材空间。专业与职业、产业整合出现的各种课程,如综合课程、数字课程、交叉课程、实训课程、模块课程等。

(五) 教学过程

职业教育培养任务是在良好环境、教师引导、主体自律内外因素共同作用下完成的。教师的工作任务主要有两方面:一是备课,二是上课。

1. 教学备课要综合策划,努力做到四备

(1) 什么是四备?职业教育教师是不是备好教材就是备好课呢?不完全是,当然教材吃透是一个方面,但还应有其他三个方面:第一,职业教育姓"职",要了解专业涵盖的职业实际,了解新时代产业职业发展实践,了解职业工作过程,了解相关产品质量标准;第二,了解职校生思想状况与认知水平,有的放矢,因材施教,要符合育人规律,有教学效果;第三,符合人类认知规律,加强感知内容,使用如实物、演示、影像、课件等直观教具。总之教学备课要综合策划,努力做到四备,要备专业教材、职业实际、职业学生实际、直观教具。四方面内容需要职业教师综合策划,写好教案备好课,所以职业教育备课有综合策划特点。

(2) 四备很重要吗?推进产教融合,明确教学价值取向,就需要引导产业职业实际进课堂,这是职业教育教学与普通教育教学的根本区别。职教以就业为导向,普教以升学为导向。整合四方面备课内容,"整四"综合策划,写好教案是优化职业教育教学的必要条件,是基础,也是前提。

2. 教学上课要教育为本,课堂育人,努力做到"融五"

(1) 为什么课堂教学要加强教育因素？培养四有人才,为国育才、立德树人,在很大程度上是通过一堂课一堂课的积累形成的。因此每一堂课都应有一般要求。职业教育课堂教学的一般要求是什么？是教学内容要融入教育因素。否则为国育才、立德树人的目标就落空了。基础课堂、实践课堂、活动课堂等要做到融合五要素,它涵盖了国际公认的有利于提高学习效果的五点原则。上课是教师职责与任务,对教学过程优劣起主要作用。教学过程对能力与素质的培养,对启智润心、培根铸魂起着重要作用。教学融入教育要素是优化教学的必要条件,职业教育的教学过程具有教学教育相融特质。

(2) 职业教育教学课堂有哪些教育要素？教师综合策划备课是优化教学的必要条件,在备好课的基础上,在教学实践过程中要融入教育五要素。那五要素是哪五要素呢？第一,"认知":认知与认知策略。第二,"态度":对人对事对物有正确态度。第三,"行动":有多种形式的实践活动。第四,"引评":引导与评价,目的在于激发学生内生动力。第五,"内化":使学生通过环境、教育、自我等三力作用,将所接受的教育内化为稳定的心理倾向,培养能力、提高素质。上好课是教师学术水平、教学技能、教学能力、艺术修养的综合体现。

3. 教学过程小结：

(1) "整四"备课有哪"四"？一是职业教材；二是职业实际；三是职业学生实际；四是直观教具。

(2) 上课"融五"有哪"五"？一是认知；二是态度；三是行动；四是引评；五是内化。

(3) 教学过程的要求是什么？一是教学教育相融；二是教学"整四"教育"融五"；三是教学为内容,教育为本。

(六) 教学评价

职业教育教学评价是多维立体的,主要有六项：一是学校教育教学管理工作评价,二是教师教育教学工作评价,三是课堂教育教学质量评价,四是学生学习质量评价,五是学生综合技能评价,六是企业用人单位评价。职业教育教学特色评价有三项：一是课程学分全面评价,二是综合技能质量评价,三是用人单位效果评价。

1. 课程学分全面评价:基础课程、技术课程、技能课程、模块课程,所有课程按学分评价。虽然课程学分制度在职业教育内还没有完全展开,但这是方向与趋势。职业学校逐步取消百分制,逐步取消升留级制,逐步采用学分制。课程学分不足时,补足学分方可毕业。课程学分全面评价是关于学生学习质量的评价,是关于职教生全面发展的评价。

2. 综合技能质量评价:综合技能质量评价一般为毕业前的综合项目考试。职业教育重实践、重技术、重技能、重能力、重素质,毕业前对职教生进行的综合项目考试,是对职教生特色学习质量的考察。综合项目考试是职业教育的质量特色考试。

3. 用人单位效果评价:产业、行业、企业等用人单位对职业学校输送的人才的质量评价,是对学校培养新时代四有准社会职业人工作的考量、是对学校的专业设置是否适应新时代社会经济发展与产业内容融合的考量,是对学校教育教学水平的考量。这项工作是职业学校每年在毕业生毕业后,常态化进行调研的评价课题,通过它不断推动职业教育的高质量发展。

职业学校各种评价应以教育教学评价为中心。其中"课程学分、综合技能、用人单位"评价,是职业教育的"全面评价、质量评价、效果评价"的特色。

(七)教学管理

职业教育教学管理者从宏观来说,有省、市、县(区)教学行政管理系统与教研部门系统。教研部门有教学管理与教学研究的职责,主要是做好两头服务,一头是提供教育行政部门宏观决策的调研报告与拟定文件,另一头是为职业学校提出教学管理与教学研究建议。职业学校管理是基础,职业学校各种管理以教育教学管理为中心,教育教学管理重点有三项:学分管理、动态管理、质量管理。关于职业教育教学管理工作,笔者提出如下建议供参考:

1. 学生课程学分全面发展管理。由"百分制"转化为"学分制",是职业教育质的变化,也是教学管理特色。

(1)职业学校制定"课程学分全面管理"实施方案。由教务处提交一份各门课程学分占比、每门课程学分数与专业设置总学分数,以及从百分制过渡到课程学分制的实施方案。方案经"校委会"研究讨论,报教育行政部门决策批准,学校按上级文件备案、实施。

(2)组建"课程学分委员会"全方位执行。其职责是:执行"课程学分全面管理"实施方案;构建"课堂动态网络"管理模式;对全校"课堂动态网络"进行公示与调配,进行全面全程控制与管理;全校学生课程学分档案保存;管理与分发全校学生课程学分合格专业毕业证书。

(3)课程学分作用。一是学分是职业学校学业成绩,为选择职业提供参考。二是为普职跨界横向交流,转向学习提供依据,推进职普联通。三是让学分制内学生可选择课程、选择教师、选择兴趣课程,可以增加学生学习自由度,发挥学生潜能、创新思维、智造能力。

2. 课程课堂教学动态网络管理。由"静态管理"转化为"动态管理",是职业教育质的变化,也是教学管理特色。构建"课程课堂教学动态网络管理"步骤是:

(1)结构元素。明确课堂静态与动态结构元素有哪些。如教室地点、上课时间、课程名称、任课教师、课程学分等。

(2)做好安排。做好全校、全院、全系学期课程的策划与安排。

(3)不确定因素。比如实践内容、操作内容、校外内容、实训实验、实习场所、自选课程、班级教室、教师"请进来走出去"等,都需随时调配、公示、控制、管理,进一步做好策划,未雨绸缪。

（4）局域网络。全校、全院、全系学期课程须构建一个课程课堂教学运行动态网络管理模式，构建一个可示、可调、可控、可管的局域网络。

（5）"课委会"。"课程课堂教学动态网络"由"课委会"进行全系或全院或全校"课程课堂教学动态网络"管理与控制、公示与调配。

3. 综合技术技能质量特色评价管理。由"百分制与学科管理"转化为"学分制与技术技能"管理，是职业教育质的变化，也是职业教育教学管理的特色。

（1）"专委会"。构建"专业指导委员会"质量管理部门。校企、产教等跨界合作双方，商议推荐"专委会"的组织成员，经上一级教育行政部门与行业主管部门决策批准，学校按上级文件备案实施。

（2）"专委会"职责。一是负责每届学生专业综合项目考试。考试工作内容包括命题试卷、评分标准、考试材料、设备工具、考场组织、考试规则、监考评分等七项。二是推荐合格毕业生对口就业，如国有企业和民营大企业、专精特新中小企业、普惠小微企业等就业渠道。三是推荐毕业生进入高一层级学习。

（3）"专委会"权力。一是认定毕业综合项目考试成绩，并转校"课委会"存档。二是认定职业学校技术技能质量教育教学综合水平。三是认定与推进普职联通。

职业教育各种管理以教育教学管理为中心，其中"一、学生学分全面发展管理，二、教学动态网络管理，三、综合技术技能质量特色评价管理"是职业教育教学管理的重点。

本章小结：

（一）职业教育是一种类型教育。从横向上看，职业教育有"范围广泛、形式多样"的教育规模。从纵向上看，职业教育有"层次完整、体量大"的教育系统。职业教育"范围广泛、形式多样、层次完整、体量大"，是一种类型教育。

（二）职业教育是具有基础性的教育：第一，职业教育基础性发展显现：实现中华民族伟大复兴，普及发展职业教育或者职业培训，使在职在岗工作人员都接受了职业教育或职业培训，职业教育基础性将显现。第二，职业教育基础性内涵：职业教育基础性，是指以就业为导向，以"应用技术技能与立德树人"为其教育基本内容。这个职业基础与文化基础同样是重要的。第三，建设强国的人力资源基础是技术技能人才，是劳动人才。职业教育培养人才的目标、办学方向与教育教学内容，与中华民族伟大复兴的产业技术技能劳动人才要求完全吻合，说明职业教育在建设中国式现代化中具有非常重要的基础性人才作用。强调高质量发展职业教育，具有职业教育强国的战略意义。

（三）职业教育是一类特殊教育。其以深化产教融合为核心。

1. 职业教育办学的基本模式是校企合作，产教融合，具有跨界融合特质。
2. 中国式现代化职业教育培养人才的目标具有为国育才特质。
3. 以产教融合为核心，强化教学价值取向。

4. 为创建、整合、重构各种课程奠定基础,课程类型具有基本元素特质。

5. 职业教育教师整合备课,具有综合策划特质。

6. 教学过程有五要素,"整四融五",有以教学为内容、以教育为本的教学教育相融特质。

7. 课程学分、综合技能、用人单位三评,是职业教育全面评价、质量评价、效果评价的特色。

8. 课堂动态、课程学分、综合技能管理,是职业教育教学动态管理、全面发展管理、质量评价管理的重点。

(四)逻辑结论:从职业的载体功能、媒体功能、平台功能,逻辑推导职业教育的本质为培养准社会职业人。从职业教育直接为社会经济基础服务的观点,以产教融合核心观点为依据,逻辑得出职业教育的教学价值取向,结合 40 年的职教实践推导出教学内容的课程元素,形成自身职业教育思想的特色。

参考文献:

[1] 国家教委职业技术教育中心研究所. 职业技术教育原理[M]. 北京:经济科学出版社,1998.

[2] 姜大源. 为什么强调职教是一种教育类型[N]. 光明日报,2019-3-12(13).

[3] 许高炎. 职业教育是一类教育[J]. 职教论坛,2020(2):17-23.

第二章　职业教育简史

本章从历史的维度出发,探索我国古代职业教育的产生和多样性发展、我国近代职业教育的发展和组织结构的变化、我国现代职业教育的规模和层次发展三个问题,探讨职业教育是一种类型教育。

一、古代职业教育的产生和多样性发展

(一) 古代职业教育的产生

元谋人是已知的我国境内最早的居民,生活在距今约170万年前。山顶洞人时期,母系氏族公社成员就按年龄、性别进行了动态的不稳定的分工,出现了最早的职业萌芽。从旧石器时代到新石器时代,从采摘、打制石器到畜牧、农耕、磨制石器,甚至发展到制陶器、制铜器,生产方式进步了,生产力发展了。原始社会末期,出于生产需要,人类对捕鱼、打猎、采集、农耕等劳动进行简单社会分工,从此就有了职业。农业、畜牧业和手工业经济发展,催生了职业传承教育。

捕鱼、打猎、采集等是依赖于自然的劳动,后发展为主动种植水稻麦子,主动圈养马、羊、牛、猪等,主动养殖鱼、水禽类等,先民在实践中积累了农作物种植、畜牧养殖经验与劳动技能技巧。农业、畜牧业的发展,又促进了制陶、制铜、制铁等手工业的发展,先民在实践中积累了手工业劳动的经验与技能技巧。农牧业、手工业等本身的经济发展需要,又产生了技能技艺的父子传承与师徒传承。另外,原始社会进入奴隶制社会夏商周时代,作为统治阶级的奴隶主,使用奴隶、买卖奴隶,还因欲满足其物质生活及不断追求享受的需要,而提高生产物品的质量要求,也须技能技艺传承。

(二) 古代百工巨匠墨子

春秋战国是奴隶社会向封建社会过渡时期,这个时期思想活跃,学术风气浓厚,出现了孔子、墨子、荀子等思想家,形成了百家争鸣的局面。其中以墨子(公元前476年或480年—公元前390年或420年)为代表之一,他不仅是科学家、军事家、思想家,还是职业教育家。他是农民出身,当过工人,通过长期实践与学习,掌握了数学、物理、光学、军事、建筑等多门学科知识,与亚里士多德相当;在战国诸子百家中,与孔子相当。他掌握多种技艺,是一位技艺高超的百工巨匠,无人与他相当。他兴办学堂讲学,言传身教把职业技能技艺教学推向一个新的高度。

(三)唐朝职教发展顶峰

唐朝是封建社会鼎盛时期,经济发达,教育繁荣。都城长安有一百多万人,70多个外国使团,3万多外国留学生。唐朝成为东方文化教育中心,大批外国人来中国学习药学、武学、算学、律学、书学等,专业教育得到极大发展,出现了世界最早的东方文化实科学校。唐朝职业教育由官方管理,行会负责。国家行政部门"少府监"与"将作监",管理"百工技巧之政"。官方规定了工艺学习年限:雕刻镂花工4年;造大车工3年;制乐器3年;箭头竹漆屈柳工1年;官礼帽工9个月;等等。官方规定监试办法:学员在产品刻上姓名,一年四季每季监试,一年监总试。手工业者与商人采用学徒式训练,行会负责职业教育事宜。

原始社会末期社会生产有了分工,也就有了职业,并产生了父母传承子女生产技艺技能、师傅传承徒弟技艺技能的传承方式。中华上下五千年,生产与生活方式有多种,作品与技艺有多样,物质文明丰富。因此工匠、农匠、商匠的传承方式也是五花八门,多种多样。到了唐朝,师徒职业教育形式发展达到高峰,采用官方管理、行会负责的职业教育管理模式。宋、元、明、清朝基本上延续了唐朝职业教育制度与模式。

中华五千年文明史,古代的职业教育以手工业生产为基础,以父传子、师带徒为主的职业教育形式,是中华物质文明传承的重要组成部分。

二、近代职业教育的发展和组织结构变化

(一)近代洋务运动时期(兴办实业学堂)

1840年鸦片战争后,以曾国藩、左宗棠、李鸿章、张之洞等为首的洋务派办起了一些军事和民用工业,在中国历史上出现了第一批使用机器进行生产的工人。为了培养掌握西洋兵舰火器生产技术的工人,在兴办洋务事业的同时,1862年后的33年间,开设了京师同文馆、上海广方言馆、广州同文馆、湖北自强学堂、湖北矿务局工程学堂、福建船政学堂、天津水师学堂、广东水陆师学堂、天津武备学堂、湖北武备学堂、天津电报学堂、上海电报学堂等军事工业实业学堂。

(二)近代清朝政府末期(普职教育分离)

1903年清政府颁布《奏定学堂章程》,将实业教育列为国家教育制度,其在学制上具有独立地位。实业教育有初、中、高三级,与普通教育分离。1905年清政府设立"学部",下设普通司、实业司等。

(三)近代辛亥革命时期(发展职业学校)

1911年辛亥革命后,临时国民政府建立,内设教育部,蔡元培任教育总长。1912年公布教育学制系统,1913年颁布了《实业学校令》与《实业学校规程》,进一步修改完善实业教育制度。1912年实业学校有425所,1926年发展为1500多所。1922年教育部学校

系统实施改革,将实业学校改为职业学校。

(四) 近代国民政府时期(职业教育法律)

1932年国民政府公布了《职业学校法》,其中有:第一,职业学校分初级职业学校与高级职业学校,附设各种类型职业补习班。职业学校不收学费,普通教育与职业教育分轨。第二,职业学校宗旨是培养青年学生生活知识与生产技能。1933年,南京国民政府公布《职业学校规程》第2条训练目标有6项:强体格;陶冶公民道德;养成劳动习惯;充实职业技能;增进职业道德;启发创业精神。国民党时期职业学校事业发展缓慢,职业学校最多时期也只有200多所。

(五) 中华职业教育社团

1840年鸦片战争后,洋务派办起了工业企业,出现了使用机器进行生产的工人。1903年清政府颁布《奏定学堂章程》,将实业教育列为国家教育制度,其有独立地位。1911年辛亥革命,1917年以教育家黄炎培先生为首创办了中华职业教育社,宣传、研究、实践职业教育,在近现代职教史上有较大影响。1922年实业学校改为职业学校。1932年国民政府公布了《职业学校法》。

近代职业教育,洋务派引进工业大生产,以此为基础,职业教育为适应经济发展,以父传子、师带徒为主的职业教育形式,发展为以学校教育为主的组织形式。1926年职业学校发展为1 500多所。职业教育家黄炎培、陶行知先生等的教育思想与实践,对近现代职业教育发展有深远影响。

三、我国现代职业教育的规模和层次发展

(一) 现代职业教育的规模发展

职业教育以社会经济发展为导向。新中国成立后大力发展了专业技术教育、职业学校教育、职业技术培训教育、在职成人培训教育等4种模式的职业教育。

1. 专业技术教育

专业技术学校产生于18世纪工业革命大生产时期,19世纪末传入中国,20世纪初兴起,辛亥革命时期发展,新中国成立后政府接管学校,对其改造、调整。第一个五年计划期间,按照"改造、调整、发展"方针,借鉴苏联专业技术学校模式,迅速发展了我国中等专业技术学校(简称中专)。1960年发展到4 200多所,约140万在校生。1980年教育部召开全国中专会议,总结30年基本经验,明确了中专的地位、作用、任务,中专得到了进一步发展,20世纪末教育部提出"高等教育大众化"发展战略,部分老中专升级为高等职业学院。

2. 职业学校教育

1951年中央人民政府政务院颁布了《关于学制改革的决定》,推动了职业技术教育

与职业技术培训发展。1958年中央政治局扩大会议上刘少奇正式提出实行全日制与半工半读的"两种劳动制度,两种教育制度""教育为无产阶级政治服务,教育与生产劳动相结合"的方针,大力发展职业学校教育与职业技术培训。1965年,中学有900多万学生,中职有近500万学生。1978年十一届三中全会后,职业教育重新获长足发展。邓小平同志在全国教育工作会议上提出要扩大职业教育的比例。1979年教育部在少数省市试办职业教育,各地成立了中等教育结构改革领导小组,推广改革试办经验,积极发展职业教育。1980年国务院批转教育部和劳动总局《关于中等教育结构改革的报告》,调整学校布局,压缩普通高中,恢复发展职业学校教育。1985年,党中央召开全国教育工作会议,提出"大力发展职业教育"与"教育结构改革意见",1996年颁布了《职业教育法》。在中央政策指导下,中等职业技术教育,包括职业高中、职业学校、职业技术学校、中等专业技术学校等一切中学阶段的职业学校教育,发展得如火如荼,形成相当规模。2019年1月24日国家颁发《国家职业教育改革实施方案》,方案明确指出,建立"中职学校和普通高中统一招生平台","保持高中阶段普职比大体相当"规模,职校与普校占比对半的教育结构,将作为国家战略方针稳定下来。

3. 职业技术培训教育

技工学校属职业技术培训教育。我国在第一个五年计划时期,急需工业技术人才,职业技术培训很快发展起来。在劳动部门直接领导下,培养了几千万技术员与技术工人,为我国社会主义建设事业做出了重大贡献。职业技术培训有自身特点,即:在全面发展基础上着重培养具有动手能力的劳动者;根据具体培养目标,学制可长可短;在讲授一定文化科学知识基础上以生产实习教育为主;课程设置以专业技术课与生产实习课为主;课时分配根据专业工种差别,文化技术理论课与生产实习课比例为3∶7或各占一半;不仅配备文化技术理论教师还有生产实习教师(培训师傅)。有些老技工学校或技术员学校,升级为技师学院。

4. 在职成人培训教育

在职成人培训教育是参加工作后的继续职业教育。它是以文化教育为基础、以技术教育为主、以政治教育为方向的多层次、多专业的职业教育。企业、事业单位及社会多种力量进行成人在职培训,采取长期与短期、脱产与半脱产、自修与岗训、班级授课与广播电视授课、函授与刊授、自学考试等多种组织形式进行职业教育。新中国成立后,我国对这一方面十分重视,各个系统、各个部门都存在在职成人培训教育,以适应和跟进社会经济发展与系统部门的发展。

(二)现代职业教育的层次发展

1. 职教发展战略

(1)系统发展战略

改革开放后,积极发展中等职业技术教育,职普比增至1∶2。20世纪90年代教育部提出"高等教育大众化"国家战略后,大力发展高等职业教育,解决了中等职业技术学校"断头"教育的问题,形成中等职业技术学校、高等职业学院连接的职教系统。

2019年1月24日国家颁发的《国家职业教育改革实施方案》明确指出,实施"中国特色高水平高等职业学校和专业建设计划,开展本科层次职业教育试点",将"符合条件的技师学院纳入高等学校序列",发展"产学研用结合为途径的专业学位研究生培养模式",建设"职教联盟"等,有步骤地实施完善,形成一类完整的中职、高职、专升本、培养研究生的职业教育纵向系统。

(2) 制度发展战略

为创新职教制度,确立职业技能重要地位,创新职教考试、职教深造的国家制度,"20条"明确指出,实施"学历证书＋若干职业技能证书"(简称"1＋X"证书)制度,实施"学历证书和职业技能等级证书互通衔接、符合国情的国家资历框架"制度,实施"文化素质＋职业技能"的职教高考制度等多项制度,其中"重职业技能教育"以国家教育制度固定下来,确立了"职业技能"的重要地位,体现了职业教育的特色。

2. 职教发展实践:以江苏与南京职教发展系统实践为例。

(1) 办学实践:据江苏省教育厅官网2019年10月10日报道,截至2010年已认定了省级示范性中等职业学校与高等职业学院58个,经济薄弱县建设了34个职教中心,人才培养模式创新实验区51个。据2019年5月22日会议记录与调研,江苏因经济发达且重视发展职业教育,共成立了职教联合学院43个分院,50多个办学点,在校生20多万人。目前江苏职教有职教培训、中职、高职、职教联合学院(有专升本渠道),初步形成了现代职业教育系统。

(2) 教学实践:据江苏省教育厅官网2019年10月10日报道,2010年前建设的省级高等职业学院实训基地就有39个,省级中等职业学校实训基地117个。实施教育部提出的"职业教育课程改革行动计划",认定了452个中等职业学校示范专业、100个高等职业学院示范专业,在10大专业领域重点建设300个课改实验点与100个实验学校。师资队伍建设力度不断加大,切实加强职业教师培训工作,坚持外引和内培并举,高层次人才队伍规模不断壮大。职业教育年终总就业率均超过90%,处于全国领先位置。职业教育教学管理和发展模式初步形成。职业技能培训达1 420万人次。

(3) 特色实践:习近平在第四十五届世界技能大赛后,2019年9月23日对我国选手夺冠表现予以肯定,并指示要在全社会弘扬精益求精的工匠精神,激励广大青年走"技能成才,技能报国"之路。以南京职业教育系统的"职业技能"特色实践为例说明。南京重视实施职业学校的技能教育。南京高等职业技术学校与汉斯·赛德尔基金会合作至今已40年,在杨敔、黄重国、许高炎、程福伦、潘栋标、张宁新、张荣胜、杨正民等历届多位校长开拓引领下,培养了大量技能人才,成为有特色的全国重点职校。十多年来南京在江苏省职校技能大赛中,一直保持技能冠军数第一、技能奖牌数第一、技能总分第一的。江苏南京职教技能大赛已常态化,南京职教系统进行"职业技能"训练已常态化。"20条"把"职业技能"当作职业教育的一种考试制度、升造制度与职教特色固定下来,对推进职教事业高质量发展具有战略意义。

小结：

中华五千年文明史,古代的职业教育是以手工业生产为基础,父传子、师带徒的传帮带的结构小、内容丰富多样的职业教育形式,是中华物质文明传承的重要组成部分。近代,洋务派引进工业大生产,职业教育为适应经济发展,以传统的职业教育形式发展变化为以学校教育为主的组织形式。1926年职业学校发展至1 500多所。职业教育家黄炎培、陶行知先生等的教育思想与实践,对近现代职业教育发展有深远影响。我国经过70年不懈努力与奋斗,在不到一百年的时间里发展了规模大、形式多样的现代职业教育——有专业技术教育的中专,有职业学校教育的职校,有职业技工教育的学校,有职业技师教育的学院,有在职成人教育的培训,等等,多方位、多层次、多形式地发展了职业教育。国家发展战略"高等教育大众化"和"国家现代职业教育实施方案",引领完善职业教育系统,引领职教制度创新。部分省市"做示范,走在前",落地实践"完善系统"与"制度创新"战略,成绩斐然,初步形成中等职业技术教育、高等职业技术学院(大专)、职业大学(本科)、产学研用结合为渠道的培养研究生模式的职业教育规模体系与层次系统,使职业教育成了一种完整教育类型。我国五千年职业教育文明史,特别是近百年来,职业教育迅速发展,已成为一类不可替代的普适教育。

参考文献：

[1] 刘春生,佟性茹,朱锡琴,等. 职业技术教育管理[M]. 北京:科学普及出版社,1986.

[2] 国家教委职业技术教育中心研究所. 职业技术教育原理[M]. 北京:经济科学出版社,1998.

[3] 王敏,董新伟,梁义. 高等职业教育理论与实践[M]. 沈阳:辽宁大学出版社,2000.

第三章　求索产教融合

本章求索产教融合的理论与实施,有四方面的认知:产教融合的含义、产教融合的性质、产教融合的实施、实施产教融合的保障。

一、产教融合的理论

本节阐明产教融合的含义与产教融合的性质。

(一) 产教融合的含义

开放跨界合作是其结构形式。企校深入多方位合作才是产教融合。产教融合目的是双赢利双发展。产教融合的"产"与"教"是两个不同的范畴,融合不是简单合作。《中华人民共和国职业教育法》与《中华人民共和国国民经济和社会发展第十四个五年规划和2035年远景目标纲要》指出,产教融合是职业教育办学的基本模式,是职业教育高质量发展的方向。

产教融合含义从三个方面认知:第一,有一个合作组织结构元素的架构与管理制度,形成一个稳定的组织结构元素的空间序(人员位置、责任、权利);第二,有一个合作组织结构元素的科学运行动态机制与动态管控机制,形成一个稳定的组织结构元素的时间序(进行人员、物质、能量、信息、数字等组织结构元素运行的状态与过程管控);第三,有一个"利益与人才"绩效的科学合理分配制度、监督制度与评价奖惩制度,形成一个产教双赢利双发展合作的良性循环的动态模式。

产教融合就是双方创建"利益与人才"各得其所的合作管理制度、运行动态机制、监督评价制度、"利益与人才"分配制度(三制一机),形成产教双赢利双发展合作的良性循环的常态化动态模式。

(二) 产教融合的性质

1. 交互性:交互性是指交互双方互换所需,各得其所。比如职教需要产业提供职业工作物质条件与实践,产业企业需要职教培养顶用技匠人才。产教交互有设备流、能量流、信息流、数字流、人才流各取所需的正向交互过程,是活动的,有生命力的。

2. 融入性:融入性是指融合双方深入掌握所需内容,你中有我,我中有你,合二为一的程度。比如职教深入掌握产业职业工作技术与实践,产业企业深入掌握职校培养人才状况,用人才发展经济。产教融合是你中有我,我中有你,就像蓝墨水滴入清水中,蓝墨水慢慢渗透清水,具有融入性。产业企业与职业教育融入的结果是各取所需,经济、教育共同获利发展。融入性是技术的也是科学的,更是社会的和人品的。

二、产教融合的实施

本节阐明产教融合的实施,以及实施产教融合的保障。

(一)实施产教融合

校企合作从教学实习、生产实习、顶岗实习等,已发展为跟进社会主义特色新时代经济需求,实施产教融合。交互与融入是产教融合的性质,也决定着职校教师要有"双师型"教学水平与专业知识内容。

对职业教育来说,产教融合要有设备流、信息流、能量流、数字流、人才流等正向交互的过程,关键是人才交互。百年大计,教育为本;教育大计,教师为本。在正向交互过程中,培训一支有理想信念、有道德情操、有扎实学识、有仁爱之心的职业教育双师型教师队伍,是落实产教融合模式的基础,是培养一批高素质高质量的技术技能人才的基础。

2019年8月,教育部等四部门关于印发《深化新时代职业教育"双师型"教师队伍改革实施方案》的通知提出,建设校企合作培养双师型教师的教师实践基地,并提出每年专业教师至少在企业实践或在实训基地培训一个月。

另外,专业设置符合我国社会经济高质量发展需求和人们求职的需求。职培、中职、高职,都属于职业教育系统,体现在专业设置规范上,按教育部颁布的《职业教育专业目录(2021年版)》设置专业。该专业目录共1349个,中职358个,高职高专744个,高职本科247个。全国职业院校开设的近千个专业,基本覆盖国民经济各个行业门类。专业的内容跟进新时代经济产业实践发展;专业教学符合育人的授业解惑过程与教学规律,符合职业工作规律,符合职业工作质量标准。

(二)实施产教融合的保障

1. 2018年11月经国务院批准,教育部、国家发展改革委、财政部、工业和信息化部、人力资源和社会保障部、农业农村部、国资委、税务总局、扶贫办建立"国务院职业教育工作部际联席会议制度",加强政府对职业教育的统筹领导,促进政府有关部门对职业教育工作的沟通与协调。

2. 党的十九大明确提出了深化产教融合、校企合作的战略要求,2017年12月19日国务院办公厅印发《关于深化产教融合的若干意见》(国办发〔2017〕95号)。教育部积极推动产教融合,取得明显成效。

3. 2018年2月5日,教育部与国家发展改革委、工信部、财政部、人力资源和社会保障部、国税总局印发《职业学校校企合作促进办法》(教职成〔2018〕1号),进一步明确了职业学校校企合作的目标原则、实施主体、合作形式、促进措施、监督保障,形成了建立健全校企合作基本制度框架,深化产教融合、校企合作的政策合力。部分省市也颁布了促进职业教育产教融合、校企合作的地方性法规和制度。

4. 2019年10月,教育部等四部门印发了《深化新时代职业教育"双师型"教师队伍建设改革实施方案》,计划到2022年建设100家"校企合作"的"双师型"教师培养培训基地和100个国家级企业实践基地。

5. 教育部积极与国家发展改革委、工信部沟通,开展产教融合建设试点,促进教育链、人才链、产业链、创新链有机衔接。部分省市推进校企联合,实施教育教学改革,共同制定培养计划,共同开发课程教材,共享师资资源,共建实训基地,共担学生就业,初步形成产教协同发展和校企共同育人格局。

6. 校企合作从教学实习、生产实习、顶岗实习等,已发展为跟进社会主义特色新时代经济需求,实施产教融合的关系。实施产教融合是职教办学的基本模式,体现在职校教学取向上有四条标准。

参考文献:

[1] 孙琳.产教结合:职业教育发展新途径探索[M].北京:高等教育出版社,2003.

[2] 王军伟.面向21世纪中等职业学校课程与教材体系改革的研究与实验[M].北京:高等教育出版社,2001.

[3] 许高炎.职业教育是一类教育[J].职教论坛,2020(2):17-23.

第四章 实用课程结构

以产教融合为核心,决定了职教的教学内容价值取向是实用的,专业与职业是融合的。本章探索职教的教学实用体系,主要涉及如下认知:教学实用体系的构思、探索实用课程结构、实用课程结构特点、实用课程设置原则。

一、教学实用体系的构思

本节从教学内容实用体系的构思,到调研了解科技、产业、职业、专业、专业和职业融合的实际,试图构建教学内容实用体系。

(一)教学内容实用体系的构思

图 4.1 是科学技术学科图,分为六大类。学科教学内容按纵向系统架构知识结构,形成学科课程。普教教学内容是学科课程纵向系统,职教教学内容是不是纵向学科课程系统呢?20 世纪 50 年代,借鉴苏联的中专教学内容,基本上形成学科体系,如文化课、专业基础课、专业课等。学科设置课程,强调纵向系统性,即学科系统性。改革开放后我国大力发展职业教育,以职业群岗位为导向设置课程,冲破了纵向课程系统,强调了实用横向课程联系。实用横向系统是以职业群岗位技术技能的全部内容要求为基础,展开、扩大、深化到工程技术、应用科学、自然基础科学、人文社会科学的范畴而构成的体系。在实施过程中,出现了实际教育水平跟不上的问题、教材编写跟不上的问题、教师"双师型"不足的问题,等等。笔者认为,构建实用横向系统是一个长期任务,若采用"基础元素、技术元素、技能元素、模块元素"课程结构,并且调研了解科技、产业、职业、专业、专业和职业融合的实际,经过 10 多年的实践探索和广大职业教师的努力,是能够完成这项艰巨任务的。

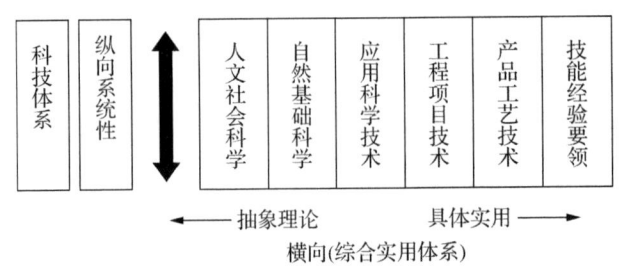

图 4.1 科学技术学科图

（二）调研了解科技产业实际

科技状况与水平,决定了生产力的发展状况与水平,决定了产业与职业的状况与水平。生产方式的物质内容是生产力,其社会形式是生产关系。生产方式包括生产力与生产关系两个方面。一般将生产资料与生产方式相近的产业类别划为一个产业,我国划分有一、二、三产业。

（三）调研了解职业实际

职业是工作门类。2019年1月17日人社部发布139项国家职业资格,其中包括81项技能人员职业资格和58项专业技术人员职业资格。技能人员与专业技术人员资格证设有初级、中级、高级、技师、高级技师五个层级。2022年9月28日正式发布的《中华人民共和国职业分类大典》,将我国职业分类结构分为4个层次:8个大类,66个中类,413个小类,1 838个细类。职业是细类,是大、中、小、细类中的最基本类别。其中"技术型与技能型"的职业占主导,占比为60.88%,它们分属我国工业生产各个主要领域。

（四）调研了解专业实际

专业是学习门类。2021年教育部颁布《职业教育专业目录(2021年)》,专业共1 349个,中职358个,高职高专744个,高职本科247个。全国职业院校开设的近千个专业,基本覆盖国民经济各个行业门类。

（五）调研专业与职业融合的实际

职业是工作门类,专业是学习门类。职业教育的教学内容,不是学科体系,而是实用体系。职业与专业是两个门,要打通,就需要调研。建立职业教育实用体系是一项长期且艰巨的任务。比如,创编国家规划教材;扩建立国家实训基地;加大力度培训"双师型"教师队伍;国家通过职业教育方针政策有力引导;充分运用职业教育综合实用考核指挥棒;组办国家、省市技能大赛;在职业学校进行四加强教学;等等。

二、探索实用课程结构

探索如何构建实用课程结构,阐述实用课程结构的产生,以及实用课程结构的建立。

（一）实用课程结构的产生

职教事业发展几十年,中职课程有三段式结构,也有改革后的二段式结构。三段式是把文化基础课程、专业基础课程、专业课与实践课程,分三个阶段进行学习;二段式是把文化专业基础课程、专业课与实践课程,分两个阶段进行学习。高等职业学院实行专科五年一贯制,把中职课程与专科课程贯通设置。在课程模式上,借鉴了德国、加拿大、联合国劳工组织等国外的模式,结合国情创新了多种课程模式。比如:1994年国家教委职教司有官员提出"关于职业高中建筑施工专业教学计划和教学大纲的几点说明",采用"课程积木式"方案培养中级工与技术员。再比如集群模块式,以"宽基础,活模块"为主要特点,分两个课程阶段,针对涉外经济专业、城市公交专业、电气工程专业等多种专业,培养复合型人才。另外还有"技能式",以职业工作为依据,培养技能,类似于职业培训;"能力中心",以职业分析为依据,培养职业能力;"职业群综合式",以双元制职业教育制为主,将各种专业课程设置为四种,即专业理论、专业计算、专业识图与制图、专业实训。各种实验实践,都取得了一些成绩,但往往缺乏普适性。实用课程结构四元素——基础、技术、技能、模块元素是职业教育创新的结构元素,它们是在众多实践基础上总结出来的。实用课程四元素结构,是汲取各种课程结构与模式的优势,结合我国国情总结而成的。

(二)实用课程结构的建立

在以产教融合为核心的基础上,在明确教学价值取向的前提下,明确实用课程概念定义、结构框架、结构内涵、结构功能,全面阐明实用课程结构。

1. **实用课程含义**:一切有关教育教学的方案与内容都属于课程。职教课程是反映职教实用教学特色的课程,所以课程教学内容与运行过程有一定要求。即:要符合为国育人育才规律;符合教育对象主体认知水平、认知规律与掌握技术技能规律。

2. **课程结构架构**:结构是结构元素的空间排序。"基础、技术、技能、模块"课程结构元素构成的空间序,是职教实用课程结构。基础是平台,平台有两根柱子——技术与技能,平台中有多个灵活模块。这样的课程元素架构,构成了职教实用课程结构元素框架。

3. **课程结构内涵**

教学价值的取向决定了教学内容的实用性,也决定了课程结构元素的实用性。课程结构元素的实用性,主要体现在技术元素内涵与技能元素内涵上。

(1)技术元素内涵

首先,认知什么是技术。技术是指一种专门的手段和方法的体系。技术的载体是物与人。技术有自然科学技术、生产技术(职业技术)之分,技术还包括非物质生产的技术,如语言技术、教学技术、医疗技术等。以是否以谋业为目的,技术还可分为职业技术与劳动技术。中小学开设的劳动技术课,如木工、烹饪、编织等和退休老人为休闲学习的园艺技术属于一般劳动技术。

其次,认知什么是职业技术。职业技术是指在专业涵盖的职业(职业群)内使用的掌握设备、材料、工具等硬件的认知与技能,执行操作工艺、规范、标准等软件的认知与技能及硬软件经验的知识系统。

再次,认知技术元素内容是什么。技术元素内容是专业技术理论内容与职业技术知识内容。职业技术知识内容包括职业技术硬件知识、职业技术软件知识、职业技术经验知识。实用课程技术元素要加强各方面内容的整合。

最后说明一点,当技术以谋业为目的时即转化为职业技术。新时代新征程,定会出现新事物、新业态、新职业、新技术。

（2）技能元素内涵

首先，认知什么是技能。技能是人们通过反复训练获得的动作方式和动作系统。技能有智能与动作技能(含操作技能两方面)。智能是脑力活动方式,是脑力记忆;动作技能是身肢活动方式,是肌肉记忆。

其次,认知什么是职业技能。职业技能是指在专业涵盖的职业（职业群）内的职业技术硬件的实践技能、职业技术软件的实践技能、职业技术硬软件的实践经验（或认知）。

再次,认知技能元素内容是什么。技能元素内容包括专业技能实践与职业技能实践。如教学演示、教学示范、教学实训、科学实验、参观访问、社会调查、模拟教学、认识实习、生产实习、课程设计、现场作业练习、毕业设计、岗位培训等。

最后说明一点,实践的地位与作用是什么？实践是职业教育的基础,是职教生掌握技术技能的源泉。实践是去做事,是体力劳动也是脑力劳动。通过实践可使学生形成劳动习惯与劳动品质,启智润心,培根铸魂,培养学生爱业、敬业、勤业、精业的工匠精神。

4. 实用课程结构功能

结构决定功能。客观物质都有结构,不同物质就有不同结构,不同结构就具有不同功能。人文社会组织结构发挥极致,使其结构功能最大化。实用课程结构功能是教学工作的基本内容与基本依据,使课程结构功能最大化,是实现培养技匠人才目标的有效手段。

三、实用课程结构特点

在阐明实用课程结构的基础上,说明实用课程具有许多优势,即具有普适性、目标性、实用性、具体性、机动性等特点,这些特点是以往多种结构所不及的。

（一）普适性强

它适合职教各个层次。基础、技术、技能、模块元素涵盖职业教育所有的教学内容。

（二）目标性强

它的目的是培养准社会职业人,目标是培养德智体美劳全面发展的新时代技术技能人才。四元素针对性强,体现人才目标。

（三）实用性强

它有文化科学工程基础学科,还有技术技能整合实用性学科。技术元素包括专业技术理论与职业技术知识。职业技术知识包括职业技术硬件知识、职业技术软件知识、职业技术硬件和软件系统知识。技能元素包括专业技术实践技能、职业技术硬件技能、职业技术软件技能、职业技术硬件和软件技能经验知识。

（四）具体性强

四元素观点明确,内容具体易于操作。基础元素：文化、科学、工程基础。技术元素：

专业技术理论与职业技术知识。技能元素：专业技能与职业技能。模块元素：隐性模块与职业模块。隐性模块：立德树人。隐性模块贯穿整个职业教育阶段，对照培养人才具体目标，查漏补缺。如：校园文化环境；活动开展；为人师表；人格力量；走进社会；走进企业；等等。职业模块：与职业群岗位无缝对接，非常灵活。就业创业，可增加多个需要模块。新工业革命与科技革命时代，产业变更升级快速、职业变更迅猛。职业模块具有灵活性与应变性，增补模块课程适应适合发展。

（五）机动性强

四元素是教学内容的取向和范围，除了国家规划教材内容外，还须调研当地企业和产业的职业工作实际，以及调研职业教育对象的现状与水平，给教学留有空间，加强教学的实用性与生动性、灵活性与针对性，充分发挥教师的作用。再经过10多年（2035年）的努力，在全国职业教师的努力下，走出一条职业教育教学综合实用体系。

四、实用课程设置原则

课程结构有"基础、技术、技能、模块"结构元素，"同一元素"内放什么"不同原子"？在此仅就"不同原子"课程设置原则，探索研究如下：

（一）基础元素设置原则：可接性、衔接性、基础性、差异性、目的性

1. 教育对象年龄段的文化知识程度与认知水平，具有可接性。
2. 不同层次、不同阶段的课程设置，学习阶段之间具有衔接性。
3. 文化、科学、工程、技术等基础元素是技术元素课程与技能元素课程的基础，具有基础性。
4. 基础元素课程的宽窄厚薄，因职业教育层次、专业、目标不同，具有差异性。
5. 基础元素课程是培养职教生爱国敬业的人生观，为民创造财富、劳动光荣的价值观，为高质量劳动工作的科学观的基础，具有目的性。

（二）技术元素课程设置原则：时代性、实用性、赋能性、目标性

1. 调研新时代社会经济发展生态，跟进新工业革命与新科技革命步伐；调研数字经济发展、互联网发展、企业数字化现状；调研宏观工业互联网的结构架构，全生产系统、全产业链、全生命周期的互联互通。（设置技术课程具有时代性。）

2. 通过调研适应数字化、互联网＋工业产业模式。数字化经济基础是生产设备互联互通，本质是企业数字化，是实体经济与数字经济的融合，是信息技术与操作技术的融合，是创新链与产业链的融合。（设置技术元素课程具有实用性。）

3. 数字经济包括大数据、互联网、人工智能。人工智能是通过计算机程序或机器来模拟、实现人类智能的技术和方法。未来科技发展趋势是"人机物"融合，发展软件编程与人工智能，发挥其赋能作用，让万物动起来、活起来，万物智能互联。智能软件不仅仅

是程序与工具,还是网络。(设置技术课程具有赋能性。)

4. 能力是在知识与技能基础上,升华内化而形成的稳定心理倾向。能力是做事的本领,可以扩展、延伸、迁移做事范围和内容。技术元素课程设置的目的是培养学生的社会、专业、职业、方法能力,培养学生创造力与综合职业能力,为国育才。(设置技术元素课程具有目标性。)

(1) 把握数字技术基本原理:采集数据(认知资源);处理数据(编程软件);控制数据(设备应用)。

(2) 把握数字技术基本概念:数据(生产资源);算力与软件(生产力);网络(生产关系)。算力(材料结构功能)是数字经济的核心生产力,2020年我国浮点运算次数每秒达135 EFlops,也就是每秒算力为一万三千五百亿亿次,为全球第二。到2050年左右,中国实现复兴大业,成为数字经济强国,职业教育培养的人才将是数字经济强国大厦的基础。

(三) 技能元素设置原则:规律性、差异性、重要性、标准性、实践性

1. 技能是主观能动的过程,其形成具有规律性。技能元素课程内容要有"要领引导、主体体验、主体能动、程序严谨、反复演练"等过程,设置技能元素课程应考虑这个规律性。

2. 技能根据体力与脑力分为动作技能与脑力技能(智能)。动作技能是指用身体肌肉来完成动作的技能,经反复训练后形成肌肉记忆,特点是长时不忘。脑力技能是指利用大脑的高级功能,形成的一个人在认知、思维、判断和解决问题上的能力,经反复训练后形成脑力记忆,特点是记忆程度依各人脑力而不同。不同类型技能形成有不同特点,设置技能课程应考虑这个差异性。

3. 新科技与新工业革命改变了人类生产方式与生活方式。未来经济的发展趋势是产业数字化,数字产业化。发展事业需要劳动,动作技能重要,脑力技能也重要,设置技能课程应考虑两个方面重要性。

4. 动作技能经大家的经验积累,形成工艺技术,经过编程固化形成程序化过程,并设计为软件,此类软件称为智能软件。智能软件把动作操作转变为信息,须有操作经验、有工艺,按规范标准进行,重视信息的工艺规范标准。设置技能元素课程应考虑这个工艺标准性。

5. 智能软件制作有三方面关键步骤:

第一,是对人体动作和脑力活动对客观物件的作用,对场景,进行信息采集。

第二,是对信息进行数字处理与编程。

第三,是使各种机电及光声热等设备,能精准配合执行信息指令。

信息采集、信息编程、信息执行,三个步骤中的每一项都涉及大量的实践与制作,属技能课程范畴,具有实践性,设置技能元素课程应考虑这个实践性。

（四）模块元素课程设置原则：立德树人模块与职业需要模块

1. 立德树人模块：模块刚性大，为党育人、为国育才目标不变。主要有：第一，立德树人，为国育才的教育贯穿整个职业教育过程，在实施过程中、在评价教学过程中，如发现育人育才不足或不到位方面，应及时补漏补缺。第二，在对照教学内容或执行规范中，发现遗漏内容，应及时查漏补缺。

2. 职业需要模块：模块塑性大，灵活多变。主要有：第一，就业需要的职业岗位模块；第二，创业需要的职业技能模块；第三，国内外急需内外循环产业链上职业技术模块。

参考文献：

[1] 王军伟.面向21世纪中等职业学校课程与教材体系改革的研究与实验[M].北京:高等教育出版社,2001.

[2] 许高炎.职业教育是一类教育[J].职教论坛,2020(2):17-23.

第二部分

求索纲要

第五章　办学模式
第六章　教学纲要
第七章　管理纲要
第八章　特殊纲要

第五章 办学模式

第一节 办学模式

一、职教办学模式为什么一定是合作模式

实践结论、教育属性、国家战略、人才目标、系统理论,决定了职业教育须开放跨界,与外界产业、行业、企业合作,形成校企合作、企校合作办学,工学结合,产教融合。40年的理论与实践都已证明,职教办学模式一定是合作模式,如表5.1所示。

表5.1 合作模式

实践形式	理论根据	参考文章
企校合作形式	教育属性	第九章第一节《六国高职教育》
定向合作形式	国家战略	第九章第二节《中德合作教育》
双元合作形式	人才目标	第九章第三节《专业设置调研》
行政合作形式	系统理论	第十章第三节《职业生涯概论》
公共基地、顶层合作	实践结论	

二、职教合作办学方向

职教办学模式大致经历了校企合作—企校合作—产教合作—产教融合四个时期,新时代中国式现代化职业教育办学基本模式是深化产教融合,高质量发展职业教育,这是职业教育发展方向,如表5.2所示。

表5.2 职教合作办学模式

办学方向	内容
校企合作	职业学校因教学实习而急需找场所,开放跨界与企业合作,形成初期的校企合作结构
企校合作	经济迅速发展,企业急需技术技能人才,主动与学校联系,职业学校定向培养技术技能人才,形成企校合作,形成双赢合作结构
产教合作	企业与职校相互间初步有人才、能量、信息、物质交互与融入,初步形成教学价值取向,形成产教合作,向融合发展
深化产教融合	《中华人民共和国职业教育法》指出职业教育办学的基本模式是"深化产教融合",实施产教交互与融入,进一步深化向模式内容方向发展,高质量发展职业教育,这是中国式现代化职业教育的方向。鉴于此,职业学校的教学价值取向有四个方面

三、深化产教融合模式,高质量发展职业教育

2022年5月1日颁布实施的《中华人民共和国职业教育法》指出,校企合作、产教融合是职教办学的基本模式。深化产教融合模式,是高质量发展职业教育的重要因素。深化产教融合模式有三步,如表5.3所示。

表5.3 深化产教融合内容

	过程	深化产教融合内容
深化产教融合	(1) 跨界校企合作	生产实习与企业合作
	(2) 跨界产教融合	教学取向与产业融合
	(3) 深化产教融合	形成"三制一机"与动态稳定产教融合模式

第二节 人才目标

人才培养目标是为党育人、为国育才,使主体自然人内化为新时代的四有准社会职业人。职业教育的本质是培养准社会职业人。不同国家、不同时代准社会职业人的内涵是不同的。职业教育培养具有马克思主义世界观,社会主义核心价值观,我为人人、人人为我的人生观等正确三观的准社会人,为党育人;培养爱业、敬业、勤业、精业的四有技术技艺技能人才,为国育才。培养"四有人才"的内容,如表5.4所示。

表5.4 "四有人才"培养内容

四有	内容	具体内容
认知	认知信息	知识、信息、数据
	认知策略	如何获得知识、信息、数据的方法
实践	实践技术	专业技术、硬件技术、软件技术、经验知识技术
	实践技能	基本技能、专业技能、综合技能、职业技能
素质	良好三观	世界观、人生观、价值观
	态度素质	良好企校育人环境潜移默化、教师认真育人与引导、主体自然人自我转化内生动力,三力作用形成稳定的心理状态,形成良好的对人对事对物的态度与素质
能力	实践能力	通过技术、技能多次多方面的作用积累而形成的稳定的心理倾向
	方法能力	通过知识、信息、数据、方法多次多方面的作用积累而形成的稳定的心理倾向

第六章 教学纲要

第一节 教学价值取向

教学价值取向四加强,整合措施与责任,概括如表 6.1 所示。

表 6.1 教学价值取向"四强"

四强	整合措施	责任
强教师融入性	认识产教融合重要性,自觉参加产业的调研与培训	校领导(执行国家关于职业教育有关文件)
	执行国家提出的融入性实施方案	
	专业教师执行融入产业培训,每年≥一个月的要求	
	落实高职高专评价体系中"双师型"专业教师硬性比例	
强教学职业性	专业设置:按部颁《职业教育专业目录(2021年)》设置专业(中职专业358个,高职高专专业744个,高职本科专业247个)	学校计划安排;实施教师策划备课
	专业内容:教学内容跟进新时代职业群发展实践,具有前瞻性、量需性、创新性、理论性、现实性、实用性、目标性	
	教学过程:既符合育人过程与教学规律,也符合职业工作过程与职业工作规律	
	教学标准:教学既有职教优化课堂教学与教学内容质量标准,也有职业工作规范与职业产品质量标准	
强内容技术性	认知使用物化硬件:整合重构专业技术内容与涵盖职业群的设备、材料、工具等的知识与使用程序	专业技术与职业技术整合重构:实施课程元素内课程设置内容
	执行内化软件内容:整合重构专业技术内容与涵盖职业群的工艺、规范、标准等的知识与执行程序	
	认知硬软件技术知识体系与技能要领:整合重构专业技术内容与涵盖职业群的硬软件知识与技能要领,形成专业技术与职业技术的知识体系	
强学习实践性	实践重要性:是职业教育的基础,也是职教生掌握技术技能的源泉;是做事劳动的过程,也是修身养性、立德树人过程	校专业教学计划实践内容有明确安排
	实践内容:教学实训、科学实验、职业实习、计划行动、调查研究、大型课程作业、毕业设计、岗位培训等	
	实践目标:培养学生热爱劳动的品德,养成良好劳动习惯、形成爱劳动品质,启智润心、培根铸魂,为国育才	

第二节　课程元素

一、职业教育课程观

课程改革 40 多年来,职业教育已初步形成课程观,包括课程认知、课程功能、课程要求方面,如表 6.2 所示。

表 6.2　职业教育课程观内容

认知	一、什么是课程？广义说,有目标有要求的教育教学方案与内容就是课程
	二、课程结构:将"基础、技术、技能、模块"四元素,排列组合构成恰当的空间序
	三、课程模式:将"基础、技术、技能、模块"元素恰当地进行排列组合,使其运行衔接妥当,构成的时空序
	四、课程:有教学教育功能
	五、创建:整合重构课程,有内容
	六、设置课程:有原则
功能	一、课程作用:是教师教学工作的基本内容,也是教师教学工作的基本依据
	二、课程手段:教师实现培养全面重点发展准社会职业人的主要手段
	三、教师职责:充分发挥课程教学功能与教育功能,是教师的基本职责
要求	一、符合经验认知与客观理论规律
	二、符合职业教育教学规律
	三、是符合做事程序、做好事、为国育才要求
	四、是符合立德树人、做好人、为党育人要求
	五、是符合培养四有准社会职业人的要求

二、课程结构单元——元素

课程改革 40 多年来,已基本形成课程结构基本框架:一个基础平台,两根顶梁柱——技术与技能,n 个活模块。结构单元是"基础、技术、技能、模块"基本元素。说明课程结构单元为"元素"的原因,如表 6.3 所示。

表 6.3　课程结构单元为"元素"的原因

1. 总结课程教学内容须以教学价值取向为根据,需要统一创新课程类型"元素"
2. 职业教育目标是培养准社会职业人,需要统一创新课程类型"元素"
3. 职业教育层次不同,需要统一创新课程类型"元素"
4. 整合构建课程内容,需要统一创新课程类型"元素","慢火烹煮"渐近融合
5. 深化产教融合,关键是坚持融合战略思维,需要"元素"架构

三、课程结构元素观

课程改革 40 多年来,职业教育已形成课程元素观,将结构元素的认知、结构元素的范围内容、课程设置原则列于表 6.4。

表 6.4 课程结构元素

元素	对结构元素的认知	结构元素的范围内容	课程设置原则
基础	一个为技术技能、为国育才打基础的平台	范围为职业生涯设计、创业就业、思政、语外、数理化生、史地劳、音体美、科技、工程、技术等实用、顶用、够用的内容	可接收性、衔接性、基础性、差异性、目的性
技术	专业技术与职业技术。职业技术,是专业涉及对应的职业或职业群的技术内容。职业技术有使用、执行、认知三方面内容	范围为专业技术与职业技术。包括:职业技术,含认知与使用物化产品的相关设备工具材料等硬件内容(硬件技术);执行内化其规范工艺标准等软件内容(软件技术);认知硬件与软件技术知识架构或体系,认知技能技艺要领(经验技术);专业技术与职业技术短期并存,逐步融合,最终形成综合实用知识框架体系	前瞻性、量需性、创新性、理论性、现实生、实用性、目标性
技能	专业技能与职业技能。职业技能是指专业涵盖的职业或职业群的技术硬件实践技能、技术软件实践技能、技术硬软件实践经验	范围为专业技能实践与职业技能实践。如:教学演示、教学示范、教学实训、科学实验、参观访问、社会调查、模拟教学、认识实习、生产实习、课程设计、现场作业练习、毕业设计、岗位培训等	规律性、差异性、重要性、标准性、实践性
模块	立德树人隐性模块与职业需要模块	立德树人隐性模块:教育贯穿全过程,育人育才不足、不到位、遗漏内容,应补课补缺与查漏补缺。职业需要模块:塑性大,灵活多变,有就业需要的职业岗位模块;创业需要的职业技能模块;国内外急需的内外循环产业链上的职业技术模块	适应性、灵活性、查漏、补缺、就业、创业需要

第三节　教学过程

一、备好课

策划观点、策划类型、综合策划。

教师的主要任务是备好课、上好课。备好课是上好课的必要条件、前提与基础;上好课是备课的艺术实践过程。职业教育教学备课要做到综合四备,备职业实际、备大纲教材、备感性教具、备受众对象。职业教育教学备课叫综合策划备课,如表6.5所示。

表6.5　职业教育教学备课内容

策划	类型	具体要求
策划类型	教材目标型	使用部颁教材,据教学大纲确定教学目标,进行教学谋划备课。普通教育基本属于这种类型
	学生务实型	以学生为主体,以学生实际状况定教学内容。教师备课,学生分层次,以学生主体实况与水平进行"说课"交流,教学谋划备课。职业教育大发展时期的备课类型基本属于这种类型
	职教综合型	根据职业实践、教材内容、学生情况、演示教具等谋划综合备课,为职业教学综合型策划。职业教育高质量发展时期的备课类型基本属于这种类型
综合策划	调研职业实际	了解职业设备工具材料产品;了解职业工艺、规范、标准;了解职业硬软技术知识
	课程备课四备	备职业实际、备方案教材、备职教学生、备演示教具
	综合策划备课	根据职教学生特点,以学生为主体,以职业实际为基础,整合内容与过程、认知与实践,设计谋划编写课程教学方案、学期教学计划与上课教案,实施优化以务实为导向的教学
	综合备课重要性	职教综合策划法是教师备课法。它是产教融合、职业教育教学价值取向的体现,是构建职业教育教学综合实用体系的基础

二、上好课

教学坚持四个观点,教学过程把握五个要素,教学实践六个相融,如表6.6所示。

表6.6　教学四观点、五要素、六相融内容

教学四观点	师生互动
	教师引导
	学生主体
	动态管理

(续表)

教学五要素	认知	认知信息	知识、信息、数据
		认知策略	如何获得知识、信息、数据的方法
	态度	对人态度	与同学、家长、朋友、职业人等相处有正确态度
		对事态度	对课程、专业、学习、制度、纪律应有正确态度
		对物态度	与自然和谐共生
	行动	课堂	通过课堂实践使学生形成经验认知,升华内化学习品质与动作技能
		校园	通过反复校园实践,使学生形成经验认知,升华内化学习品质与动作技能
		企业	通过反复实践企业,使学生形成经验认知,升华内化学习品质与动作技能
		社会	通过反复实践社会,使学生形成经验认知,升华内化学习品质与动作技能
	引评	导向与评价	学生认知与点滴长进的导向和评价;学生态度与闪光亮点的导向和评价;学生实践与学习进步的导向和评价
	内化	做人素质	使学生将优良品质、创新意识、职业素质内化为稳定心理状态(品质)
		职业能力	使学生将认知能力、情绪能力、社会能力内化为稳定心理倾向(本领)
教学六相融		主导与动力相融	教师主导,激发学生内生动力,融合调动教与学两个积极性
		内容与立德相融	知识技术技能是人类劳动与智慧的结晶,内容与立德自然融合
		抽象与实际相融	感性具体,到抽象具体,到抽象规律形成,要与具体相伴相融
		知技与能力相融	以传授知识与技能为基础,使学生将学习内容内化为基本、专项、综合能力
		技术与职业相融	专业技术理论与职业技术实际相交、结合、相融,以达到逐步融合
		管控与环节相融	管控与认知、态度、行动、引评等要素结合,让学生相融内化为素质与能力

三、上好实训课

管控以学生为主体的动态实践训练课,是职业教学的重点内容,采取明确的六程序演练教学,如表6.7所示(参阅教学篇)。

表6.7 六程序教学内容

六程序内容	具体规则
组织教学	明确上课形式
	科学分组
	配备工具材料,保证程序教学的正常进行
要领讲解	要领讲解应重点讲清三方面职业实训内容
	讲解要和物结合,"少而精","三化三不讲"
	讲解要强调操作规范的重要性,激发内生动力
示范演练	教师示范,学生演练,以示范为主
	示范演练与讲解操作要点和操作安全结合

(续表)

六程序内容	具体规则
布置任务	布置任务要注意内容的可持续性和符合生产实际需求
	布置任务要服从业务技能演练和学生身心健康发展的规律
	布置任务要有明确的操作要求
学生演练与巡回指导	指导学生动手、动脑,培养能力
	个别和全面指导相结合,因材施教,注意不安全因素
	教师巡回收集学生动态操作信息
总结、评分、清理	评分:师生结合,以师为主;动静结合,以动为主
	处理信息,分析,总结,提高
	"个人、车间、工具"三清理

诠释六程序,如表6.8所示。

表6.8 诠释六程序

六程序根据	实训课教学过程的根据为由辩证唯物主义认识论与实践论、学生心理因素、生理条件、认识事物的规律,和根据国内外教学实践总结出来的一套程序化教学规则
组织教学	有众多学生,需稳定秩序;培养学生组织管理能力;培养动手能力;使学生熟悉生产设备和工具材料等
目的型实践	确定定向职业培训目的;缩短时间提高效率;激发学生训练积极性与内生动力;吸取"文革"学工学农等有效经验;借鉴德国实训课科学严格的17条程序,有计划有目的地系统进行
目的型实践与再认识	由于学生的知识水平、心理素质、生理条件不一样,在操作训练过程中,出现差异、问题、错误是正常的,指导教师须巡回指导,发现问题、启发思维、纠正错误、培养能力;经过师生的双边活动,总结、分析、评议,以确定正误优劣,从"目的实践"飞跃到"再认识",传授技能的教学会有一个突破性进步
清理	培养文明生产、规范训练的习惯,提高职业道德素质

四、教学过程

教学过程是教学艺术实践的过程,教学因包含多种因素而没有固定的方法,但是对于具体某一堂课,各种因素已经确定而言,是有优法的。下面几例实践课作为教学参考,如表6.9所示。

表6.9 教学实践参考

教无定法		课程不同,教法不同;同一课程不同课堂,教法也可不同
教有优法	正确观点	教无定法,但在特定条件与环境下探索,存在优法
	决定因素	课堂教法取决于教育目标、教育对象、课程内容、教育环境、实物教具
教学举例	动态教学	手、脚、车三感配合,见驾驶汽车
	故障排除	经验积累,见维修PC硬件电脑
	项目教学	评文理、艺术、心智、技能、技术等,见微视频综合制作
	综合技术	大型作业,以软件Ps综合运用为例,见综合技术法

第七章 管理纲要

第一节 教学评价

一、教学评价工作概念

教学评价含义、教学评价内容、课程教学质量,如下表所示。

教学评价含义	职业学校教学评价是对教学工作与质量的认可度
教学评价内容	学校教学工作
	教师教学质量
	学生学习质量
课程教学质量	课程教学质量作用:衡量任课教师课程教学质量与水平的尺度
	课程教学质量含义:课程学分合格人数与学习此课程人数比例
	课程教学质量量化:中间大两头小

二、教学评价系统工作

教学评价系统工作的目标、原则、内容、步骤、方法,如下表所示。

系统	系统工作内容	系统工作要求
目标	产教融合	构建以产教融合为基本模式,以技术技能应用为主要内容的教学质量评价体系
原则	五项原则	与就业创业需求、与职业工作实际相吻合
		与职校培养新时代技术人才的具体目标相一致
		与职校教学取向"融入性、职业性、技术性、实践性"的标准相一致
		与职校"课程元素"的特点内容相一致
		与评价体系"可观、可测、可量"的可操作性相一致
内容	一级、二级可操作结构	一级指标分解可操作结构
		二级指标分解可操作结构
		可观可测可量可操作
	构建职教课程学分制	基础元素课程约占十分之三(参考)
		技术元素课程约占十分之四(参考)
		技能元素课程约占十分之二(参考)
		模块元素课程约占十分之一(参考)

(续表)

系统	系统工作内容	系统工作要求
步骤	工作程序	领导：构建省或市"专业指导委员会"
		目标：构建教学质量评价体系
		内容：构建与职校"课程元素"特点内容相一致的评价内容
		管理：校企组建"课委会"进行课程评价、管理学分、实施毕业考试
方法	资料采集法	目标：采集第一手资料
		方法：听课法、文献法、资料法、调查法、讨论法
	整理分析法	目标：在充分调查材料的基础上，分析、概括人才培养、办学方向、教学内容、课程内容、管理改革等
		方法：统计法、比较法、逻辑分析法、案例分析法
	综合研究法	目标：总结职业教育教学评价体系与标准
		方法：认识论、实践论、唯物论、辩证法、信息论、控制论、系统论

三、课堂教学质量评价(一)(案例)

某高职校教师63人，授课情况如下表。

A级指标	B级指标	学期	人数	优秀	优良	一般	稍差
教学目标与内容	讲清授课的目的、意义及解决的问题	第一学期	23	11	8	2	2
		第二学期	40	12	22	6	0
	讲课内容正确无误，基本按进度授课	第一学期	23	13	5	3	2
		第二学期	40	17	19	4	0
	根据培养目标和课程性质处理教材，突出重点，解决难点	第一学期	23	11	9	2	1
		第二学期	40	15	11	13	1
	讲授知识和技能的信息量、密度、容量适中，深广度符合大纲要求与学生接受水平	第一学期	23	11	8	0	4
		第二学期	40	13	18	8	1
教学基本技能	严格要求，教书育人，善于组织教学，有教学动态管理的调控能力	第一学期	23	5	11	3	4
		第二学期	40	8	14	16	2
	语言准确规范，使用普通话，语速适中，注意仪表仪态	第一学期	23	3	13	6	1
		第二学期	40	12	22	5	1
	讲课熟练生动，教态自然亲切，启发思维，培养能力	第一学期	23	5	12	5	1
		第二学期	40	14	20	5	1
	板书工整，布局合理，条理清晰	第一学期	23	3	9	9	2
		第二学期	40	7	25	7	1
	根据教学需要使用实物、模型、挂图等教具，以及课件等多媒体现代教学技术	第一学期	23	10	9	4	0
		第二学期	40	13	13	13	1

(续表)

A级指标	B级指标	学期	人数	优秀	优良	一般	稍差
教学过程与方法	课堂教学时间安排有序,教学环节分配合理、结构清晰	第一学期	23	4	14	5	0
		第二学期	40	8	25	6	1
	发挥主导激励作用,调动主体积极性,探究教法,多样自如,师生互动	第一学期	23	7	7	6	3
		第二学期	40	10	20	9	1
教学反馈与效果	答问和作业正确率高	第一学期	23	3	10	8	2
		第二学期	40	8	19	12	1
	学生学习兴趣浓厚,有创新精神	第一学期	23	2	13	5	3
		第二学期	40	5	23	11	1
	好、中、差三类学生各有所获	第一学期	23	1	14	3	5
		第二学期	40	7	22	11	0

四、课堂教学质量评价(二)(案例)

某高职校课堂教学质量评价,如下表所示。

A级指标	B级指标	学期	好与比较好	一般与稍差
教学目标与内容	讲清授课的目的、意义及解决的问题	第一学期	81%	19%
		第二学期	85%	15%
	讲课内容正确无误,基本按进度授课	第一学期	76%	24%
		第二学期	90%	10%
	根据培养目标和课程性质处理教材,突出重点,解决难点	第一学期	86%	14%
		第二学期	65%	35%
	讲授知识和技能的信息量、密度、容量适中,深广度符合大纲要求与学生接受水平	第一学期	81%	15%
		第二学期	77%	23%
教学基本技能	严格要求,教书育人,善于组织教学,有教学动态管理的调控能力	第一学期	66%	34%
		第二学期	55%	45%
	语言准确规范,使用普通话,语速适中,注意仪表仪态	第一学期	66%	34%
		第二学期	85%	15%
	讲课熟练生动,教态自然亲切,启发思维,培养能力	第一学期	71%	29%
		第二学期	85%	15%
	板书工整,布局合理,条理清晰,配合讲课	第一学期	48%	52%
		第二学期	80%	20%
	根据教学需要使用实物、模型、挂图等教具,以及课件等多媒体现代教学技术	第一学期	81%	19%
		第二学期	65%	35%

(续表)

A级指标	B级指标	学期	好与比较好	一般与稍差
教学过程与方法	课堂教学时间安排有序,教学环节分配合理、结构清晰	第一学期	76%	24%
		第二学期	82%	18%
	发挥主导激励作用,调动主体积极性,探究教法,多样自如,师生互动	第一学期	57%	43%
		第二学期	75%	25%
教学反馈与效果	答问和作业正确率高	第一学期	52%	48%
		第二学期	67%	33%
	学生学习兴趣浓厚,有创新精神	第一学期	62%	38%
		第二学期	70%	30%
	好、中、差三类学生学习各有所获	第一学期	62%	38%
		第二学期	73%	27%

五、学生学习质量评价

一是学分评价,二是综合技能毕业考试评价,如下表所示。

评价	内容	要求
学分	平时成绩	观测:到课率、课堂情况、课堂回答问题、课前后作业等
		量化:观测点占课程学分值具体比例
	结束成绩	四类元素课程:占比
		课程:占比,含课程结束考试成绩占比与平时成绩占比
	学分入档	量化:各类课程学分值,课委会备案在档,教育部门认可
		作用:技能与学分是普教与职教横向联系的节点
考试	组建机构	组建专业教学指导委员会,指导职校课委会技能评价工作
		组建课委会,职责是课程评价、管理学分、实施毕业考试
	毕业考试	性质:职业技术技能毕业考试,课委会具体组织实施
		作用:职业技术技能毕业考试成绩入档,专委会盖章认可

六、学生综合技能评价(案例)

现以某高职校综合技能毕业考试为案例,说明职教在组织领导、考核命题、考题评分、考前复习、考试准备、监考评分、考场纪律等七个方面与普教的区别,如下表所示。

组织领导	组织区别	职校	联办单位与职业学校共同组织成立"毕业考试委员会",每年2月协商酝酿成立考委会,6月结束
		普校	内部组织,不跨界
	领导区别	职校	联办单位六大公司经理、教育处长等5人,职校教学校长、教导处主任等6人,共11人组成"考委会"
		普校	学校的教学校长、教务主任
考核命题	组织区别	职校	由联办单位六大公司推举出的工程师与职校实训处主任担任组长
		普校	一般不跨界成立命题组
	成员区别	职校	七级工老师傅等各工种生产一线老师傅及实训指导教师,共同组成考核命题组
		普校	一般不跨界成立命题组
考题评分	考题区别	职校	主要是毕业技术技能考题,考核综合技能和能力。"以动为主,动静结合",体现在考试全过程与评分标准上
		普校	普通学校毕业考试,考题以书面为主,以静为主
	评分区别	职校	评分标准:体现基本技能、专业技能、职业技能及综合技能水平,评分标准在用工具、基本功、选配料、识图纸、精制作、安全文明等方面体现。考核时间:5小时40分
		普校	毕业班任课教师或经验丰富的老教师出题、评分
考前复习	内容区别	职校	技能训练达熟练程度,并内化为职业能力
		普校	梳理内容构建知识系统,提升综合思维能力
	方式区别	职校	提供场所、材料、设备、工具,考前两三个月实习,把学生分散在相关的工地、车间、实训基地
		普校	自学、互学、讲解
考试准备	准备区别	职校	提前时间长,内容多:从命题完毕到印刷封存,到工具、材料、场所等物质准备需要两三个月
		普校	提前时间短,内容少:考试内容确定到印刷封存到正式考试这段时间,提前时间一般为一星期,甚至更短
监考评分	监评区别	职校	专业考场有主考监考人员和动态监考评分人员。动态监考评分人员负责5~7名考生动态评定,主考监考人员负责静态作品评定,审定动态评分
		普校	监考老师只监不评,评分老师只评不监
考场纪律	考纪区别		职教的安全操作规定等八条严格的考场纪律新内容,与传统笔试考场纪律有质的区别

七、用人单位评价

就业创业指导委员会的任务与评价内容,如下表所示。

就业创业指导委员会	任务	负责常态化调研,调研产业、行业、企业等用人单位对毕业生就业后的评价
	评价内容	对学校设置专业的适应性调研
		对学校设置专业的内容进行调研
		对职业学校单位输出职业人才的质量评价进行调研
		对学校培养准社会职业人工作的评价

第二节 教学管理

职业教育教学的管理有宏观、中观、微观管理三方面。在此研究区域性管理模式、教学课程动态管理、教学课程学分管理、职业综合技能质量管理。

一、区域性管理模式

管理建模	要求	符合实际	管理模式与区域经济发展水平与状况相匹配;职教管理模式符合区域职业教育水平与特点;结构是建模的前提,模式是结构的完善
	概念	结构模式	管理机构各结构元素空间位置明确,结构元素内容责权明确,以形成的空间序为结构;结构元素沟通运转便捷,结构转为模式,空间序向时空序转化
	内容	内外管理	涉及职教办学教育有模式、教学取向有标准、课程类型有特点、培养教育有目标等4大特色内容的管理建模
		构建网络	构建4大特色立体网络管理的局域网
管理模式	结构	第一维度	管理方案、管理计划、规范条例,属于第一维度例行管理工作内容
		第二维度	计划管理、教学管理、课程管理,属于第二维度践行教学工作内容
		第三维度	管理干部、理论教师、实训教师,属于第三维度管理干部与教学人员内容
		管理结构	管理工作 + 教学工作 + 管干教师,组成一个立体教学管理结构
		职教管理结构	在管理结构基础上,细化三维各种结构元素,寻求三维结构元素的排列组合,形成职教管理结构
	模式	职教管理模式	结构元素间相互联系、影响,形成具有职校特色的管理与运行机制,形成不同层次、不同类型职校的教学管理模式

(续表)

管理工作	管理含义	管理是引导、是服务,是教育教学从无序、无规向有序、有规、有内容的方向转化
	管理工作	创建管理模式:建立符合实际、简单易行、可操作的教育教学管理模式
		管理内容:专业设置与建设;专业教学方案与课程设置;课程教学内容;理论教学与实践教学;理论考核与实践考核;教学与教师评估等
		管理干部:管理干部从事引导和服务,使教学从无序无规、偏序偏规,向有序有规的方向转化的管理工作
	教研工作	摆正自身在管理结构中的位置与责任,做好向上与向下两方面工作
		抓住教学取向标准与课程元素特点,进行服务与管理工作
		做好教师建设与业务管理工作
		加强教研部门建设,提高教研人员素质

二、教学课程动态管理

教学课程动态管理有课程动态运行管理、课堂教学动态过程管理。

课程动态运行由学校管理;课堂教学动态过程由课任教师管理。学校对全校课程进行局域网设计、运行、管控、调配、指挥,构建全校课程动态运行网。全校课程网络结构要素有课程元素、场所与使用时间、设备、授课教师,如下表所示。

课程网络结构要素			
课程元素	场所与使用时间	设备	授课教师
基础	教室、实验室、年月日节次等	课件、教具	四有教师
技术	教室、实践场所、年月日节次	工艺课件、设备材料工具	双师型教师
技能	实训场所、企业、年月日节次	相关设备材料工具、产品	实训教师、技师师傅
模块	校园内外、企业岗位	环境、企业	指导师傅、班主任

三、教学课程学分管理

课程学分制度是方向与趋势。课程学分管理由教务处管理,课委会操作。课程学分管理内涵有:三段概念、实施阶段、本质要求、五项条件,如下表所示。

课程学分管理	三段概念	选课制：指学生选修学习课程的课程制度	
		学年学分制：以选修课为基础，每学年完成学分的教学管理制度	
		完全学分制：以选课制为基础，修满下限学分毕业获证的教育管理制度	
	实施阶段	选课制	基础阶段
		学年学分制	中级阶段
		完全学分制	高级阶段
	本质要求	提高"全面重点发展"人才教育质量	
		提升"宽进严出"学分教学管理水平	
		提高"学生本位"的学分教育评价能力	
	五项条件	确定"必选比"，推动课程改革	
		加强"专兼、高水平"师资队伍建设	
		课程、学年、学籍、学分配置与管理	
		动态学分的教育、管理与评价	
		按程序步骤进行	

四、综合技能质量管理

构建专业群指导委员会、专业群指导委员会职责、专业群指导委员会权力、专业群指导委员会协同，如下表所示。

	专业群指导委员会	
构建	跨界组织	职校与企业、行业、产业等跨界部门商议推荐专委会的组织成员，上一级教育行政部门与行业主管部门决策、批准、备案
	实施操作	学校按上级文件备案，并组织人员具体实施
职责（负责每届学生的专业毕业综合技能质量水平测试，有8项工作任务）	考试出卷	
	制定评分标准	
	考试准备（材料设备工具等）	
	考场组织	
	考试规则	
	监考评分	
	推荐合格毕业生就业创业	
	推荐优秀毕业生深造	
权力	认定毕业生综合技能考试成绩，并转校"课委会"存档	
	认定职业学校专业技能质量教育综合水平	
协同	课程学分指导委员会	
	就业创业、升学指导委员会	

第八章 特殊纲要

一、为什么说职业教育是一类教育

一类	横向体系	形式多样、范围广、规模宏大	专业技术教育、职业学校教育、职业技术培训教育、在职成人培训教育、技工学校、技师学院等
	纵向系统	层次完整、递升有规	技术培训;中职学校、技工学校;高职学院、技师学院;职业大学本科;产学研用模式培养研究生。递升有"技能"与"课程学分"考核规范
	横向形成规模体系,纵向形成层次系统,所以职业教育是一种类型教育			

二、为什么说职业教育是具有基础性的教育

三大关系	经济与职教	职业教育直接为新时代的社会主义经济服务,发挥基础性服务作用
	需求与培养	中国式现代化的人才强国,需有庞大的技术技能人才队伍支撑,职教(在职校学生、社会入职岗位人员、在职转岗入职人员)就是要为国培养技术技能人才,起着基础性培养作用
	内涵与取向	中国式现代化应用技术的内涵,与职业教育教学价值取向是一致的,职教发挥着导向融合内涵的基础性作用
结论	中国式现代化需求的经济、人才、内涵与职教的三大关系,说明职业教育具有重要地位,与普教相对文化科学是基础教育地位,所以职教相对经济、人才、内涵来说,是具有基础性的教育	

三、为什么说职业教育是一类特殊教育

特殊	办学	基本模式	结论	跨界:《中华人民共和国职业教育法》指出,职业学校办学的基本模式是企校合作、产教融合。深化产教融合,高质量发展职业教育
			原因	实践结果;教育属性;国家战略;人才目标;系统理论
	教学	教学取向	四强	教师的融入性(重要性;实施方案;具体要求;评价体系)
				教学的职业性(专业设置;专业内容;教学过程;质量标准)
				内容的技术性(认知硬件;执行软件;认知硬软技术)
				学习的实践性(重要性;实践内容;实践目标)

(续表)

特殊	课程结构	元素	基础元素
			技术元素
			技能元素
			模块元素
	教学过程	策划	四备：备职业实际；备教材大纲；备感性教具；备受众对象
		四、五、六	四个观点；五项要素；六条相融
		六程序	组织教学；要领讲解；示范演练；布置任务；学生演练与巡回指导；小结评分清理
	教学评价	评价工作	学校教学工作评价；课堂教学质量评价；课程学分质量评价；学生综合技能评价
		特点	综合技能评价；课程学分评价；用人单位评价
	教学管理	四项工作	职教区域性管理模式
			教学课程运行管理（动态管理），有别于普教静态课程表
			课堂教学过程管理（动态管理），有别于普教主要静态管理
			教学课程学分管理
		特点	课程动态管理；课程学分管理；技能评价管理
结论	职业教育的办学模式、人才培养目标、教学价值取向、教学内容、教学过程、教学评价、教学管理等，与普教不同，具有特质。职业教育是一类特殊教育		

四、什么是四有的准社会职业人才

职业教育培养目标是实现主体自然人转化、升华、内化为新时代的四有准社会职业人才，那么什么是四有呢？

四类	八项	具体内容
认知	认知信息	知识、信息、数据
	认知策略	如何获得知识、信息、数据的方法
实践	实践技术	专业技术、硬件技术、软件技术、经验知识技术
	实践技能	基本技能、专业技能、职业技能、综合技能
素质	良好三观	世界观、人生观、价值观
	态度素质	良好企校育人环境潜移默化、教师认真育人与引导、主体自然人自我转化内生动力，三力作用形成稳定的心理状态，形成良好的对人对事对物的态度与素质
能力	实践能力	通过技术、技能多次多方面的作用积累而形成的稳定的心理倾向
	方法能力	通过知识、信息、数据、方法多次多方面的作用积累而形成的稳定的心理倾向

第三部分

求索论文

第 九 章　办学篇　　第 十 章　人才篇
第十一章　教材篇　　第十二章　教学篇
第十三章　评价篇　　第十四章　管理篇
第十五章　沉浸篇

第九章　办学篇

第一节　六国高职教育
——概况结构、培养方向、主要特点

本文通过介绍美国、德国、澳大利亚、法国、加拿大、中国等六国高职教育概况,包括其教育结构和高职培养方向,初步研究各个国家、地区高职教育的主要特点。中国高职办学时间不长,可以通过比较汲取、借鉴外国高职教育经验,完善中国职业教育体系。

一、六国高等职业教育概况

（一）美国：社区学院

美国高等教育从 1636 年哈佛学院建立算起,至今有 300 多年历史。教育发展经历了移植（英国教育模式至殖民地时期）、改造（1776 年建国至 1861 年南北战争时期）、创新（南北战争至第二次世界大战时期,美国特色的教育制度形成）、改造发展（第二次世界大战至今）四个阶段。社区学院是在教育发展第三阶段建立并发展起来的。1892 年,芝加哥大学校长哈珀（W. R. Harper）把美国高等教育四年制分为两个阶段,即初级学院和高级学院。1902 年伊利诺伊州乔利埃特创办了第一所初级学院。学生学完两个课程后,可成为专门人才就业,也可继续进入大学深造。初级学院又叫社区学院,接受十二年中等义务教育,获得中学文凭的中学生,都可进社区学院,无须考试。20 世纪初社区学院兴起,60 年代时较快发展,至今在全美国 3 389 所高等院校中,社区学院有 1 368 所,约占 40%,是美国高等职业教育办学的主要形式。

（二）德国：职业学院和专科大学

德国教育制度在欧美教育史中具有重要影响。近代,德国教育经历了帝国前、帝国时期（1871—1918）、魏玛共和时期（1919—1933）、纳粹统治时期（1933—1945）、战后东西德统一前（1945—1990）、德国统一时期（1990 年至今）六个阶段。20 世纪 70 年代,原联邦德国的工程师学校、工业设计高级专科学校、社会公益事业专科学校、经济高级专科学校以及民主国的专科学校等升格改制为德国专科大学（即高等专科大学）和职业学

院。专科大学为四年制本科,职业学院为三年制大专,皆属高等职业教育类型和层次,国际教育分类为5B。70年代以后的30多年,德国高等职业教育发展迅速,并与世界各国签订了近2000个合作办学协议。欧共体于1992年,根据其办学质量,正式承认其大学学历。

(三)澳大利亚:太府学院(Technical and Further Education,TAFE)

澳大利亚联邦于1901年1月1日成立,至今一百多年,人口约2 000万。澳大利亚历史不长,职教史也不长,大致分为四个阶段:第一阶段是20世纪50年代前,职教主要是采用师傅带徒弟的方式进行职业培训;第二阶段是20世纪50年代到70年代,小学六年级毕业后学生分流,上普通中学或职业学校,职业学校学习时间为五年;第三阶段是20世纪70年代到90年代,实行十年义务教育(小学6年,初中4年),毕业后再分流,上普通高中或职业高中。同时建立了"技术和继续教育学院",简称太府学院(TAFE);第四阶段是20世纪90年代至今,澳大利亚于1990年颁布了职业教育法,将TAFE纳入职业教育和培训系统。TAFE发展至20世纪末,全澳有学校250所,130万在校生,约占全国人口的8%,TAFE似乎成为澳大利亚职教的代名词。

(四)法国:高级技术员班和大学技术学院

法国教育可分为三个阶段:1789年资产阶级大革命前的"旧制时期",大革命后到19世纪末的近代阶段,20世纪至今不断发展的现代阶段。法国教育分初、中、高等三级组织体制,在大革命后形成,保留至今。在20世纪70年代中期改革后,学制稳定,情况是:小学到高一为10年义务教育阶段,高中阶段分普通高中、技术高中、职业高中。小学五年,初中四年,高中三年学制。职业高中是不完全高中,称短期高中。

20世纪50年代,在技术高中内附设了高级技术员班,20世纪末,全法国有1 000多个班,学生5万多人。60年代始建了以培养高级技术员为目标的大学技术学院,学制2年,全法国有66所,学生也有5万多人。法国人称高中毕业后两年的学校为短期高等学校。五六十年代发展起来的高级技术员班和大学技术学院,规模、学制、培养目标基本稳定。普高、技高绝大部分学生要通过中学生毕业会考,会考要求严格,及格率2/3左右。高级技术员班和大学技术学院根据报名者的中学成绩录取。

(五)加拿大:社区学院

加拿大自治于1867年,至今有一百多年历史,面积世界第二,人口3 000万。20世纪60年代加拿大建立和发展高等职业教育的社区学院,普及了大学教育。如圣力嘉职业技术学院(加拿大最大的一所学院)、乔治布朗学院、康尼斯多加学院、维尔逊职业大学、魁北克省25所联合组成的国际学院,都是高等职业教育学院,又称社区学院,培养生产管理服务第一线的技术人才。加拿大社区学院发展迅速,如圣力嘉职业学院,1965年8月创建,招收十二年级中学生852名,业余学生1 067人,1个校区,21个专业。20世纪末有全日制学生 1.4 万人,业余学生 9 万人,12 个校园,来自 61 个国家的留学生 1500 人。加拿大社区学院具有强大的生命力,圣力嘉在校生人数 30 多年翻了 50 倍。

(六)中国:职业大学、高等专科学校、职业技术教育学院

中国是一个伟大的文明古国,早在汉、唐时期就已建立了相当完备的学校制度。近代学校教育大致分为三个阶段:第一阶段,1840 年到 1918 年,近代学校与国民教育制度初建时期;第二阶段,1919 年到 1949 年,国民教育制度改革阶段;第三阶段,1949 年到现在,具体分为四个时期,即 1949 年到 1956 年的改造旧教育、摸索建立社会主义新教育时期,1956 年到 1966 年的教育改革与事业调整时期,1966 年到 1976 年的教育事业遭破坏时期,1976 年到现在的调整改革发展时期。中国职业教育从 19 世纪中叶算起已有一百多年历史。中专、技工学校等中等职教 20 世纪 50 年代创建,70 年代末为适应经济发展创办了职业高中、职业中专。80 年代后,中等职业技术学校发展迅速。1980 年,国家教委根据地方经济和社会发展对一线人才的迫切需求,批准成立了金陵职大、无锡职大等 13 所高等职业学校。1985 年后,职业大学蓬勃发展,最多时达 128 所。高等专科学校和成人高校也大量发展。1992 年招生数占高校的 75%,在校生占 59%。国家教委要求专科按照高职教育方向发展,并改制一些中专,招收初中毕业生,进行 5 年制高等职业教育的试点。1996 年颁布《中华人民共和国职业教育法》,明确了"职业学校教育分为初等、中等、高等职业学校教育"。1998 年颁布《中华人民共和国高等教育法》明确"高等学校是指大学、独立设置的学院、高等专科学校,其中包括高等职业学校和成人高等学校"。目前,中国高等职业教育层次有:职业大学、高等职业技术学院、高等专科学院等。学历层次以大专为主。

中国的台湾地区职业技术教育占教育相当大比重。台湾经济起飞,职教的发展壮大起了重要作用。台湾逐步形成了包括博士研究生培养在内的职教体系、结构和教学模式。台湾没有初级职业教育,职高后有专科、大学本科、硕士、博士 5 个层次职教体系。专科和技术学院属高等职业教育。专科学校有 3 种类型,2 专、3 专、5 专,即:招收职高毕业生,学制 2 年的 2 专;招收普高毕业生,学制 3 年的 3 专;招收初中毕业生,学制 5 年的 5 专。技术学院本科有 2 种类型:招收专科毕业生,学制 2 年;招收职高毕业生,学制 4 年。技术学院内有硕士班和博士班,招收技术学院本科毕业生,也招收普通大学本科毕业生。专科培养目标是实用专业人才,技术学院培养高级工程技术人才,其研究生是高级技术研究人才。台湾职教发展大致分四个阶段:第一阶段是 20 世纪 50 年代初期,经济结构以劳动密集型的加工工业为主,相应的职业教育只有初级和中级,以初级为主;第二阶段是 60 年代中后期,经济有了较快发展,产业结构由劳动密集型向技术密集型转变,社会经济建设要求普遍提高劳动者素质,于是 1968 年推行九年义务教育,初级职业教育停办,职高和专科教育快速发展;第三阶段是 1974 年成立了台湾工业技术学院,创建了第一所本科职业教育机构,1979 年和 1983 年分别设立了硕士班和博士班,形成了层

次完整的职教体系;第四阶段是20世纪80年代至今,完善了职教体系,3专改制,职教层次处在高位。

(七)中外高职教育概况一览表

国家和地区		创建年代	主要名称	主要学历层次
美国		1902年	社区学院、技术学院	大专
德国		1968年	职业学院、专科大学	大专、本科
澳大利亚		20世纪70年代	太府学院	大专
法国		1954年	短期高等学校	大专
加拿大		1965年	社区学院	大专
中国	大陆	1980年	职业大学、职业技术学院、高等专科学校	大专、本科
	台湾	1974年	专科学校、技术学院	大专、本科、研究生

二、六国教育结构和高职培养方向

(一)美国教育结构和高职培养方向

美国实行12年义务教育,4年制中学、3-3分段高初中、6年一贯制中学,3类中学毕业生都可进入社区学院,也可进入技术学院、大学、专业学院学习。社区学院、技术学院属高等职业教育,凭高中毕业证书和鉴定书可直接入学,2年修满规定学分可授予协士学位,主要培养技术员。20世纪80年代美国3000多所高等院校,高职有1200多所,约占40%;大学1100所,专业学院500多所,约占50%;其他占10%。

(二)德国教育结构和高职培养方向

德国小学教育4年,中等教育有完全中学、实科中学、职业学校、综合中学。职业技术教育机构和形式比较复杂,各个州自主决策,情况各异。但是,高等职业学校和专科大学的入学条件是基本统一的,有12年级专科高中毕业文凭或同等学力者方可进入,没有入学考试。高等职业学院(3年制)采用"双元制"培训模式,目标是培养生产、服务、管理和技术第一线的应用型高级人才。专科大学(4年制)培养应用型高级人才,主要是工程师、经济师、文教工作者及相应层次的职业人才。20世纪末,德国高等职业教育约200所,占高校总数约一半,学生人数约占全德国高校生30%。

(三)澳大利亚教育结构和高职培养方向

澳大利亚有普通教育、职业教育、高等教育3大版块,各版块自成体系,相互沟通,形成澳大利亚职教体系,其连接点不是学历,而是证书。从证书一,对应有一定的职业岗位和学习的课程模块,逐步向上升到证书二,余次类推,直到高级文凭。从职业岗位难易程度,从知识技能掌握多少,能力强弱,要求高低,从低级向高级深造,形成初、中、高级职业教育系列。普教 11 年级学生可读证书二,12 年级学生可读证书四,职教系列的学生也可读大学,普职相互沟通。普通文凭对应的培养方向是专业辅导人员。澳大利亚太府学院属于高职教育专科层次。

(四)法国教育结构和高职培养方向

法国的学历教育层次是明确的,要求也是严格的。法国的高等职业教育层次是专科,培养目标是高级技术员,招收高中毕业生(技术高中或普通高中),择优录取。高级技术员班和大学技术学院在校学生有 10 万多人,约占全法高校在校生 10%。法国约有 70 所大学技术学院。

(五)中国教育结构和高职培养方向

中国的高等职业教育有职业大学、职业技术学院、专科学校、成人高校 4 大版块。高职培养方向是培养技术应用型人才。在 20 世纪末,高职高专在校生人数约 700 万,约占高校在校生人数一半。在校中职生很少。淡化中专、技校、职高三类校为中职教育,升学口子较小,只有对口招生可升入高职院。职大、职技院、高专、成人高校招收普高毕业生,国家统一考试,按成绩录取。

台湾职教体系的 2 专、3 专、5 专分别招收职高、普高、初中毕业生,是高职教育专科层次,培养实用专业人才;技术学院大学部 2 年制招收 2、3、5 专科生,4 年制招收职高毕业生,是高职教育本科层次,培养高级工程技术人才;技术学院研究所是高职研究生层次,招收本科生,培养高级技术研究人才。20 世纪末,高职专科层次院校有近 80 所,约 50 万在校生。普高与职高对半,职高毕业生 60% 升入专科学习。

(六)六国高职教育招生、学制、目标、规模一览表

国家	招生		学制	培养目标	规模
	对象	条件			
美国	4、3-3、6 年制十二年级中学毕业生	凭高中毕业证书和鉴定书入学	二年	技术员	高职 1 200 所,约占 40%
德国	十二年级的专科高中毕业生	专科高中毕业文凭或同等学力	三年和四年	应用型高级人才	高职 200 所,约占高校 50%,高校生约 30%
澳大利亚	十二年级中学毕业生	证书四	—	应用型人才	太府学院 250 所,在校生 130 万
法国	十二年级技术高中或普通高中毕业生	中学成绩,择优录用	二年	高级技术员	70 所技术学院,高职生约 10 万人,占高校在校生 10%

(续表)

国家		招生		学制	培养目标	规模
		对象	条件			
中国	大陆	中职毕业生	对口入学考试成绩	三(大专)、四年(本科)五年一贯制大专(招初中毕业生)	技术应用型人才	高职高专在校生约700万,占高校在校生约50%
		普高毕业生	全国统一考试成绩			
	台湾	职高、普高、初中毕业生	入学考试	二、三、五年	实用专业人才	专科80所,50万在校生
		二专、三专、五专;职高	入学考试	二、四年	高级工程技术人才	技术学院约10所

三、六国高职教育的主要特点

(一)美国高职教育的主要特点

1. **社会性**:社区学院为社区培养专门人才,就近入学,没有入学考试,无年龄限制,课程多样,比较灵活。这种办学形式适应美国社会经济的发展需要,为美国高等教育的大众化、普及化开创了局面。社区学院除进行学历教育、授予协士学位外,还提供地区培训教育,为雇主进行培训,为小商业发展中心进行培训,开展职业计划咨询项目培训、消费者合同培训,等等。总之,社区学院全方位向地区社会开放,便利、灵活、实际、高效地进行高职教育和培训。

2. **职业性**:美国劳工部在20世纪80年代末成立了一个专门委员会。委员会提出,高职教育的毕业生应具有合理利用与支配各类资源、处理人际关系、获取并利用信息、综合系统分析运用各种技术、分析发现解决实际问题、听说读写算等职业能力,以及自重自信自律、有社会集体责任感、有正直诚实敬业等职业道德。雇主除强调了职业能力和职业道德品质之外,还强调了希望毕业生能适应市场经济体制和新技术飞速发展,知识面、专业面要宽,针对性更强。比如,美国俄亥俄州哥伦布社区学院培养学生的职业能力和职业道德品质,就是通过俄州教育局组织的工商界、劳动局、专家教授、社区机构等各方代表,根据以俄州科技发展、劳务市场的需求制定的培养要求来进行的。社区学院的培养目标必须服从当地工商业发展需要,教师讲授与其职业有关的知识和技能。针对具体的工作岗位技能本位观点,美国提出的依赖于职业分析结果能力本位教育的思想,影响了世界各国,特别是被加拿大、澳大利亚等国接受并发展运用。

3. **科学性**:美国颁发的职业教育法迄今为止已有154个。1990年9月,美国总统批准了《卡尔·D.珀金斯职业和应用技术教育法案》,该法案1991年7月1日正式生效。根据新法案,美国创立了国家职业教育研究中心(政府机构),由7个从事职业教育科学和研究机构组织,即加利福尼亚大学的伯克利分校,纽约州的哥伦比亚大学、伊利诺伊大学、明尼苏达大学、威斯康星大学。其宗旨是对美国社区学院进行研究,为其引进新模式。新模式主要是三方面:一是促进学术教育与职业教育结合;二是促进中学教育与社区教育结合;三是促进社区教育与今后工作结合。美国国家职教研究中心科研工作包括职业教育的经济环境、教育培训体制、课程与教学法、高职院学生、职工、责任与评估等六个方面。

(二) 德国高职教育的主要特点

1. 坚持三原则,发展职教事业。在当今政治多元化、经济全球化、高科技日新月异的情况下,职教要坚持"三原则"发展。第一,双元制,企校结合原则。这是德国中等职业教育办学原则,也是高等职业教育办学原则。比如,在1974年创建的德国曼海姆职业学院,2 000年中有3 000多名学生,在100多家企业中接受训练。参与合作的培训企业和社会机构有:西门子、巴斯夫、大众汽车、德累斯顿银行、德意志银行、德国铁路、德国邮政、麦德龙、戴姆勒-克莱斯勒、奔驰、《明镜》周刊等。该院在校生4 200人,学制三年,专科层次。四年专科大学的两个学期学生在企业实习,分别是第3学期前和第7学期前。第二,职业性原则。高等职业教育的专业具有职业属性,实现职教和普教的等值。职业性原则要求办学专业的职业内涵明确,职业基础面宽,针对性强,职业教育与个性教育结合,等等。德国的高职教育——职业学院和专科大学,是由原中职升格改制衍变发展来的,专业设置保留了原有的职业属性。第三,一致性原则。这是德国职业教育发挥广泛作用的保障,是社会政策的基础。它要求雇主、工会、国家三方共同管理职教,在促进职教方面形成默契。各方社会政治力量对职业教育,在态度上、步调上保持一致。

2. 中高职对口,企业认可入学。进入德国职业学院必须具备两个条件:一是中职毕业生;二是与某企业签订培训合同。比如曼海姆职业学院自动化技术、通信技术、加工技术、机械设计、操作技术等专业招收的学生绝大部分是经过"双元制"培训的中职生,对口入学。另外,职校生不能直接入学注册,必须与企业签订一份合同,企业认可后才能进入职业学院学习,这也有利于高职发展。

3. 职教整体性,双元办学教学。职业学院与企业合作办学,在企校双元地点实施培训,是德国一种高等职教办学模式。高职院由州科学部宏观管理并提供教育经费,州部下设管理委员会、专业技术委员会与协调委员会。管理委员会委员一半来自企业,另一半来自政府、学校。各技术专业委员会委员来自企业、学校以及社会上本专业有关专家学者,任务是为高职院专业教学提供咨询,研审专业计划、大纲、教材,负责双元培训专业性问题,选评专兼教师。协调委员会由企校各半组成。企业在高职院办学过程中起着十分重要的作用。比如,曼海姆职业学院与800个大中型企业保持密切联系,这些企业则提供了培训岗位和负责培训的教师。3年教学中,60%的课在企业上,40%的课由院方教授上。教授须有5年以上在企业的工作经验,可使学生在最新设备上获得最新技术,适应企业经济发展需求,具有在劳动力市场上的竞争力。企业教师和院方教授双方教学各有所长,相互补充。另外,不论是企方还是院方,教师教授大部分也是"双师型"的。

4. 严把质量关,企校国三级考试。双元办学、双师教学是从制度上、从过程上把握质量。另外,还要从考试、从终端严把质量关。德国高职院考试分平时与国家考试两种。每结业一门课程都要考试,企业内考试由各行会考试委员会组织实施,国家考试由州统一组织实施。成绩以学分计,以考号公布于众。考试极严,约90%考生可通过考试关。德国高职院的考试有导向作用,严格把住了质量关。从学生与企业签订一份合同开始,整个高职教育都在校企的合作上进行,学用一致,适应劳动力市场,具有较强的竞争力。专科大学20年来培养的应用型高级技术人才在全德所占的比重很大;全德机电工程高级技术人才占1/2,企业经济高级人才占1/2,计算机高级技术人才占1/2。德国高等职业教育的毕业生,百分之九十以上找到了合适的就业岗位,受到了外界的普遍欢迎。

(三)澳大利亚高职教育的主要特点

澳大利亚没有单一的高职院。太府学院包括了技工培训→中专→大专,甚至本科的职业教育。太府学院自成一个职教体系,其特点如下。

1. 职教经济国际化,高职教育产业化:政府虽是太府学院的拥有者,但每年向太府学院拨款时,把它看成"商品",采用"商业化方式"拨款。即太府学院是否适应社会经济需求、质量是否高(巩固率、证书比例)、成本是否低(生均费),如果"顾客"需要,质量高成本低就"购买"太府学院,向其拨款;否则不拨款。高职院成了第三产业的"经营实体"。经营的是人才,是否能"卖"到劳动力市场上去的人才。另外,太府学院与企业合作,人的流动方向是从企业流向太府学院。培训教育项目,企业可以在教育市场招标,也可与太府学院协商。太府学院是"经营"人才的实体。招标进太府学院,培养教育收钱。澳大利亚太府学院是第三产业,职教可以出口。教育出口产值占澳大利亚国民经济出口产值的第一位。

2. 职教结构网络化,模块证书就业一体化:普教纵向自成体系,职教也自成体系。职教体系是幼教→小学→初中(十年义务教育)→职校→太府学院(技工→中专→大专)。另外,普职、职成、职教与就业也已形成一个横向网络。其纵向横向结构内容要素是课程模块,学习课程效果评价是证书(学完一个课程模块,取得一个学分,获得一份证书),不同的证书对应了不同的工作岗位,企业认可、行业认可、国家认可。证书分6个等级2个学位。证书(一)是半技术工人,证书(二)是高级操作员、服务性工人,证书(三)是技术工人,证书(四)是高级技术工人、鉴工,毕业证书是专业辅导人员、技术员证书,高级毕业证书是专业辅导人员、管理人员证书,第一学位是专业人员、经理,第二学位是高级专业人员、经理。这样就把教学内容(模块)、职业资格(证书)和就业工作岗位(人才规格层次)一体化了,也提供了一个"开前门,走正道"的职教就业运行机制。

3. 管理体制统一化,办学形式规模化:中央管业务,地方管行政,统一管理。联邦政府有训练局的协调机构、培训委员会开发审定的业务机构;联邦政府虽对职教进行行政管理,但主要是对州政府教育部内职业教育和继续培训办公室进行统一协调管理,其管理内容是职业教育、行业管理培训、成人教育等,其职能是宏观规划、决策指导,微观协调、具体服务。澳大利亚设有21个全国性业务机构——行业培训咨询组织,它们在国家训练局的协调下进行工作。另外,这些组织进行本行业的就业需求预测和职业分析,制定职业能力标准,经国家专业培训委员会审批后,提供给太府学院,作为专业、课程、教学依据。至20世纪末,太府学院已有250所,在校生130万人。太府学院人数多,专业设备资源集中,生源渠道宽,产教研结合紧密,办学形式形成规模。如墨尔本北区太府学院有3.6万学生、6个分校、3个农场,与75个企业联合,与多个国家合作办学,其中与中国就有与昆明、桂林、上海、杭州、大连、北京、沈阳、广州、济南等地的联合办学。中国是澳大利亚教育最大、最有发展潜力的市场之一。

4. 专业设置条件化,职业训练科学化:太府学院专业设置须满足四个必要条件,否则不能设置——一是行业、企业需求职业岗位;二是学生愿意学的专业;三是学校有师资设备条件的专业;四是政府行业批准的设置专业(从宏观布局考虑)。太府学院设置专业时十分重视职业能力培养,而且职业训练安排得循序渐进、科学规范。如墨尔本的海德堡学院,在专业设备上投资3 000万澳元,安排了教学实习车间,从钳工→金加工→电气焊→管道缝焊接→热处理→人工操纵机械手→电脑操作机械手→电脑管理设计,从低级重体力手工操作到高级轻体力重脑力操作,逐步递增,符合学生认知规律和动技规律的程序。从发展上看,课程安排从基础,从手工经济发展到现代,乃至未来信息社会经济需要,都作了科学安排。从经济上看,既不是农业经济,也不是工业经济,而是高科技渗透、融合在一产业、二产业、三产业内的知识经济,学生进行职业训练的科技含量高。

(四)法国高职教育的主要特点

法国的职高是短期高中,与短期高等学校不对口。短期高等学校与技术高中对口。技术高中毕业生要通过要求严格的毕业会考,及格率仅70%左右。短期高等学校视其技术高中毕业成绩录用。短期高等学校有以下特点。

1. 分工明,合作好:教育部管什么,业务部管什么,分工明确。比如农业部,从职教到高教,从培训到成教由农业部主管。其主管校长任命、经费拨发、课程设置、人员管理。教育部只负责农业教育文凭与国家基本文凭的对等协调及其他宏观管理工作。其他政府部门都是如此,分工明确。业务部与本行业协会加强合作协调,解决职教与行业劳动市场的需求平衡,确定职教发展与就业问题。比如农业部与农业行业组织的农业协会主席于1995年11月签署《青年就业国家宪章》,每年帮助0.6~1.2万名青年创业。其他政府部门与各行业协会都开展了很好的合作,研究职教发展规划和就业需求之间的平衡。

2. 学制短,课程多:高等职业教育两年,视学生技术高中毕业学习成绩录用,不实行学分制,课时比大学多。第一方面是专业公共课,使各专业高级技术员具备应有的基本能力;第二方面是涉及专业的相关知识,拓宽专业面;第三方面是专业课,还有职业见习、企业实习,撰写实习报告等。一般有5~8个大模块课程。

3. 考试多,要求严:由政府业务部门管的高等职业教育,学业结束时统考有3次,检验学生的综合职业能力,时间一周。第一次是公共课综合考试,笔试半天;第二次是专业课综合考试,口试和笔试共一天;第三次是实习总结考试,包括笔试和口试。学校组织考试,次数依专业大模块而定,有多少大模块,就考多少次。根据模块内容的重要性,确定每次考试的系数。系数的总和是20,各大模块考试的总和是20分。政府部门的统考与学校组织的考试综合起来的总成绩,决定学生是否毕业。毕业的3个成绩规定:一是统考3次中任何1次考试成绩不能为"0";二是统考3次均分≥9分;三是统考和平时成绩各占一半,均分>10分(20分为满分,10分及格)。获得大学技术学院文凭的成功率仅为60%左右,说明授予高级技术员证书的要求是严格的。

(五)加拿大高职教育的主要特点

1. 按需办学、设置机构:按需办学是指根据人才市场、社会发展、经济建设的需要办学。培养目标着眼全球,培养符合全球职业需要的技能型、应用型专科层次人才。在高职院内部设置"专门市场开发部"以研究需求,即办什么专业,调整什么专业,确定和调整培养目标和方向。另外,还在高职院内设置了各"专业委员会",研究专业设置的内容、课程计划大纲教材,成员有政府官员、行业企业人员、实际工作岗位人员、专家。在高职院内部设置了"教师培训部",培训兼职教师。如圣力嘉职业学院专业教师600人,兼职教师(外聘)1 000人。外聘人员必须先在校内培训教学法,培训不合要求者不聘。

2. 办学模式多形式多规格:加拿大社区学院是专科层次学院,但不局限于专科层次,培养模式按用人部门需要设定,课程按工作岗位设置。按需办学,学历和非学历结合,长短期结合,全日制和半日制结合,高职院(接纳学士和硕士培训)和综合大学(承认高职院课程学分)相互沟通,多形式多规格办学。比如圣力嘉职业学院,全日制14万人,继续教育长短期学员9万人。生源中来自12年基础教育的学生不到10%,更多的是在职人员,包括政府官员、企业高级管理人员、技术人员等。他们中有的是就业岗位培训,有的是转岗培训。

3. 教学模式能力本位:高职院每个专业都有CBE或DACUM编制委员会,由社会各界知名专家、用人单位充分讨论研究,对学生毕业后就业岗位进行职业分析,教学以能力为本位制定计划大纲,按需教学。

(六)中国台湾地区高职教育的主要特点

1. 高起点的职教体系:职教发展分成4个阶段,并形成2个阶段5个层次职教体系,前面已有介绍,这里从略。台湾地区没有初级职教,起点是职高。与大陆的职高不同,它具有就业和升高两种培养目标。职高升入2年制高等专科学校的和4年制技术学院的约占毕业生人数的60%,30%通过职高就业,约10%通过其他渠道就业。因此,职高没有就业问题。高专与技术学院容量大,这个比例可能还要提高,职教高移化。

2. 重基础的职教课程:为适应社会经济发展,职教既要为当前就业作准备,又要为学生未来发展打基础。因此,台湾职教课程兼顾职业能力和一般能力两方面,人文和数理课程占有很大比重,比较强调基本能力训练和基础理论教学,以人文精神为本,强调人格教育,用高水平教育推动现代社会经济发展。比如,高等专科学校2年制的机械专业课程结构是:人文课程占18%,军体课程占8%,数理占11.4%,专业基础课程占32.4%,以上四项课程就占69.8%,而专业课程占20.4%,技能训练占3%,二者合计只占23.4%,其他课程占6.8%。以上数据说明,这样的教育有较强的适应性和适应能力,但岗位技能训练不足。

（七）六国高职教育的主要特点一览表

国家	高职教育主要特点			
美国	①社会性	②职业性	③科学性	
德国	①坚持三原则,发展职教事业	②中高职对口,企业认可入学	③职教整体性,双元办学教学	④严把质量关,企校国三级考试
澳大利亚	①职教经济国际化,高职教育产业化	②职教结构网络化,模块证书就业一体化	③管理体制统一化,办学形式规模化	④专业设置条件化,职业训练科学化
法国	①分工明,合作好	②学制短,课程多	③考试多,要求严	
加拿大	①按需办学,设置机构	②办学模式,多形式多规格	③教学模式,能力本位	
中国（台湾地区）	①高起点的职教体系	②重基础的职教课程		

四、借鉴外国经验,创建中国教育体系

1. 借鉴德国双元制与企业认可制,创建中国"深化产教融合"基本模式的初中高职教体系。

2. 借鉴澳大利亚普职沟通与证书制,创建中国普职"技能与课程学分"横向联系网络教育体系。

3. 借鉴中国台湾职教硕士博士高学历培养目标,创建中国大陆职教"产学研用培养研究生"高层次人才。

参考文献：

[1] 吴文侃,杨汉青.比较教育学[M].北京:人民教育出版社,1991.

[2] 罗·泰勒.谈社区学院在美国职教改革中的角色[J].中国职业技术教育,1998(5):46-47.

[3] 唐虔.美国职教界的现代人才培养观[J].中国职业技术教育,1995(Z1):63.

[4] 王敏,董新伟,梁文.高等职业教育理论与实践[M].沈阳:辽宁大学出版社,2000.

[5] 姜大源.德国专科大学综述[J].中国职业技术教育,1997(5):41-42.

[6] 方敏.德国曼海姆职业学院的发展及启示[J].职教通讯,2000(8):48-49.

[7] 杨进.澳大利亚职业教育特点[J].中国职业技术教育,1998(10).

第二节　中德合作教育

——创办职校、创建学制与双元制

一、创建职校

（一）顶层合作与选址盖楼

1. 顶层合作

1980年5月,教育部时任部长蒋南翔访问联邦德国。联邦德国的职业教育,给蒋南翔部长留下了深刻的印象。1981年教育部两位学者(教育部欧洲处时任处长吴秀芳与北京大学西语系主任张玉书)接受巴伐利亚州教育与文化部的邀请,考查巴州职业教育,并与巴伐利亚州教育部总司长博客先生和赛德尔基金会秘书长轮格尔先生共同探讨了合作的可能性。1982年9月25日,中国教育部和联邦德国赛德尔基金会共同签署了创办北京、上海、南京3个"中心"项目的协议。协议中规定,在南京成立"南京建筑职业技术教育中心"(下文简称"中心"),该"中心"成为中国第一所与德国合作创建的学校,随后南京派出教育官员去联邦德国考查。

2. 选址盖楼

联邦德国专家来南京考查,认为挹江门中学原址地形好、生态环境好,三面环山、北临长江。校址确定后,开始盖楼建校舍。联邦德国专家要求招生前,要先将实训楼盖好。中德合作办职校,德方十分重视实训教学。

（二）师资培训与招生教学

1. 师资培训

1982年12月在南京中学内选拔了10位理论教师去德进修，1983年这批教师在北京大学培训德语。实训教师由企业选派。联邦德国专家的意见是先培训企业的实训教师，后派第一批理论教师赴德培训。

2. 招生教学

1983年5月单独提前在全市招生，2 000多人井喷式报名，取200名，录取比例为10比1。"中心"一级学校办学教学1983年9月起步，专业教学部分采用出国进修的理论教师翻译的德国职业教材，实训教学基本采用德国支援的设备与工具，实训过程严格采用"六程序演练"。

（三）一级学校与二级学校

经过3年努力，于1986年6月18日召开了首届一级学校毕业生大会，圆满完成了中德双方的合作。1985年10月7日在南京，中德双方研究探讨进行二级学校合作，并达成了一致意见。1985年12月19日和1986年6月20日分别就二级学校的规模、师资培训、设备等22项内容进行了磋商，求同存异，并在德国慕尼黑于1986年10月签订了创办二级学校的协议。1987年招生，招收1986届一级职校毕业生，经过1年工作实践的工人，考核合格者与全市招生成绩优秀者，经过两年教育教学努力，1989年6月毕业。同时，召开了首届二级学校毕业生大会，完成了"中心"一级职业学校与二级职业学校的合作创建任务。

（四）重点职校与扩大合作

1. 重点职校

1988年3月4日，"中心"二级学校被江苏省人民政府批准为全日制中等专业学校，1988年12月9日，"中心"一级学校被确定为江苏省第一批重点职业中学。为了巩固中德双方的合作，进一步发展南京建筑职业技术教育中心项目，合作双方在1991年后，签订了第3次合作协议。中德合作成果延续发展，至今已有35年历史了，原"建筑职业教育中心"几次易名，现称"南京高等职业技术学校"。

2. 扩大合作

1982年签订南京、北京、上海等3个"中心"，中德在南京合作创建的第一所职业学校上取得了成功，双方合作意向不断扩大。1985年以后，中德合作创办了十堰机械职业学校、上海电子职业学校、青岛平度农业职业学校、武汉啤酒职业学校……在中国大地上，办起了几十所中德合作的"双元制"职业学校。1986年还在芜湖、沙市、沈阳、长沙、苏州等六个城市，进行德国"双元制"职业教育的试点。另外，1990年，德国资助我们在北京、上海、沈阳创建了3座职业教育研究所，指导全国中德合作项目，开展职业教育的研究。各省市纷纷成立职教室。江苏省南京市1993年创建职教室,编制29人,规模大,为全国之最。至今,职业教育事业已具规模,2020年中国职教特色体系已现端倪。

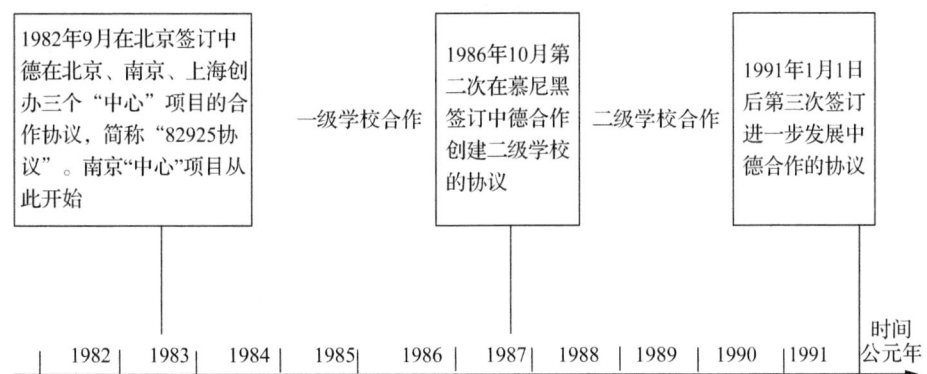

中德合作创建职校时间表

二、创改学制

(一) 德国学制模式

德国培养技术员人才,其学校叫技术员学校或者师傅学校。其模式强调两点:一是中期实践期2年,是在实施双元制3年教育的基础上,再进行2年工作实践,然后再进行技术员的学习。这个学制的特点是在实践的基础上再认识理论,这符合认识论与实践论。二是322学制,用7年培养技术员,更贴近技术员的职业工作能力要求,更有利于学校与职业岗位的无缝对接。

(二) 苏联学制模式

我国培养技术员人才,其学校叫中等专业学校。新中国成立后,为发展国民经济发展工业,实施五年国家计划,从苏联引进中专模式。其模式特点:一是3~4年连续学习,不是中途进行工作实践后再回校学习。毕业后上岗工作,见习1年。二是中专各方面要求较高,初中毕业很难考入中专校,进入中专校的学生都很优秀。新中国成立后30年内,我国培养了一大批数以百万计的优秀技术人才,他们在重要技术岗位上工作,发挥了极大的作用。三是中专课程理论性强,科学实验要求也高。一般进入中专校的学生都是初中学生的优等生,学习能力强,实验能力强,所以基本上都能完成学业。

(三) 创改学制模式

德国322学制创改为"中心"212学制。212中国学制模式符合德国建制思想、学制内容与学制形式:第一,它符合德国学制的基本指导思想,强调了工作实践的重要性,强调了初步职业理论实训到深度工作职业实践,再到理论提高的培养职业人才的路径;第二,学制内容上,是吻合的,2年实训理论,1年工作实践,2年理论实训;第三,学制形式上,也是对应的,德3对中2,德2对中1,德2对中2。中国模式与德国模式唯一的区别是年限,德国培养技术员用7年,我们坚持用5年。中德双方在培训年制问题上产生了分歧,双方对此进行了谈判。谈判中的德国官员、基金会领导、教育专家坚持7年制教学。中方教育官员、建教中心校长、教务主任认为必须改,否则招不到学生,如何办学?经过漫长的会谈,德方让步了,中方也让步了。德方不再坚持7年,中方也不坚持4年,最后采取折中方案5年,即212方案。这就是第2期中德合作的主要内容,即创建二级职业学校。

（四）两种学制模式

212学制:招收全市的符合中专分数线的初中毕业生,根据分数线择优录取,录取的分数线较高,学籍保持5年。312学制:一级学校与二级学校的连接学制,一级学校毕业考试合格后,不再留校,学籍不保留。只要参加工作年限等于或超过1年的一级职校毕业的工作人员,或者是参加工作年限等于或超过2年的职业高中的工作人员,可自愿报名,经过"中心"校的考核择优录取,参加2年的学习,毕业考试合格后,成为学历资格技术员。

（五）多种学制模式

经过30多年的实践,南京高等职业技术学校办学灵活,敢于尝试,敢于创新,现在该校已有6种不同学制形式,有中等职业技术层次,也有高等职业技术层次。从全国来说,构建中国职教特色体系,还应有培养熟练操作工的初级职业技术层次,以及培养硕士、博士、博士后的研究职业技术层次,逐步形成中国初中高研职教特色体系。

三、创新双元制

（一）德国双元制

1. 双元制含义

企业一元,职校一元,二元结合,以法律为约束,各自承担一定任务,共同培养学生的制度,即为双元制。这个制度是小作坊经济发展为工业经济后,企业中师傅带徒弟的教育方式向企业与现代学校共同教育学员的方式转化,并逐渐发展形成的一套完整的培养目标明确的职业教育制度。

2. 德国中小学

德国的教育制度是小学4年,小学毕业后开始分流,中学分为3类学校。一类是完全中学,类似于中国的重点中学,连小学共13年。13年级的理化学科相当于大学预科水平,重视理论与实验,实验教学安排很难,但依然有"盖革计数器"实验(我国大学物理系4年级才安排1次这样的高等物理实验学生实验),学生毕业后进入研究性或综合性大学。二是实科中学,类似于中国的老中专,毕业后进入工程技术性大学。三是职业学校,类似于中国的技工学校,毕业后成为技术与技能型人才,直接参加工作。

3. 德国职业学校

德国职业学校学制为3年。其学年安排是:第1学年为职业教育基础年,4/5的时间在校学习理论,1/5时间在企业培训;第2学年与第3学年的4/5时间在企业培训,1/5时间在校学习理论。职校3年,实践课学习123周,占总学时的68%(其中企业实训116周,占实践94%;学校实训7周,占实践6%);专业课学习58周,占32%。实理比七三开。企业与学校教学的内容,有统一培训大纲与教育计划,分别由企业师傅与学校老师担任,毕业考试由企业、学校、主管部门共同组成的考试委员会全程负责、全权负责。考试合格毕业,否则不能毕业。德国职业学校双元制精华有二:一是实理结合,企业实训第一;二是企校结合,企校教学有机结合第一。

(二)"中心"双元制

1. 创新创建双元制

学习双元制,既要借鉴汲取,又要创新创建。中国企业不承担培训义务,没有国家法律约束,企业不愿意额外增加负担,怎么办?创新办法是校方主动找企业,与企业交流双赢条件,签订合作协议,解决学生实习问题。企业提供的是工作实习不是教学实训。因此,我国职校必须在学校建立实训场所,要盖实训楼,要有设备,要有仪器与工具,不同专业还要有不同实训场所。实训教学场所是动态的,不固定班级,安排要科学周密。实训教学过程要符合学生掌握技能的规律,等等。这些内容,都需要创新创建。因此,全国各地职业学校的老师与领导,要把职校教学办好搞好,负担是很重的。但是,他们不怕苦不怕累,大家相互学习、交流、借鉴,形成了"全国职教是一家"的好风气。职教事业发展至今,已崭露头角,与普教可以二分天下。

2. "中心"职校双元制

一级学校3年学制(1学期18周),具体安排是:第1、2年1/3课程为学校实训,2/3课程为学校学习;第3年1/3课程为学校学习,2/3课程为企业实习。总计:实训24周+实习24周=实践48周,占总学时44%;文化专业学习60周,占总学时56%。实践不到五成,文化专业学习超过五成。

二级学校212学制,具体安排是:第1、2、4、5学年,2/3时间进行文化专业学习,1/3时间进行学校实训;第3学年进入企业实习。总计:实训48周+实习36周=实践84周,占47%;文化专业学习96周,占53%。实践与文化专业学习约各占一半。

二级学校312模式,具体安排是:第1、2、3学年,与一级学校相同,毕业学生经过推荐考核合格后,第4、5、6学年与二级学校同等安排教学与实习。

3. "中心"双元特点

第一,缩短实践比例。学生在企业的实习不是实训,企业不能保证教学实践内容练习,充其量只能是工作实习,甚至是做杂工、做清洁工、"放羊"式实习。所以只能缩短实践比例,由德国要求的三七开,调整为五五开。

第二,缩短实习时间。在校企双赢合作的情况下,学生参加企业实习是必要的,可了解工作职业环境与工作职业内容。但是,不能完成工作职业内容的技能训练。在没有企业职业教育法的情况下,企业实习不能完成实践教学计划内容,不能进行职业技能专题训练。

第三,增加实训时间。双元制的精华是,实训与理论结合,实训第一。在企业没有可能进行实训的情况下,增加校内实训时间是非常必要的。我们汲取了实训第一的经验。德国职业学校在校学生只有 7 周实训时间,"中心"职校安排在校实训 24 周,"中"是"德"的 3.4 倍多。

第四,严格实训过程。技能是练出来的,不是说出来的。必须不断反复严格训练,才可能练就一身本领,熟练掌握技能技术。"中心"校为此作了不懈的努力,总结了各种专业实训规律,不仅在全国宣传,而且把它当作实训教学制度,严格按"六程序演练"制进行实训教学,1 个单元结束必做 1 次实训作业。

第五,严格进行毕业考核。毕业考核时由企业领导与专业人员、学校领导与教师、教育主管部门等 3 方组成考试委员会进行实训考核,严格监考,学员独立完成实训技能考核内容,考核时间 6 个小时。严格的技能训练传统,在职校延续了下来。本校学生每年在全省全国技能大赛都取得了优异成绩。

注:

此文是《南京建筑职业技术教育中心——二级学校(技术员学校)首届毕业生纪念册 1987.9—1989.7》一书中,根据第八篇"创办过程、学制、双元制"(副校长许高炎)一文改编,此书 1989 年由中德合作项目中德国专家斯麦茨勒先生赴香港印刷出版,许高炎、夏广云主编。

第三节 专业设置调研

根据南京地区中等职业学校专业布局的现状和"面向 21 世纪的职业学校专业设置"课题研究目的的需要,我们撰写了南京地区中等职业学校专业设置的调研报告。

一、步骤和方法

(一)领导知情

1997 年 10 月中旬课题组开完开题会后,南京地区课题的负责人向原市教委领导汇报了开题报告的十项主要内容,即课题研究的目的、内容、范围、重要性、主要目标、指导思想、研究方法、组成人员、进度、分工,并概括了开题会的四大特点,即:目标明确,求同存异;层次较高,人员面广;讨论充分,有深广度;任务具体,统一要求。

（二）领导发动

1997年11月7日,在南京市职业中专的会议上,原市教委领导对全市专业进行研究后,将其归纳为37类,并提出三个专业设置问题:①南京市中等职校有200多个专业,你认为是分散办好还是适当集中、适当调整办好?②规范布局全市的专业有无必要?你有哪些建议?③热门专业大家都乘势而上,是否要高点关停?随后于1997年底,召开了3所省部属中专校、12所市区县属职业高级中学、3所技工学校,共18所学校的教学校长参加的专题研究座谈会。1998年初在南京市召开了职教工作会议,原市教委领导又强调了要加强专业问题的研究,初步发动了群众。

（三）问卷调查

1998年初,课题组统一制作了问卷调查表,并分发给参加专题研究座谈会的10所职业高级中学代表填写,并汇总、整理、装订成册,以此为根据进行统计概括,去粗取精,将结果上升为经验型观点。其问卷资料和统计小结作为成果备案。

（四）组织落实

为落实专业设置的研究工作,1998年上半年成立了南京市教委专业设置研究小组,由原市教委职教处分管教学的副处长、职教处分管招生的科长和原市职教教研室主任及其他有关成员组成。研究小组初步落实南京地区专业设置研究的组织和责任。

（五）走访调查

我们走访了南京市统计局、南京市招生委员会办公室、南京市地方志办公室,收集了南京地区经济发展、中等职业教育等宏观情况,这为专业设置研究提供了证明经济、社会与职教相互联系的依据。

（六）统计分析

对问卷资料、统计小结和收集的各种资料进行整理分析,总结出经验型理论。

二、情况与统计

（一）调查对象

我们调查了10所中等职业学校,其学校名称编号如下:①南京市建筑工程学校;②南京市鼓楼职业学校;③南京理工大学附属职业技术学校;④南京经营管理职教中心;⑤南京市营养职业高级中学;⑥南京市莫愁职业学校;⑦南京港口职业高级中学;⑧江宁湖熟职业中学;⑨六合职业高级中学;⑩溧水职业高级中学。

（二）师生规模、骨干专业

从表9.1中可以看出,骨干专业学生占60%以上的职校有7所,比例在60%和40%

之间的有 3 所。因此,总体上说,骨干专业开设情况良好。

表 9.1　10 所学校师生人数及骨干专业情况调查表

校名编号	学校类型	人数				骨干专业	
		在校生	教职工	专职教师	兼职教师	骨干专业大类名称	比例
①	市属职业中专	738	123	59	17	工民建、会计与统计核算(土建、经营)	44%
②	区属省重点职校	1 167	158	99	12	商贸营销、电子技术、宾馆类	70%
③	单位办学职校	707	40	42	未统计	电子技术	50%
④	区属省重点职校	851	116	90	未统计	管理、机械、计算机应用	94%
⑤	区属省重点职校	821	61	51	未统计	烹饪与管理、烹饪	68.4%
⑥	区属省重点职校	976	100	82	16	药剂、检验、机械、护理	80%
⑦	区属省重点职校	1 250	103	89	10	机械、电、商贸营销类等九类	70%
⑧	县属省重点职校	865	78	未统计	未统计	烹饪、宾馆服务	92.6%
⑨	县属省重点职校	1 886	194	157	13	财会、机械	45.2%
⑩	县属省重点职校	1 166	122	88	8	机电、财会、建筑	73.6%
合计	市属:1 所 区属:5 所 县属:3 所 单位办学:1 所	10 427	104 (1 026)	757 (73.8%)	76		≥60%: 7 所 40%~60%: 3 所

说明:757÷1 026≈0.737 8≈0.738=73.8%,这是专业教师人数在教师总人数中的占比。

（三）骨干专业发展变化

对 10 所学校骨干专业 1991—1996 年的报名招生配比、毕业生就业率,以及学校办学教学软硬件三方面发展变化情况进行统计。从表 9.2 中可以看出,报名招生配比为中等,软硬件和师资情况为好,毕业生就业率为高。表中 240 个空格已填报,其中就有 175 个好(高),占 72%。因此,10 所职校的骨干专业发展稳定,其软硬件条件好,出口好,入口也好。

表 9.2 10 所学校骨干专业调查表

骨干专业及学校		1991年	1992年	1993年	1994年	1995年	1996年	备注
工民建	①	好、好、高	好、好、高	好、好、高	好、好、高	好、好、高	好、好、较高	1. 第一个数据是报名招生配比,分好、中、差 2. 第二个数据是软硬件和师资情况,分好、中、差 3. 第三个数据是毕业生就业率,超过95％为高,85％～94％为较高,60％～84％为一般,＜60％为较差
财会	⑨	好、中、较高	好、中、较高	好、中、较高	好、中、较高	好、中、较高	好、中、较高	
	⑩	/	好、好、较高	好、好、较高	好、好、高	好、好、高	好、好、/	
商贸营销	②	好、好、高	好、好、高	好、好、高	好、好、高	好、好、高	好、好、高	
电子	②	好、中、/	好、中、/	好、中、/	好、中、/	好、中、/	好、中、/	
	③	中、好、/	中、好、/	中、好、/	中、好、/	中、好、/	中、好、/	
机械	④	好、好、/	好、好、/	好、好、/	/	好、好、/	/	
	⑥	中、中、高	中、中、高	中、中、高	中、中、高	中、中、高	中、中、高	
	⑨	好、/、/	/	好、好、/	好、好、/	好、好、/	好、好、/	
	⑩	好、中、高	好、中、高	好、中、高	好、中、高	好、中、高	好、中、高	
计算机应用	④	/	/	好、好、/	好、好、/	好、好、/	好、好、/	
烹饪	⑧	好、好、高	好、好、高	好、好、高	好、好、高	好、好、高	好、好、高	
	⑤	好、好、高	好、好、高	好、好、高	好、好、高	好、好、高	好、好、高	
药剂	⑥	中、中、高	中、中、高	中、中、高	中、中、高	中、中、高	中、中、高	
护理	⑥	/	/	中、好、高	中、好、高	中、好、高	中、好、高	
检验	⑥	/	中、好、高	中、好、高	中、好、高	中、好、高	中、好、高	

(四)专业设置成败的调查统计

一个设置成功的专业从开办到初具规模,大致需要四年时间,我们调查得出 10 所学校设置较成功的专业如下。

1. 南京市建筑工程学校设置较成功的专业:工民建(建材测试、水电暖通、水电安装工程、建材外贸、建材经营、建筑装饰、建筑电气、建材机械)。

2. 南京市鼓楼职业学校设置较成功的专业:商贸营销、电子技术、市场营销、宾馆服务。

3. 南京理工大学附属职业技术学校设置较成功的专业:电子技术、烹饪。

4. 南京经营管理职教中心设置较成功的专业:管理、机械、计算机应用、模具、财会、办公现代化、珠宝首饰、电子电器维修、经营英语。

5. 南京市营养职业高级中学设置较成功的专业:烹饪、宾馆服务、烹饪与管理、宾馆服务与管理。

6. 南京市莫愁职业学校设置较成功的专业:药剂、检验、社医、护理、汽修、机械。

7. 南京港口职业高级中学设置较成功的专业：机电、外轮理货、计算机、市场营销、船舶轮机。

8. 江宁湖熟职业中学设置较成功的专业：烹饪、宾馆服务。

9. 六合职业高级中学设置较成功的专业：机械制造、财务会计、军人预备役。

10. 溧水职业高级中学设置较成功的专业：机电、财会、预备役、服装、工民建、微机。

南京理工大学附属职业技术学校、南京经营管理职教中心、南京市营养职业高级中学、南京港口职业高级中学、六合工业职业高级中学、溧水职业高级中学设置失败的专业分别是：机电；计时、计量；营养；工艺美术；工民建、化工；企业管理、外贸经济、计量。

（五）专业建设的调查统计

10所学校在专业建设方面主要做了如下四方面工作：

1. 适应南京地区经济发展、产业结构变化、市场需求、企业单位对专业人才的需要，拓展或收缩了专业，如南京市建筑工程学校、南京市鼓楼职业学校、南京经营管理职教中心、南京港口职业高级中学。

2. 加强了专业实习实验基地和设备的建设，如南京理工大学附属职业技术学校、南京市莫愁职业学校、南京港口职业高级中学、江宁湖熟职业中学。

3. 加强了专业教师队伍建设。引进高学历专业教师，组织专业教师进修，提高专业教师专业技能，评选专业教学带头人，评选先进专业教研组。如南京市莫愁职业学校、南京港口职业高级中学、江宁湖熟职业中学。

4. 加强了专业教学内容和专业教学过程的管理。调整不适应的实施性教学计划，修订实施性教学大纲，课前专业教材及时全部到位。如南京理工大学附属职业技术学校、南京市营养职业高级中学、南京市莫愁职业学校、江宁湖熟职业中学。

（六）专业目录、内容的调查统计

10所职校皆认为有必要编制一个比较统一规范的专业目录。专业目录包括的内容，概括各校的共同意见，主要有：专业学科名称、专业性质任务、专业人才规格、专业业务范围、专业知识与技能要求或专业主干课程。见表9.3～表9.6：

表9.3 对统一专业目录内容的调查统计表

校名编号	是否统一专业目录	专业目录内容
①	是	培养目标、专业名称、毕业生具有的能力、规格、学制、必修课、实践性教学环节
②	皆可	参照学校招生的新专业设置
③	是	专业名称、培养目标、就业方法、知识与技能结构、主要课程的设置
④	是	未填

(续表)

校名编号	是否统一专业目录	专业目录内容
⑤	是	按专业结构分类,相近和交叉专业可排列在一起。内容可涵盖学制、专业性质、技术标准,以及市场需求量的反馈信息
⑥	是	培养目标、业务范围、理论与实践教学的主要课程
⑦	是	培养目标、业务范围、主要课程、学习内容、技能考证项目等
⑧	是	专业名称、教学要求及培养目标、教学设备、师资要求、实习室等
⑨	是	专业名称、必修科目、选修科目
⑩	是	专业名称、培养人才规格,涵盖(适合)工种

表9.4 专业目录功能调查统计表

校名编号	专业目录功能
①	帮助学校选专业,帮助上级部门调控专业布局,提供教学管理现代化、规范化工程依据
②	扩大学校视野,帮助学校选新专业,指导学校筹建专业的各项工作
③	(1) 规范专业名称;(2) 规范培养人才的规格;(3) 规范学校的课程设置
④	规范新设专业,统筹专业设置
⑤	指导学校增设专业的可行性,克服盲目性、混乱性,使地区学校专业建设发展规范化、合理化、科学化
⑥	规范培养人才的规模标准
⑦	提供制订教学计划的依据、规范课程数量与考技术等级证的要求
⑧	防止专业设置的混乱和随意性;使专业划分更规范、更科学;办学目标明确;更了解办专业的条件,帮助学校领导层决策
⑨	体现培养目标和毕业生的业务能力
⑩	正确选择专业,为经济建设、社会发展服务的有效途径

表9.5 专业划分原则调查统计表

校名编号	专业划分原则
①	七大类原则(工科、经管、卫生、农林、政治、艺术、体育)
②	三大产业划分大类原则、就业单位工作对口的适应原则、综合性原则
③	就业规范原则、科学性原则
④	经济发展原则、行业规范原则、科学体系原则、粗分原则
⑤	产业结构原则、技术结构原则、劳力结构原则、市场运行规律和需求原则
⑥	九大类原则(工、农、林、医药卫生、管理、政法、艺术、财经、体育)、大类划分原则(如医药卫生科再分医疗保健、中医医学技术、药剂、计划生育等)

(续表)

校名编号	专业划分原则
⑦	按类划分原则
⑧	实际具体原则、实用性原则
⑨	粗分原则、多能的复合原则
⑩	能力为本的复合原则、粗分涵盖工种原则、工种类等价原则

表 9.6 专业设置与调整原则调查统计表

校名编号	专业设置与调整原则
①	市场需求第一原则,有专业带头人原则,有教学文件和教材原则,有硬件设施、经费原则
②	主动为本地经济建设和社会发展服务原则,与优势行业需求量大结合原则,从三产和电气化的实际出发原则,从实际出发量力而行、尽力而为原则
③	区域性原则、稳定性原则
④	遵守教育经济规律原则、地方发展需求原则、效益原则
⑤	市场导向原则,地区经济规划原则,产业结构调整原则,技术、劳力结构分布原则,走势反馈信息原则
⑥	市场用人规格标准原则、宽基础多模块原则
⑦	经济建设需要原则、相对集中原则
⑧	经济发展情况、规模、速度、需求原则,办学条件必备原则,实事求是原则
⑨	适应地方经济需求原则、适应科技发展原则、超前意识原则、地方专业布局合理原则
⑩	社会需求原则、办学条件原则、开设长线专业慎重原则

三、分析与结论

根据以上调查情况统计,我们综合分析后,归纳出如下 5 方面的结论,即专业概念分析,专业划分原则,专业目录的结构、内容与功能,专业设置与调整的原则和六步流程图。另外,升华的理论也对南京地区综合 16 类专业起到规范、服务、指导和提升适应功能的作用。

（一）专业与职业、学科、工种的概念分析

专业是根据职业、学科、高新科技发展趋势划分的培养人才的学业门类。学科是人对客观世界的认知,是反映客观事实和规律的知识,是由知识单元组成的知识体系的门类。如数学学科、物理学科、化学学科、生物学科等是基础学科,电力、机械、钢铁等工程学科以及管理学科都相对成熟。简单说,学科是科技门类,相对成熟。所以,一方面,职业、学科相对来说是稳态的,而高新科技发展趋势,是动态的,是需预测的。高新科技对职业、学科都会产生重大的影响。职业是工作门类。工作的范围、性质和种类区别了不同的工作。其本质是由科技应用的范围、知能深广度和结构的差异所决定的。另一方面,科技是生产力发展的动力,是生产体系的组织结构和经济结构变化的重要原因。产业的结构性变化,引起职业的变化。职业划分和变化本质上由科技决定。

所以,研究专业不仅要研究职业和学科的现状、科技的现状,还要研究科技的发展,高新科技发展的趋势。只有这样,才能真正了解专业的内涵。

工种是针对劳动者上岗而设置的工作门类。专业是针对培养学生而设置的学业门类。一个针对工作,一个针对学习。关于专业和工种的关系,如果我们可以把相近工种综合为专业部分学业的话,那么工种是工人上岗的职业技术内容,而专业的部分学业就可粗略认为是多种相近工种的综合职业技术内容。因此,两者也可以简单地说是从大到小的关系。

(二)专业划分的原则

我国高等教育的专业目录一般将专业划分为大、中、小三类。小类专业层次不同,因此不同类型学校差别较大。大学本、专科有571个学科专业,现已调整了一半的学科专业。研究生有616个学科专业,现已调整为300个。中等职业学校原来有518个学科专业(中专),现已调整为13类262个专业,重点建设专业81个。职业学校专业是根据科技的门类、工作的门类,以及高新科技发展的趋势进行划分的。职业学校专业划分有如下五个原则:

1. 专业分析原则。工科里的机械设计及制造,分为冶金机械、矿山机械、纺织机械、农业机械、仪器机械、印刷机械、石油机械、林业机械、土木机械、商业机械、制浆造纸机械、塑料机械、邮电机械、橡胶机械、港口机械、筑路工程机械等16个专业。财经科目分为商业经济、贸易经济、对外贸易经济、劳动经济、教育经济、基本建设经济、物价和物质经济等10个专业。这种根据一个专业在不同行业里的具体分工来划分的分类是没有必要的,它不符合当前科技发展的综合趋势。专业划分要从职业内涵出发,跨越行业界面,从行业间的共性角度考虑,宜粗不宜细。

2. 三结构结合原则。三结构指职业结构、科技结构、培养人才层次结构三个结构。职业结构是考虑职业的共性、职业的种类、职业的群的结构;科技结构是把成熟学科、新边缘学科、综合学科结合起来考虑的结构;培养人才层次结构,要求各级各类教育系统要"各尽其职",培养目标要定好位,要遵循教育规律,遵循学生年龄特征,要符合社会经济发展要求。

3. 动静结合原则。随着科技飞速发展,专业划分的周期也相应缩短。职业和学科一般来说相对稳定,科技发展较快时,相对变化,专业划分要把科技发展趋势充分考虑进去,须具有一定的超前性。

4. 实用职业原则。专业划分的结果,应是产业、行业、部门用得上的,也就是说专业的划分应更贴近具体的工作,专业要符合现代社会中实际的职业群。

5. 综合发展原则。超前设计,综合未来职业、学科、科技发展趋势,培养的学生毕业后能适应不同行业的职业群工作,也为今后毕业生的择业、就业、创业提供基础。

(三)专业目录的结构、内容与功能

1. 结构:专业划分有三个方面的根据,专业目录的结构也涉及三个方面,是综合了职业群、学科(含人文社会科学、自然基础科学、应用工程技术科学)、高新科技发展趋势的结构。

2. 内容:①专业的科学名称。②专业人才层次和规格。高、中、初级人才中有学术型、工程型、技术型、应用型,智能复合型、单一操作型、社会创业型、职业从业型,等等,同一层次可以有不同规格。③从业范围。可以在某一个相关行业内工作,也可以跨行业就业。④专业知识与技能业务要求。它包括知识、技能内容,以及在此基础上形成的能力目标要求。⑤专业主干课程,包括主要理论课程内容和主要实践课程内容。

3. 功能:①规范功能。为学校专业建设的发展,为教学管理起到科学的规范作用。②服务功能。帮助学校选择和调整专业,扩大选择新专业的视野,为学校筹建专业、制订和实施教学计划提供一定的依据。③指导功能。帮助教育行政部门对地区职业教育进行专业布局和宏观调控,优化配置培养人才的教育资源(师资、设备、实验实习场所)。④适应功能。以职业群、学科和科技三方面为根据的专业科学分类,提供了中等层次各类型的专业人才规格、产业范围、业务要求、主要学习理论和实践课程,它适应了经济建设、社会发展和科技进步的需要。

(四)专业设置与调整的原则和流程

1. 专业设置与调整的原则。遵循教育经济规律原则、符合地区经济规划发展和需求原则、符合地区专业布局优化资源原则、长线专业稳定性和短线专业灵活性相结合原则以及学校办学条件符合"职教法"四项必备原则。

2. 学校设置专业的六步流程图,如图9.1所示。

(五)专业设置课题研究对南京中职教育教学的促进作用

1. 南京地区中等职业学校有200多个专业,经过调查分析,初步将其归为37类。运用这次调研经验和理论成果,对各个专业内涵进行分析,将南京地区中职专业分为11个大类,即建筑类、机械类、机电类、电子电器类、计算机应用类、农业类、财经类、市场销售类、旅游服务类、艺术类、烹饪类,另外还有服装、化工、医药、幼师、文秘等5小类专业。

2. 南京地区专业类目录对职教的学科分类及发展起着规范、服务、指导、适应、促进作用。在将南京地区中等职业学校所设专业综合为16类专业的基础上开展了招生统计、教学文件制定的研究、教学视导、知识水平和实践能力的检测、师资队伍建设等一系列工作。第一,我们以此综合专业类为依据,确定其课程建设的专业基础板块内容,审定了学校实施性专业教学计划200多份;第二,成立了由6个行业部门合作设立的专业教学指导委员会;第三,评选了市级职业教育专业教学带头人 118 名,专业(学科)优秀教研组 78 个,优秀青年教师 83 名;第四,开展了以此综合专业类为依据的常规教研活动,每年都组织 15 门专业统考与 8 项专业技能竞赛;第五,为南京地区中等职业教育学校专业布局调整与"对口单招"提供了决策依据,促进了职业教育教学的统一管理。

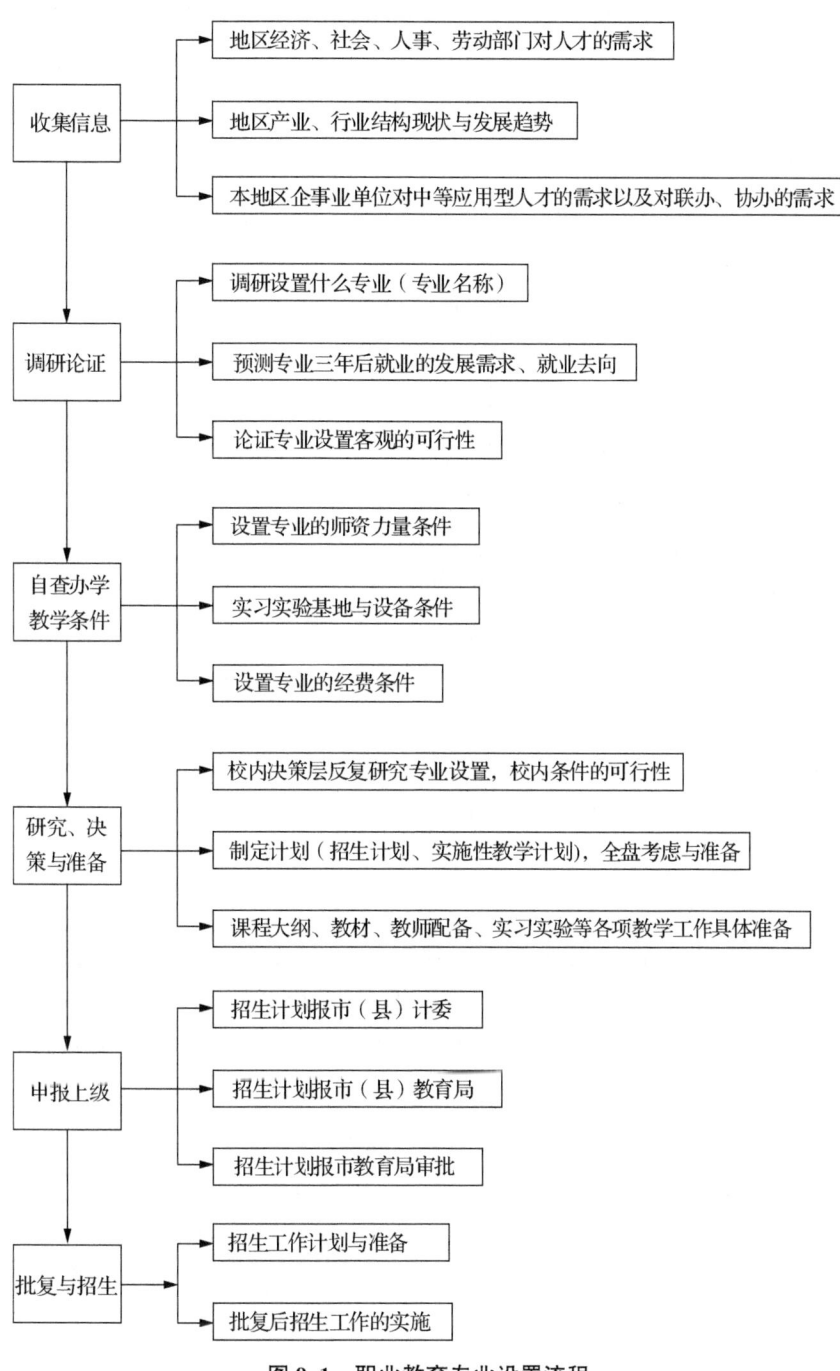

图 9.1 职业教育专业设置流程

四、展望

1. 调查研究是谋事之基、成事之道、决策之本,也是一项基本功。专业设置的基础是调查研究。

2. 为实现"两个一百年"奋斗目标及生态文明、经济科技全面持续的建设与发展,职教的专业设置要不断创新、不断与之匹配。

3. 构建中国职教体系,专业设置要考虑培养初中高级技工、技艺员、技术员等不同层次人才的要求。

课题组负责人:许高炎(执笔)

课题组单位成员:

(1) 原南京市教委职教处副处长:张谷强、孟宇

(2) 原南京市职教教研室主任:许高炎

(3) 原南京市建筑工程学校校长:李文弢

(4) 南京市鼓楼职业学校校长:朱全明

(5) 原南京市理工大学附属职业技术学校校长:徐美蓉

(6) 原南京市经营管理职教中心校长:王秀文

(7) 原南京市营养职业高级中学校长:杨震西

(8) 原南京市莫愁职业学校校长:张铎

(9) 原南京港口职业高级中学校长:张国生

(10) 原江宁湖熟职业中学校长:庞道炎

(11) 原六合职业高级中学校长:杨献龙

(12) 原溧水职业高级中学校长:芮群

注:

本文来自教育部"九五"规划重点课题,课题名称是"面向21世纪的职业学校专业设置"。后由高等教育出版社2002年9月出版,书名为《职业学校专业设置的理论策略与方法》。我们根据南京地区中等职业学校专业布局的现状和"面向21世纪的职业学校专业设置"课题研究目的的需要,撰写了《南京地区中等职业学校专业设置的调研报告》子报告。《南京地区中等职业学校专业设置的调研报告》一文,作为地方案例研究(北京、上海、青岛、成都、南京、湖南共六个地方案例)编入《职业学校专业设置的理论策略与方法》一书。

第十章 人才篇

第一节 职教人才取向
——高职与普教的差别、高职价值取向及其缘由与意义

提要：本文说明了高职教育与普通教育的四大差别，阐述了培养"全面重点"具体人才的价值取向内容，及其缘由与重大意义。

2008年6月26日中国青年报报道，中国科学院院士杨福家说："我国真正有特色、规范的高职教育已所剩无几。"不论此话的准确度与信度如何，起码大众在"高职教育培养人才的价值取向"观念上或多或少存在偏向。笔者根据二十多年的职业教育实践和研究结果，试图说明高职教育与普通教育的差别，阐述其培养人才的价值取向内容、缘由与意义。

一、高职教育与普通本科教育的差别

高职教育是高等教育，具有高等教育的特征。高等教育包括专科、本科、研究生教育3个阶段的学历教育，目前高职教育的研究所与学校有近千所（2003年有908所高职学校与少数研究所），大多数实施专科教育，少数实施本科教育，个别实施研究生教育。

高职教育与普通教育的差异：普通高等教育是培养各类高级专门人才的社会活动，具有研究性、文化性的特点，而高职教育是培养技术应用类型的高级专门人才的社会活动，具有实践性、职业性的特点。具体反映在教学内容、科学研究、社会服务、培养方向等4方面。

（一）教学内容

普通高等教育的教学内容是按科技理论、知识体系的内在逻辑展开的，传授的是客观规律，是学科体系；而高等职业教育的教学内容是按社会经济体系内的产品生产、商品流通的客观运行规律展开的，传授的是技术、技艺与经验，是务实体系。

（二）科学研究

普通高等教育的科研是根据客观世界（天、地、人、物、事；社会、经济、文化等）的实际需求，进行基础研究、应用研究、开发研究，提升科技水平，创新优秀文化；而高等职业教育的科研是根据社会经济的实际需求，研究与创造、采用与推广新技术、新工艺，并将其

转化为现实生产力,推动生产力发展。

（三）社会服务

普通高等教育的社会服务是深化人类对客观世界的认识,推动科技进步;而高等职业教育的社会服务是将科技转化为现实生产力,推动生产力发展。

（四）培养方向

高等职业教育培养的人才是全面发展的,而且是有重点发展的。高职教育专科学历阶段目标定位是"技术应用型,全面重点发展"的专才,价值取向是"全面发展,重点提高职业素质和职业能力"。重点把握不准确,高职教育就会发生偏向。高职教育与普通高等教育异同如表10.1所示。

表10.1 普通高等教育与高等职业教育的异同

名称	特点	共性	差别			
			教学内容	科学研究	社会服务	培养方向
普通高等教育	研究性	培养高级专门人才的社会活动	按科技理论、知识体系的内在逻辑展开,传授客观规律,是学科体系	根据客观世界的实际需求,进行基础研究、应用研究、开发研究,提升科技水平,创新优秀文化	深化人类对客观世界的认识,推动科技进步	价值取向是培养各类高级专门人才
	文化性					
高等职业教育	职业性		按社会经济体系内的产品生产与商品流通的运行客观规律展开,传授技术、技艺与经验,是务实体系	根据社会经济的实际需求,研究与创造、采用与推广新技术、新工艺,并将其转化为现实生产力,推动生产力发展	将科技转化为现实生产力,推动生产力发展	价值取向是"全面发展,重点提高职业素质和职业能力"
	实践性					

二、高职教育培养人才的价值取向与内容

不同类型的教育,人才培养的规格和要求是不一样的。同一类型的教育,对教育培养人才的不同价值取向,决定着不同的教育方向,就会有不同的教育结果。高职教育是阶段性教育,应该有阶段性目标定位。

根据我国构建和谐社会和建设创新型国家的要求,根据国务院发布的国家中长期经济、科技发展规划纲要,高职教育职业性、实践性的社会活动的本质属性及培养一线技术应用型高素质劳动者目标定位,高职教育培养人才的价值取向是:全面发展、重点发展。

（一）"全面发展"价值取向的内容:"全面"指素质与能力,"发展"是提高。"全面发展"价值取向的内容就是提高素质与提高能力。

1. 提高素质指在政治思想、道德品质、科学文化、身心健康等方面对学生进行教育与培养,使学生将其内化与提高为自身的稳定因素,形成对自然与事物、人与社会的正确态度和优良的综合品质。

2. 提高能力指提高参与学习活动等各项社会活动的效率和效果。能力是本领,是方法,也是未发现的需要挖掘的潜能。

(二)"重点发展"价值取向的内容:"重点"指职业素质与职业能力,"发展"是提高。"重点发展"价值取向的内容就是提高职业素质与职业能力。

1. 提高职业素质。职业素质是人从事社会职业具有的综合品质。在一定的科学的职业教育管理体制、职业环境、职业实践中,通过教育、培养使学生将所学内化为稳定因素,从而形成职业素质。提高职业素质有3项基本品质要求:第一,积极进取。积极进取是现代社会职业人的优良品质。积极进取品质要通过意志、情操、理想信仰、价值观、人生观、爱国主义、集体主义等方面的教育与培养形成。第二,良好个性。良好个性有利于提高工作效率与效果,是现代社会职业人的优良品质。科学的职业教育管理体制(如课程学分制和弹性学制)给学生提供了发展空间,使每个学生的潜能能得到充分发挥,有利于良好个性的形成。第三,探究学习。探究学习是形成创新意识的基础,是现代职业人的优良品质,在职业环境、职业实践中(如产学研结合模式)给学生提供实践空间,有利于学生探究学习,培养创新意识与进行技术创新。

2. 提高职业能力。职业能力是人从事现代社会职业具有的综合能力。提高职业能力是掌握职业本领、提高与职业群有关认知的方法;提高与职业群有关的能力的实践方法。掌握本领、培养方法离不开专业知识应用,离不开技术技能的实践教学。因此,传授技术、工艺与经验的过程中应注意教学方法,提高学生认知与实践能力。提高职业能力要与传承紧密结合,在传承基础上讲方法,提高职业能力。见表10.2。

表10.2 高职教育培养人才价值取向与内容一览表

价值取向		价值取向内容
全面发展	提高素质	全面进行教育与培养并使学生将所学内化与提高为自身的稳定因素,形成对自然与事物、人与社会的正确态度和优良的综合品质
	提高能力	提高学生参与学习活动等各项活动的效率和效果
重点发展(具体发展)	提高职业素质	培养学生现代社会职业人的优良品质和创新意识
	提高职业能力	提高职业能力是掌握职业本领、提高与职业群有关能力的认知方法;提高与职业群有关的能力的方法

三、高职教育培养人才价值取向的缘由

(一)联合国教科文组织的报告对"教育与学习"进行了界定:教育是旨在满足学习需要的各种有意识的和系统的活动,教育被认为是实现学习的有组织的及持续的交流。学

习是任何行为、信息、知识、理解力、态度、价值观或技能方面的长进。[1]274-275 以上界定说明,教育是为满足行为、信息、知识、理解力、态度、价值观或技能等各方面发展需要的,系统的、持续的、有目的、有组织的活动。如果把行为、态度、价值观等概括为"德",把信息、知识、理解力、技能等概括为"才",那么学习就是"德才"两方面的长进,教育就是满足学习"德才"需要的社会活动。因此,高职教育作为教育的一种类型,其教育应是全面的。1996版《中华人民共和国职业教育法》规定:"实施职业教育必须贯彻国家教育方针,对受教育者进行思想政治教育和职业道德教育,传授职业知识,培养职业技能,进行职业指导,全面提高受教育者的素质。"[2] 高职教育必须贯彻"培养德、智、体等方面全面发展的社会主义事业的建设者和接班人"的国家教育方针,高职学生接受的教育应是全面的。教育部2001年3月16日《关于加强普通高等学校大学生心理健康教育工作的意见》指出:"高等学校培养的学生不仅要有良好的思想道德素质、文化素质、专业素质和身体素质,而且要有良好的心理素质。"随着社会经济文化的进步,全面发展的内涵也更加丰富。

(二)经济发展急需"高技能"重点人才,高职教育应为此作出贡献。《国务院关于大力发展职业教育的决定》(国发〔2005〕35号)文件包括九个方面内容,其中第二方面强调了急需培养"高技能"人才:"以服务社会主义现代化建设为宗旨,培养数以亿计的高素质劳动者和数以千万计的高技能专门人才","实施国家技能型人才培养培训工程,加快生产、服务一线急需的技能型人才的培养,特别是现代制造业、现代服务业紧缺的高素质高技能专门人才的培养"。文件说明,我国社会经济发展急需"高技能"人才。随着我国经济的快速发展,高等职业院校经过20多年就由10多所发展为1 000多所。社会经济发展对人才的需求,促进了高等职业教育的发展;高等职业教育也顺应了社会经济的需求,培养了大量的一线生产、建设、服务、管理的人才。高职教育与社会经济不可分割的联系,决定了高职教育具有职业性、社会性、实践性的属性,决定了高职教育应为重点培养"高技能"人才作出努力和贡献。国发〔2005〕35号文件第十五条还指出:"加强示范性职业院校建设。实施职业教育示范性院校建设计划,……重点建设高水平的培养高素质技能型人才的1 000所示范性中等职业学校和100所示范性高等职业院校。大力提升这些学校培养高素质技能型人才的能力,促进他们在深化改革、创新体制和机制中起到示范作用,带动全国职业院校办出特色,提高水平。"文件说明了高职教育人才质量价值取向,高职教育应为重点培养高素质技能型人才作出努力和贡献。"全面、重点发展"价值取向的缘由如表10.3所示:

表10.3 全面重点发展缘由

序号	价值取向	发展缘由
1	全面发展	联合国教科文组织和我国对教育与学习进行了界定,教育与学习应是全面的
2	重点发展	我国社会经济发展急需"高素质高技能"重点发展人才。高职教育的性质决定了其应为重点发展人才培养作出努力和贡献

四、高职教育培养人才"全面重点发展"价值取向的重要意义

（一）高职教育将培养"创新型国家"需要的一线的千百万当代劳动者。2005年，党的十六届五中全会通过的《中共中央关于制定国民经济和社会发展第十一个五年规划的建议》明确提出，要把增强自主创新能力作为科学技术发展的战略基点和调整产业结构、转变经济增长方式的中心环节。2006年，全国科技大会提出一项重大战略决策，即用15年将我国建设成为一个"创新型国家"。创新意识将是对每一位中国公民素质的基本要求。建设"创新型国家"是一个系统工程，需要各行各业共同努力。各行各业都有自主创新的内涵，高职教育人才质量价值取向是培养有创新意识的一线劳动者，他们将在"技术转化为工艺""应用转化为方法""产品质量"等方面发挥其特长，为"创新型国家"作出巨大贡献。

（二）高职教育将培养为推进"和谐社会"进程而努力的千百万当代社会人，高职教育人才质量价值取向是为社会培养有正确态度和优良品质的人。正确态度和行为反映在对社会、对事业、对他人、对自己四个方面。一是对社会、对家庭要负责任，要有责任感；二是对事业、对工作要认真，要有敬业精神；三是对他人要讲诚信，要宽容，要与他人沟通交流，要有团队精神；四是对待自己能正确认识自我，提高自我，拓展自我，发展自我。这种与时俱进、有正确态度与行为、良好道德风貌、融入社会的、数以千万计的高职毕业生，将为推进"和谐社会"进程起着重大作用。

（三）高职教育将培养为推动经济事业"科学发展"而作出贡献的千百万当代职业人，高职教育人才质量价值取向包括四个方面。一是培养对职业有正确态度和具有良好品质的人，使学生树立正确的职业观、加强自身职业道德修养，敬行业爱职业。二是在技术应用上，培养学生学会认知本领，学会做事本领，学会合作本领，学会发展的本领。三是使学生能挖掘自身潜能、发展自我优势，学会提高与职业有关技能的认知方法、实践方法，做兼具理论与实践能力、会合作发展的职业人。四是使学生职业生涯适应社会职业发展，使学生发挥聪明才智，成为推进行业发展的人职和谐的当代职业人。这种高素质有本事的数以千万计在一线岗位工作的高职毕业生，将为推动经济事业"科学发展"，发挥重大作用。高职教育人才质量价值取向的重要意义如表10.4所示。

表10.4 高职教育人才质量价值取向的意义

序号	人才质量的价值取向	重要意义
1	一线劳动者	高职教育将培养"创新型国家"需要的一线的千百万当代劳动者
2	当代社会人	高职教育将培养为推进"和谐社会"进程作出贡献的千百万当代社会人
3	当代职业人	高职教育将培养为推动经济事业"科学发展"作出贡献的千百万当代职业人

诺贝尔奖获得者贝克尔教授从调查中得出结论,发达国家的资本75%以上不是实物资本,而是人力资本。世界著名经济学家舒尔茨经统计分析得出结论:物质投资增加与利润相应增加的关系是78%,而人力投资增加与利润相应增加的关系是5倍。因此,有效利用人力资源是经济发展的根本。把握好发展高职教育的发展方向,将会大大地促进我国经济发展。

南京钟山学院职教所　研究员　许高炎　2008年9月17日

参考文献:

[1] 刘来泉.世界技术与职业教育纵览:来自联合国教科文组织的报告[M].北京:高等教育出版社,2002.

[2] 国家教委职业技术教育司,国家教委政策法规司.中华人民共和国职业教育法释义[M].北京:红旗出版社,1996.

[3] 萧静宁.论人脑潜力的开发[M].北京:人民出版社,2004.

[4] 鲁洁.对"过有道德的课堂生活"课题的几点建议//南京师范大学道德教育研究所.教师研习读本二[M].南京:南京师范大学出版社,2005.

第二节　浅谈准职业人

——培养准职业人的认知、发展、规划与探索

本文阐明了高职院是职业生涯的准备阶段,说明了高职生是准职业人,并分析了准职业人的认知、发展、规划、探索的四大特点。

美国现代职业指导权威帕森斯提出"了解自己、了解职业、规划职业生涯"的观点,美国学者霍兰德将"职业生涯规划观点"转化为技术。近年来,我国学者提出了"人职和谐,既是社会人又是职业人"的概念,认为社会人要在职业生涯实践中不断调整自我、发展自我,实现社会与职业的双赢,实现人职和谐发展。

我国"职业生涯规划"首先出现在企业培训中,后被学校引进,学校据此开设了"人力资源开发与管理"专业和"职业生涯规划"课程。有的高职院把"职业生涯规划"作为一项素质教育活动进行,有的把"职业生涯规划"作为学习课程,安排了相关教学内容。教育部职业教育与成人教育司多次指导、组织进行了全国大学生职业生涯规划的竞赛,清华大学举办了关于职业生涯设计的讲座和展览,洛阳高专举办了全校职业生涯规划比赛,河北、广东、江苏等地也积极地开展了职业生涯规划学习教育。

本文试图阐明高等职业教育学院是职业生涯的准备阶段,说明高职院的学生们要做职业生涯准备的有心人,一进院就要努力成为一个准职业人。准职业人的特点是,多方位认识"职业自我";科学发展"职业自我";积极探索"职业自我"目标;做好自我职业生涯规划。

一、职业生涯的准备阶段

在作为职业生涯准备阶段的大学教育阶段,学生的学习生活、活动爱好、学习目标都与职业有着密切的关系。

(一)专业学习与职业的关系

专业是指教育机构培养专门人才的学业门类。大学专业设置是人才培养模式的重要标志。2004年11月教育部颁布了《普通高等学校高职高专教育指导性专业目录(试行)》,目录设专业大类19个,专业二级类78种,专业532个。专业大类有:农林牧渔,交通运输,生化与药品,资源开发与测绘,材料与能源,土建,水利,制造,电子信息,环保,气象与安全,轻纺食品,财经,医药卫生,旅游,公共事业,文化教育,艺术设计传媒,公安,法律。专业设置是人才培养模式的标志,完成专业学习任务,才符合该专业培养要求。专业设置兼顾职业群划分,与职业有联系。大学生除应完成专业学习任务外,还须主动适应职业对人才的要求。学好专业和主动适应职业并重。专业是学业门类,职业是工作门类。专业与职业之间大体有4种关系:

1. 专业包容职业。在专业领域内发展职业,职业发展基本限制在专业领域内。选择的职业与学习的专业是吻合的,应学精专业。

2. 职业包容专业。以专业为核心发展职业,职业发展以专业为核心,有较大的扩展。选择的职业与学习的专业较一致,但职业发展超越专业领域。应学好专业,选修与职业发展一致的课程。

3. 专业与职业交叉。以专业为基础发展职业,职业发展是在专业基础上有重点地沿某些方向拓展。选择的职业与学习的专业部分一致。应学好专业,辅修其他喜欢的专业。

4. 专业与职业分离。职业发展与专业基本无关。选择的职业与学习的专业不一致,应调整专业。若无法调整,则应辅修其他专业。

明确专业与职业的关系,有利于认识职业,主动适应职业的要求。

(二)实践活动与职业的联系

若学生平时喜欢一些实践活动,或者有一些爱好,这些实践活动和爱好对发展一些职业是有帮助的。比如喜欢布置和设计房间,对发展这些职业是有帮助的:装潢、服装设计、小型细木活实践、舞台设计、工艺品设计、包装设计、园林规划、环境美化、布景设计。比如喜欢修理电器,对发展这些职业是有帮助的:电气工程、焊工、无线电技术、计算机操作、车工、铣工、机械装配、机械修理、电器装配、电器修理、钟表制作、钟表修理、印刷工。比如喜欢管理家庭财务,对发展这些职业是有帮助的:会计、统计员、记账员、簿记员、出纳员、批发员、保险业务员、工资核算员、材料结算员、资产核算员、总账报表员、信托业务员。比如喜欢旅游,对发展这些职业是有帮助的:导游、画家、海员、长途驾驶员、地理学研究者、采购员、运动员、船员、空中乘务员、飞行员、摄影师、新闻记者等。

了解实践活动与职业的联系，便于有目的地去多参加有利于个人职业发展的实践活动。

（三）成为一个合格的社会人和职业人

大学教育要求学生做一个对社会有责任感，对事业有敬业精神，对他人有交流、竞争、合作的团队精神，对自己有超越自我、发展自我品质的高素质人才，做与时俱进、全面发展、有综合素质、爱国爱民、振兴中华的社会人。以就业为导向、以职业为目标的高职高专教育具有职业性。高职教育要求学生有正确的职业观，有职业道德修养，敬行业、爱职业，有技术应用本领，做自主创新技术和职业的开拓者，成为推进经济发展和行业发展的职业人。大学教育要培养大学生成为一个合格的社会人和职业人，这是科学发展观在人才培养观上的反映。因此，大学不仅是职业准备阶段的教育，也是每一位大学生职业生涯的准备阶段。

二、做职业生涯准备阶段的有心人

（一）市场要求，转换观念，将做职业人

在市场经济条件下，以自主择业、双向选择为核心的职业资格证书制、合同制、人事代理制等就业制度，为学生学习和就业提供了广阔的天地。新就业制度实施多年来，有的在校大学生没有确立正确就业意识，缺乏紧迫感。少数大学生在校时不知道该学什么，毕业找工作时不知道该干什么、能干什么，更不知道哪些职位适合自己长远的发展。浑浑噩噩几年，大一"呐喊"，大二"彷徨"，大三"故事新编"，在漫无目的中，大学阶段就飞快过去了，一些学生未在刚进入大学时对自己的职业生涯做一个长远的打算。出现这些情况，根源上说是观念存在偏差，没有树立正确的职业意识。大学生应有这样一个观念：大学是一个从学校人向职业人转换的过渡阶段，你即将变成一个职业人。

（二）努力实践，做职业生涯准备阶段的有心人

部分大学生苦恼于自己到底适合从事什么工作，对在大学几年里怎样加强学习做好就业准备，社会以至不同的组织（企业）到底需要什么样的人，它们又能为自己提供什么样的发展空间等心中没数。高等教育发展到今天，职业生涯规划不再是单纯人事部门或者在职职工的事，许多高校纷纷开设关于大学生职业生涯规划、职业指导或就业指导的课程、讲座，在学生中开展职业生涯规划设计的活动。大学生树立准职业人的观念后，重要的是做职业生涯准备阶段的有心人。

三、全面、多方位地认识职业自我

古希腊先哲苏格拉底呼吁"认识你自己"，古代中国先哲老子说"自知者明"，认识自

己是每一个人都会面临的问题。

（一）全面认识自己

认识自己的什么呢？第一，是性别、年龄、生理特征等生理自我；第二，是各种社会关系、社会角色、社会定位，以及各种社会文化环境等社会自我；第三，是情感、意志、兴趣、认知、价值、理想、能力、气质、性格等心理自我。

（二）认识职业自我

认识职业自我就是认识内职业生涯。内职业生涯是指个人从事职业实践应具有的，对职业理想、职业兴趣、职业能力、职业性格、职业气质等方面的职业意识，是个人潜在的职业生涯。而实践着的职业经历，包括已从事的职业，以及工作职位、工作条件、工作成就等，我们称之为外职业生涯。内职业生涯因素主要靠主观努力获得，不因外职业生涯的获得而自动具备，也不会因它的失去而自动丧失。大学生在校期间，培养内职业生涯，便于很好地适应未来工作岗位，实现内外职业生涯的"无缝对接"。

（三）多方位认识自己

通过自省、实践、交流、测试等多种方法，客观认识自己和对自己进行评价。自省是指经常在头脑中"过电影"，静思自己的所作所为，修身养性，严格要求自己。实践是指在活动中，考察自己对事对人的认知、情感、意志方面的态度，了解自己、调控自己。交流是指征求他人意见，与他人讨论、交换看法。测试是对职业理想、需要、兴趣、能力、性格、气质等职业动力、效能和特征进行测试。

四、科学地发展职业自我

一个人不可能在各个方面都具有优势，也不可能在各个方面都处于劣势。每一个人都有潜能，都有优势，都有不足。不要用自己的不足，与别人的优势比。发掘潜能、发展优势要从以下四个方面努力。

（一）积极引导自己

在认识自己的基础上，要在实践过程中调动自身潜能，以顽强意志完成目标，不断发展和完善自我。

（二）保持积极心态

要保持积极心态，愉快接受任务，悦纳变化，做好不敢做的事，从而获得发展，取得成功。积极心态不是天生的，而是后天养成的，是主动创造出来的。相信"我能行"，拥有这样的心态在做事时会做得好。

（三）调节、控制自己

要控制自己的注意力、行动、情感，要对自己加以调节控制，锻炼自身意志，从而实现目标。

（四）教育、监督自己

由于主客观条件的制约，个体常常会遇到各种障碍，因此产生不同程度的挫折感。对自我进行反省、教育、监督，能帮助自己找到受挫折的主客观原因，以顽强的毅力实现目标，取得成功。

总之，在实践中要有积极的心态，引导，调控，教育、监督自己，发掘自身潜能，充分发挥自我优势。

五、积极地探索职业、确立目标

探索职业是指认识社会职业，认识基于社会发展与地域特点的客观可能条件；确立目标是指确定人生职业理想，实现主观的理想追求和客观的可能条件相统一，自主和谐发展。探索职业、确立目标有以下途径。

（一）查阅资料

查找书籍、期刊、声像资料、网络资料，查阅要了解的职业；选定几个职业，查阅入门所需的基本条件，如学历、资格证书、身体条件等。通过查阅对做好某职业工作所需的知识、技能、生理条件、个性特征有了初步认识，对某职业的生存环境、发展前途、个人可能取得的职业成就形成初步印象。

（二）参观访问

到相关职业工作单位现场参观，可了解相应职业工作的性质、内容，以及职业环境、氛围，获得实实在在的职业感受。和相关的从业人员进行交流，了解相关的知识、技能要求、待遇、发展前景。访问的问题有：工作职能是什么？从事工作需要达到何种教育程度？熟练从事这项职业工作需要多少年？工作需要独立决策吗？决策范围和性质如何？工作需要哪一方面的才能、创意和进取精神？工作任务要求（比如首要任务、必备知识、必备技能、必备能力以及体能要求、额外工作、兴趣范围等）有哪些？工作所要用到的机械、器材有哪些？收入和福利如何？职业前景如何？

（三）实习劳动

到职业工作现场进行教学实习、生产实践、义务劳动等实践活动，可以帮助学生更深入地了解工作任务、工作要求、工作环境、个人适应情况，了解工作程序、报酬、奖罚、管理、升迁发展信息，在与相关职业工作人员的接触过程中，直接感受职业对人的影响和人职和谐的情况。

（四）交谈讨论

与相关职业工作人员、同学或老师等交谈讨论。个人探究有局限性，与别人一起讨论感兴趣的职业问题，可以淘汰一些不现实或者前景暗淡的设想，共同发现一些更好的思路、更多的前进道路，共享职业探究结果。与别人交谈讨论的内容应是自己个人正在探究或者需进一步证实和充实提高的内容。

（五）树立理想

通过查阅资料,对职业有了初步认识和形成初步印象;通过参观访问,获得实实在在的职业感受;通过实习劳动,可以更深入地了解职业;通过交谈讨论,可以淘汰一些不现实或者前景暗淡的想法,共同发现一些更好的选择,更多的前进道路。以上这些为确定人生职业目标奠定了基础,为树立职业理想打下了实践基础。

六、做好职业生涯的设计

（一）设计职业生涯的三种态度

一是对人生缺乏规划,一辈子糊里糊涂,虽有才能却无用武之地,虚度一生光阴,没有成就感;二是有打算也有目标,但是实现目标的具体步骤不明确或者目标缺乏科学性实践性,碰到困难时往往不坚定,缺乏克服困难的勇气,成就感不足;三是能认识自己,善于发现和挖掘自己的优势,勇于实践研究客观社会职业发展,确立与职业发展趋势及自己发展优势相吻合的职业理想,规划自己的人生道路,做好职业生涯设计。只要一步一个脚印地按照既定方向努力,成功总是属于那些有准备的人。

（二）设计职业生涯,从市场上看是必要的

职场上有四类人将会"滞销":

1. 不善于学习的人。如今,知识更新的速度越来越快,现有的知识每年以10%的速度更新。而人与人的较量,关键是学习能力的较量,学习能力弱的人竞争力也相应较弱。

2. 情商低下的人。未来社会更要求人们不仅要做事,更要会做人,特别是要有良好的人际交往能力、语言沟通能力和团队合作能力。

3. 心理脆弱的人。自我封闭、害怕社交、对困难和挫折承受力弱、无法冷静处理突发事件的人很难适应现代社会生存环境。

4. 没有职业生涯规划的人。有职业生涯规划的人,不一定成功;而没有职业生涯规划的人,一定很难成功。

职场上有两类人将会成为"新宠":

1. 复合型人才。如IT+金融、IT+工科专业、外语+管理、外语+法律、IT+外语+生物等各种复合专业的人才。

2. 能力型人才。如具有一定实践经验的、动手能力强的人才。

教育和受教育方式将会因此发生改变,一是重能力,二是抓理论、抓实践,两手都要硬。有经验、能力强的人才更受社会欢迎。

只有进行职业生涯设计,才会有动力深入市场捕捉信息的走向。

（三）设计职业生涯,从设计的作用上看是重要的

1. 有利于认识职业自我。完成职业生涯设计的内容必须认识自我,对职业理想、职

业兴趣、职业能力、职业个性等进行了解和测试,认识内职业生涯,也就确定了职业自我。

2. 有利于终身职业学习。社会、经济、科技发展迅速,在漫长的职业生涯中,校内有限的学习内容是不够用的。设计职业生涯方案,培养认识自己的能力,将促进学生在职业生涯中不断地学习,有利于学生终身自我学习和发展。

3. 有利于职业生涯成功。职业生涯规划提供了认识自己、评估自己、发掘潜能、发展优势、探究职业、确立职业理想,规划自己、做好设计等科学的内容和方法。科学的内容和方法,将促进学生获得职业生涯成功。成功总是留给那些有准备的人。

4. 有利于社会、事业和谐发展。了解职业,了解发展,就是要把自己放在实际的社会中,使自己的规划符合社会经济发展需要,融入社会、推动社会发展,为社会作贡献。既要了解社会经济,适应客观现实,又要了解职业自我。所选择的社会职业要适合自我,做到人职和谐发展。人职和谐有利于人的发展,也有利于职业工作发展,有利社会、事业和谐发展。

(四)做好职业生涯设计

职业生涯设计是人制定的与职业相关的目标和措施的方案。一个人一生当中最初的专业选择和职业定位具有非同寻常的意义。做好职业生涯设计有以下要点:

1. 把握"认识主观,测量实验要综合;认识客观,了解职业要实际;科学决策,职位目标要恰当"的客观基础,与遵守"客观地评估自我和认识环境"的主要原则。

2. 符合"认识自己,发展优势;探究职业,规划自己"的两点主要内容,与"方向正确,理想实在;内容翔实,措施具体"的两点要求。

3. 运用"多实践认识自我,走出去认识职业;协调好全面发展,重点发展好优势;早订方向早准备,定方案具体实施"的三点做法。

(南京钟山学院职教研究所　研究员　许高炎)

参考资料:

[1] 秦自强. 大学生就业指导新编[M]. 北京:北京大学出版社,2004.

[2] 巴特勒,沃德鲁普. 哈佛职业生涯设计[M]. 赵剑非,译. 北京:中国商业出版社,2004.

[3] 洪壤,陈宜. 职业定位DIY:指向成功的方法利器[M]. 广州:广州出版社,2004.

[4] 贝瑞特. 职业测试手册:帮你找到理想工作[M]. 刘悦欣,译. 北京:中央编译出版社,2003.

[5] 张文勇. 你的职业在哪里[M]. 上海:东华大学出版社,2004.

[6] 程社明,卜欣欣,戴洁. 人生发展与职业生涯规划[M]. 北京:团结出版社,2003.

[7] 唐凯麟,蒋乃平. 职业道德与职业指导[M]. 北京:高等教育出版社,2001.

[8] 李法顺. 大学生职业生涯规划[M]. 南京:东南大学出版社,2006.

第三节　职业生涯概论
——《大学生职业生涯规划》(已出版)第一章概述

高职教育(大专与本科)是教育的高层次,也是人生职业准备的最后阶段,它不同于基础教育。高职院校在校大学生不论学习时间长短,都必须直接面向社会,以就业为导向,在学校接受教育并自主进行未来职业角色的塑造。

一、职业

（一）职业的含义和特征

1. 含义

职业是工作门类,是指从业人员以获取主要生活来源为目的而从事的相对稳定的、由一定人数组成的专门工作类别。人是职业的主体,个人的职业活动又必须在一定的组织中进行,不同人从事着不同类型的职业。

2. 特征:职业具有产业性、行业性、职位性三大特征。

1) 产业性特征

产业涵盖职业,职业体现产业。产业即从事各种生产、经营的事业。我国采用了现在各国较为通用的做法,把产业划分为第一产业:农、林、牧、渔业;第二产业:工业(包括采矿业、制造业等)、电力、燃气及水的生产和供应业,以及建筑业;第三产业:流通和服务业,包括交通运输、仓储和邮政业,教育,文化、体育和娱乐业等行业。农业社会里,第一产业的从业人数最多、产业份额最大;工业社会里,先进的生产工具使生产力水平大大提高,第二产业的从业人数最多、产业份额也最大;工业社会中后期,科技迅速发展,人们的物质生活和精神生活水平提高,第三产业的从业人数和产业份额迅速增加,这是产业发展的总体趋势。

2) 行业性特征

行业是产品的生产、销售或者服务的类型相近企业的集合。行业领域反映了职业的工作门类和工作单位性质。比如餐饮业、邮政业、金融业等,都清楚地表明了职业的工作门类。科学研究、技术开发、产品制造、产品销售和服务等,都表明了工作单位的不同工作性质。

3) 职位性特征

职位是责、权、利的统一体。职位反映了职业的类别和职务等级。教师中的助教、讲师、副教授、教授是职位,公务员中的科长、处长、厅长,以及工程师中的助理工程师、工程师、高级工程师等也是职位。它们既反映了教师、公务员、工程师的职业类别,又反映了它们不同的职务等级。

职业的含义可以简化为行业加职位,即可以简化为工作门类和工作单位性质以及职业类别和职业等级。大学生可以根据简化的职业含义来考虑自我职业发展方向。见表10.5。

表10.5 职业的含义和特征

职业的含义		人们从事的相对稳定的有经济收入、社会价值、社会地位的专门类别的社会劳动。(简化:职业＝行业＋职位)
职业的特征	产业性	产业涵盖职业,职业体现产业。
	行业性	行业领域反映了职业的工作门类和工作单位性质。
	职位性	职位是责、权、利的统一体。职业类别和职务等级是职位的两个基本要素。

(二) 职业的分类

职业的分类是相对的,随着经济社会的发展,职业的分类也在不断变化。各个国家根据工作性质同一性原则,结合自己国内的具体情况,对职业有不同的分类。下面介绍国际标准职业分类和我国标准职业分类,大学生可以根据以下职业分类和职业要求来考虑自我职业发展。见表10.6。

(1) 国际标准职业分类,共有八大类。即:第一大类是专家、技术人员和有关工作者;第二大类是政府官员和企业经理;第三大类是事务工作者和有关工作者;第四大类是销售工作者;第五大类是服务工作者;第六大类是农业、牧业和林业工作者及渔民、猎人;第七大类是生产工作者、运输设备操作者和劳动者;第八大类是不便按职业分类的劳动者。8个大类又分83个小类,284个细类,1 506个职业项目,1 881个职业。

(2) 我国标准职业分类,共有八大类。即:第一大类是国家机关、党群组织、企事业单位负责人;第二大类是专业技术人员;第三大类是办事人员和有关人员;第四大类是商业、服务业人员;第五大类是农、林、牧、渔、水利业生产人员;第六大类是生产、运输设备操作人员及有关人员;第七大类是军人;第八大类是不便分类的其他从业人员。8个大类又分66个中类,413个小类,1 838个细类(职业)(《中华人民共和国职业分类大典》,1999年中国劳动社会保障出版社出版)。

(3) 根据我国国民经济行业分类,整理出主要的15种行业。它们是农、林、牧、渔,采掘业,制造业,电力、煤气及水的生产和供应业,建筑业,地质勘查、水利管理业,交通运输、仓储及邮电通信业,批发和零售贸易、餐饮业,金融、保险业,房地产业,卫生、体育和社会福利业、社会服务业,教育、文化艺术及广播电影电视业,科学研究和综合技术服务业,国家机关、党政机关和社会团体,以及其他行业。

(4) 根据国际标准职业分类和我国标准职业分类的内容,整理出主要的18种类型的职业的人员。他们是政府官员、一般公务员、军人、警员、教师、专业技术人员、企业家、销售人员、服务人员、办事员、生产人员、艺术工作者、律师、社会工作者、党务工作者、金融工作者、自由职业者、其他。

表10.6 我国职业、行业分类

1	职业	8大类 (1838种)	国家机关、党群组织、企事业单位负责人
			专业技术人员
			办事人员和有关人员
			商业、服务业人员
			农、林、牧、渔、水利行业生产人员
			生产、运输设备操作人员及有关人员
			军人
			不便分类的其他从业人员
2	行业	16种 (主要)	农、林、牧、渔、采掘业、制造业、电力、煤气及水的生产和供应业、建筑业、地质勘查、水利管理业、交通运输、仓储及邮电通信业、批发和零售贸易、餐饮业、金融、保险业、房地产业、卫生、体育和社会福利业、社会服务业、教育、文化艺术及广播电影电视业、科学研究和综合技术服务业、国家机关、党政机关和社会团体,以及其他行业
3	类型	18种 (主要)	政府官员、一般公务员、军人、警员、教师、专业技术人员、企业家、销售人员、服务人员、办事员、生产人员、艺术工作者、律师、社会工作者、党务工作者、金融工作者、自由职业者、其他

注:职业要求——职业人员在长期实践活动中形成的专业(职业)知识、专业(职业)能力和专业(职业)素质,构成了这种职业对从业人员的职业要求。

(三)职业的发展

了解产业、行业、职业的现状与发展趋势,可以帮助个人认识职业生涯发展的客观职业环境。

1. 职业的发展简况

社会分工是职业产生的基础,它同人类社会文明进程息息相关,经历了一个漫长的发展过程,而社会分工的形成与发展又从根本上影响着职业的发展和变化。原始社会中后期出现了三次意义重大的社会大分工:一是畜牧业和农业的分离;二是手工业和农业的分离;三是商业和商人的产生。之后,社会生产力飞速发展,出现了更多层次、更精细的社会分工,出现了体力劳动和脑力劳动的分离。这时职业的发展也出现了新的变化,职业变化的频率越来越高,社会上每时每刻都在酝酿产生着新职业,也不断淘汰着古老职业。

2. 产业、行业和职业的结构变化

产业结构变化是由社会发展、人口环境、人力资源、文化物质生活、经济增长、科技进步等多种因素造成的,但其中起决定性作用的主要是科技水平提高及其转化程度。科技高速发展,产业发生变化,产业结构也在相应地发生变化。

在人类历史上,发生过五次科技革命,产业结构发生过三次大的变革。产业结构性变化引起了职业的结构性变化,20世纪下半叶开始,以信息技术为代表的科学技术在世界范围内高速发展,促使产业结构发生着根本性变化。如上所述,三个产业的从业人员和产业份额的变化:第一产业下降,第二产业上升再下降,第三产业平稳上升。目前,一些国家和地区第三产业的生产总值明显大于第一、二产业。国际经济中心城市,产业结构形成三、二、一产业发展次序。如:伦敦、东京和纽约,第三产业占比高达75%～85%;上海的第三产业,2000年是45%,2010年将达到60%。

资料表明,20世纪末我国第一产业劳动力就业份额比例下降,第二产业劳动力就业份额也在下降,第三产业劳动力就业份额不断增加,其就业增长率远高于其他产业。与其他工业化国家相比,我国产业结构中第一产业的比重仍然过高,第三产业劳动力就业份额仍然偏低。

随着我国产业结构调整加快,以信息技术为代表的新行业发展很快,高科技融入传统行业也有了新的发展,如房地产、商业、贸易、金融保险等社会服务业发展迅速,这些行业的从业人数的增加十分明显。

3. 第三产业有四个方面的行业发展较快

(1) 投资少、见效快、效益好,就业容量大、与经济发展和人民生活关系密切的行业,如:商业和饮食服务业,经济规模进一步扩大,与国际潮流接轨;在我国金融和保险业中,从1994年,我国保险费收入整体呈上升趋势,世界各国已有60多家保险公司申请在中国设立营业网点,呈现了飞速发展的态势;居民服务业、家庭服务业不断开拓,出现了一些新型行业,如老人保健服务业、境外旅游业等。见表10.7。

(2) 与高科技发展相关的科技咨询业、信息业和科技服务业,在今后相当一段时间内,数量和质量将有显著发展。

(3) 具有全局性、先导性影响的基础产业,如交通运输、邮电通信业既是基础产业,也是我国重点发展行业,它的大发展是大势所趋,交通、通信手段高科技化,对从业人员科技素质的要求越来越高,网络工程师、电子通信设备维修工程师等职业已成为竞聘热点。

(4) 文教体育等行业,发展势头强劲,各类专业教师、职业培训教师等人员将增加。农业产前、产中、产后服务以及为提高农民素质和生活质量服务的行业也将会不断发展。

表10.7 产业结构变化和第三产业较快发展行业

产业结构变化	第一产业下降,第二产业上升再下降,第三产业平稳上升
第三产业发展较快行业	投资少、见效快、效益好,就业容量大、与经济发展和人民生活关系密切的行业
	与高科技发展相关的新兴行业
	具有全局性、先导性影响的基础行业
	教育和体育行业将会进一步发展,农业产前、产中、产后服务以及为提高农民素质和生活质量服务的行业也将会不断发展

(四) 职业与专业学习的联系

1. 职业与专业的关系

专业泛指专门学业或专门职业,如可以说干部专业化、生产专业化、分工专业化、专业化经济、专业化制作、专业户等。就学业来说,专业是指教育机构培养专门人才的学业门类。大学设置专业是大学培养人才的重要特征。

1963年国务院批准颁布《高等学校通用专业目录》和《高等学校绝密和机密专业目录》,采用了学科与行业部门相结合的专业门类划分方法,共设置了510种大学本科专业。1966年到1976年"文革"期间大学专业设置混乱,本科专业总数达1343种。1982年到1987年,国家第二次组织对大学专业进行了修订,专业口径有所拓宽,专业数由原来的1343种减少到671种。1989年到1993年再次对大学专业设置进行了修订,专业口径进一步拓宽,调整归并一批专业,扩大充实专业内涵,专业数由原来的671种减到504种。1997年到1998年进一步改变专业设置过细过窄,专业名称重复、不规范的状况,专业数由504种又减到249种。

对全国高等职业学校和高等专科学校的专业设置,教育部2004年12月统一颁布了指导性目录,共有农林牧渔、交通运输等19个大类,532个专业。

专业的设置有三点需要说明。

(1) 专业设置有人才培养规格的要求。一个大学生只有完成专业教学计划规定的学习任务,才是一个符合该专业培养规格的合格毕业生。

(2) 专业设置兼顾了职业群的要求。大学本科的专业设置是以学科为主进行划分的。学科有其自身的科学体系和内涵,与职业有联系,但不紧密。高职高专专业目录中的532种专业,兼顾了职业群的要求,建立了专业与职业(职业群)较紧密的联系。大学生除完成专业学习外,还可以跨专业选修课程,以满足自己职业规划的需要。

(3) 专业受社会需求发展变化制约。那种认为"上大学就有一个好职业"的时代,随着"精英"教育年代的结束而结束了。在"精英"教育年代,大学生是社会紧缺的人才资源,比较容易就业;但是在高等教育"大众化"的当前,大学生不再是社会紧缺人才资源,而是社会高层次人才资源。只有明确个人职业发展方向,合理安排学习计划,选择主修和辅修专业课程,才能培养适应社会需要和个人职业生涯发展需要的专业素质。

大学生能否尽早认识职业,有目的地选择并学好专业,明确个人职业发展方向,是决定其能否顺利就业,实现人职和谐的关键。

专业是学业门类,职业是工作门类,专业与职业之间大体有四种关系(图10.1)。

(1) 专业包容职业:在这种情况下,个人的职业发展一直在所学专业的领域内,选择的职业与学习的专业相吻合,能够做到学以致用。

(2) 以专业为核心,职业包容专业:是指以专业为核心发展职业,一个人的职业发展以所学专业为核心,向外扩展。选择的职业与学习的专业虽然方向一致,但职业发展超出所学专业领域,这就需要根据自己的职业规划,在学好专业的基础上通过选修、自学提高自己从事职业的素质。

(3) 专业与职业交叉:以专业为基础发展职业,个人的职业发展在所学专业基础上有重点地沿某一方向拓展。所学专业在个人职业发展中仍有重要意义,需要在职业生涯规划的指导下,在学好本专业的基础上,同时辅修或自学自己计划要从事的其他专业课程。

(4) 专业与职业分离:个人计划要从事的职业与所学专业基本无关。所学专业的某些方面在个人职业发展中有一定的重要性,但方向并不一致,这时应尽早调整专业,若为时已晚,应辅修其他专业。

包容	核心	交叉	分离
职业外包专业	专业外包职业	职业/专业交叉	职业 专业 分离

图 10.1 专业与职业的关系

2. 职业与课程的联系

以下列举的基础课程与对应的职业,对高职生在选择专业或职业时,或许有一些启发、帮助。基础课如此,专业基础课和专业课与职业的联系自然更为紧密,不再一一列举。见表 10.8。

表 10.8 基础课程与对应职业

语言文学	作家、编辑、记者、教师、诗人、电台和电视台播音员、演员、图书管理员、资料员、翻译、外贸工作者、海关工作人员、外事工作人员、打字员、速记员、售货员、秘书、职业咨询、图书发行、法官、律师
数学	工程师、化学家、建筑师、制图员、计算机工作者、数理统计、会计、簿记员、营业员、银行职员、出纳员、保险公司职员、部分学科教师、机械工、木工、电工、测量员、统计和经济工作人员
物理学	机械制造工程师、设计师、电力工程人员、矿业工程人员、航空工程人员、机械电力安装维修工、制模工、领航员、飞行员、物理化学科技工作者、原子物理科技工作者、地理物理科技工作者、气象科技工作者、无线电技术工程人员
化学	牙科医生、药剂师、化学工程科技人员、化学研究工作者、石油化工工艺、兽医、冶金工程师、染色工、实验室技术人员、放射技术人员、摄影师、化学制药工艺师、护士、临床检验师、化验师、农技人员、陶瓷工、美容师、地质勘察工程人员、皮肤科医生、生物化学工作者、营养学科技工作者、植物学科技工作者、动物学科技工作者
生物学	生物化学科技工作者、生物研究助手、昆虫学科技工作者、动物学科技工作者、人类学科技工作者、营养学科技工作者、植物学科技工作者、环境景色美化者、农业园林工作者、兽医工作者、博物馆管理员、医生、护理工作者、科学教师、遗传学科技工作者、医疗秘书、卫生工作者、细菌学科技工作者、免疫学科技工作者、实验室人员、X光技师、林务员、森林保护人员

(续表)

体育	运动员、体育教师、体操运动员、教练、裁判员、军人、演员、潜水员、飞行员、船员、水手、骨科医生、地理学专业科技工作者、体育编辑、体育理论研究工作者、体育解说者、记者、救生员、导游、侦探、公安人员、警卫员
音乐	声乐器乐工作者、作曲工作者、演员、电台播音员、舞蹈人员、模特、体操工作者、幼儿园教师、中小学音乐教师、疗养院工作人员、职业疗法者、精神病医生、乐器制作人员、乐器修理人员、诗人、编剧、乐器售货员、指挥家、音乐评论工作者
美术	舞蹈人员、绘画工作者、广告设计工作者、装潢工、厨师、油漆工、制图员、机械工程师、城市规划工作者、园林设计工作者、木匠、雕刻工作者、桥梁设计人员、建筑师、牙科医生、艺术教师、布景制作人员、舞台设计人员、服装设计人员、美容工作者、摄影师

二、职业生涯

（一）职业生涯的发展阶段

职业生涯是指人生的职业经历。在校大学生是准备参加职业工作的人员，参加了工作，意味着职业生涯的开始。职业生涯是漫长的，一直到退休，占据了人生大部分时间。研究职业生涯的发展阶段理论很多，其中主要有五段理论、十段理论和职业发展理论等。

1. 五段理论——以生理年龄段划分

（1）成长期（出生至14岁左右）：接受幼儿、小学、初中教育，通过游戏、玩耍、学习，形成生理自我和初步职业意识。

（2）探索期（15岁至24岁左右）：接受中学、大学教育，或者文化专业技能培训，经过社会实践、职业尝试，形成社会自我、心理自我，探索、确定、评估职业目标。

（3）立业期（25岁至44岁左右）：职业生涯发展高峰期，现实地从事职业、发展职业，积极地追求人生成功。

（4）维持期（45岁至65岁左右）：心态趋于稳定，维持并巩固已经取得的职业成就。

（5）衰退期（65岁以上）：从职业生涯重要角色中退出，或者转换成轻松的新职业角色，保持健康，延长生命。

2. 十段理论——以人职关系和个人特点划分

（1）成长探索期：青少年时期为成长时期，有职业工作概念和初步想法，有取得成功的模糊目标。

（2）教育培训期：职业工作性质不同，教育培训时间可长可短。长则几年，短则几个月，比如医学职业工作的教育培训时间就较长。因此，要及早确定职业方向、目标，以保证获得足够的教育培训时间。

（3）步入工作期：认识职业工作现实，调整自己的工作。在实践中对自己的能力、动力、价值进一步认识。

（4）职业磨合期：调整自己，逐步适应职业工作。组织对个人提出要求，个人对职业作进一步选择——是否继续从事这份工作。

(5) 职业认同期：个人在本职工作中有贡献、有价值，个人价值在工作中有所体现。

(6) 初有成就期：在职业发展的最初5年到10年，个人在组织中或社会上具有一定的地位或影响。

(7) 重新评估期：大多数人会对自己进行重新评估，自问一些问题。比如：我是不是正确地选择了职业？我是不是达到了我的所有目标？我完成了什么目标？我应该继续下去还是有所改变？我下一步的追求是什么？等等。

(8) 重新调整期：人们对如何度过余下的职业生涯作出决定。有的人继续努力攀登；有的人重新选择他们想要追求的新的职业工作领域；有的人重新评估，并在工作、家庭、理想之间的关系上找到平衡点。

(9) 兴趣渐失期：人们放慢了职业发展速度，开始考虑退休问题。有的人虽即将退休，但仍不愿接受这一现实。

(10) 退出角色期：不论个人是否做好了准备，组织对个人不再提供有意义的职业工作岗位，个人必须调整好自己的心态。

3. **职业发展理论 —— 以职业发展阶段划分**

(1) 准备期：接受了九年义务教育，步入中职或高中、大学阶段，即将走出校门踏上工作岗位和寻找工作岗位的阶段。群体特征：第一，大多数接受了良好的教育或培训。第二，进入从学生到职业人、社会人角色的转换。第三，就业竞争压力大，往往需要从职场最基层的岗位做起。

(2) 初期：中职毕业从事职业工作7年到17年，或高职、大学毕业从事职业工作4年到14年的阶段。群体特征：第一，适应了社会发展和职业岗位工作，懂得了职业工作的游戏规则和社会生存之道，有一定的社会经验和职业经验，开始走向成功。第二，在职场上不断调整自己，使自我与社会发展、与职业岗位的需要相匹配，慎重考虑职业生涯发展。第三，在职场上调整职业或调整职业发展方向，有的不得不"跳槽"。第四，要求职业稳定、事业发展，同时恋爱、婚姻、家庭生活等诸多方面的矛盾交织在一起，需要妥善处理。

(3) 中期：从事职业工作已有将近20年或20多年的阶段。群体特征：第一，职业工作压力大，担子重，事业发展与个人职业岗位关系日益密切。第二，职业向高层次发展，追求实现自我职业理想和发展目标，追求人生成功。第三，社会经验和职业经验丰富，职业生涯发展取得一定成果。

(4) 后期：从事职业工作已有几十年。群体特征：第一，已经取得一定的职业成绩，找到成就感，更加关注自我价值体现。第二，心态趋于保守稳定，企求维持和巩固已经取得的职业成就。第三，放慢职业发展速度，开始考虑退休问题，或者不接受即将退休这一现实。第四，不论是否做好退休准备，组织不再提供重要职业岗位。个人逐渐退出职业角色。

(5)延续期:按照国家规定,退休后,根据个人的身体和客观条件,继续从事职业工作。群体特征:第一,身心健康成为追求和从事职业活动的首要前提条件。第二,经济收入降低,家庭负担也在减轻。第三,如果个人职业生涯可能延续,则继续奉献自己的职业经验,在身体健康和职业追求之间寻求新的平衡点。

五段理论是美国学者舒伯对金斯伯格职业发展论的发展,十段理论是美国麻省理工学院教授埃德加·沙因提出的,职业发展理论则是我国学者提出的。这些职业生涯发展阶段理论说明了人们职业生涯发展的一般规律。每个人的具体境况不同,发展也不同。它们只能为认识职业人生提供一个可资借鉴的大体的框架(表10.9)。

表10.9 职业生涯发展阶段理论

职业生涯发展阶段理论	五段理论	成长期	探索期	立业期	维持期	衰退期
	发展理论	准备期	初期	中期	后期	延续期
	十段理论	成长探索期	教育培训期	步入工作期	职业磨合期	职业认同期
		初有成就期	重新评估期	重新调整期	兴趣渐失期	退出角色期

(二)职业生涯发展的心理因素及其统合

职业生涯发展与多种因素有关,包括自身因素和条件,以及外部客观因素和条件。从职业心理的角度分析影响个人职业生涯发展的因素,可以将其分为心理动力因素、心理效能因素和心理风格因素三个方面。

1. 职业生涯发展的心理动力因素

心理动力因素一般包括需要和兴趣等。它们影响着职业活动的方向和力度,在个人职业生涯发展中至关重要,为教育界所特别关注。这里为分析方便不得不从教育学的角度把"心理"因素适当扩展,把职业生涯发展的心理动力因素分为职业理想、职业需要和职业兴趣等。

(1)职业理想:职业理想是指对自己未来所从事的职业工作、职业部门、职业类别等所作出的预想,以及对自己在事业上获取职业成就的向往和价值追求。它是一个人的主观意识,也是社会意识的重要组成部分。

职业理想是人们对自己职业生涯的设计的重要内容。职业理想不是幻想和空想,它是在现实发展可能性基础上,通过职业劳动来实现职业目标的精神力量,是人的职业活动的动力因素之一。

(2)职业需要:美国学者马斯洛在《动机与人格》一书中系统地阐述了"需要层次论"。需要由低级向高级共分五个层次。我国有学者扩展五个层次为七个层次,即在自尊和受尊重的需要之后,加上求知的需要和求美的需要。必须指出的是,需要的层次并非人的职业活动的先后顺序。

在人生职业道路上维持并不断产生新的职业需要,是职业不断发展所必需的。合理更新、不断提高职业需要层次是职业发展的根本动力,追求需要的满足是行为的动力,是活力之源、成功之始。职业需要是职业生涯发展的动力因素之一。

(3) 职业兴趣:"兴趣是最好的老师"是一句至理名言。通过兴趣可以实现自我引导,可以进行自我激励,可以进行自我发掘。职业兴趣也是职业生涯发展的动力之一。

职业理想、职业需要、职业兴趣是职业生涯发展的个体心理倾向,分别构成了自我意识、行为机制、心理倾向的三项动力,如图10.2所示。

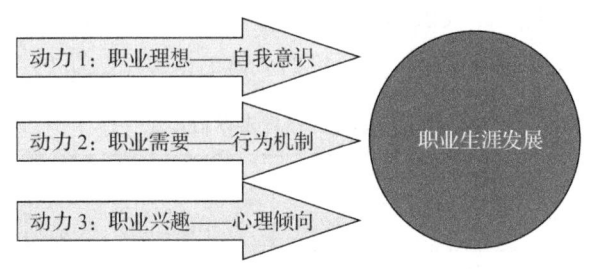

图10.2 内部动力系统

以上三项动力是职业生涯发展的内部动力,社会生产力发展水平的高低等客观因素也将影响人们参与社会实践的深度和广度,从外部对人们的职业生涯产生影响。

2. 职业生涯发展的心理效能因素

影响职业生涯发展的心理效能因素主要是能力。能力是完成职业活动的必要条件,直接影响职业活动和行为的效率和效果。

什么是能力?能力是成功地完成某种活动所必需的个性心理特征,外显为人的各种本领,也是教育界关注的领域。以心理活动为基础,人的一般能力包括:

(1) 认知能力:认知过程是人的基本心理过程。认知能力是人在感觉、知觉、记忆、思维、想象等心理活动过程中,伴随着对心理状态的关注,活动方向的控制,个人行动的协调,经过反复而形成的稳定的个性心理特征。通常用智力商数(IQ)来表示。

(2) 情感能力:情感过程是人的常见心理过程。情感能力是人在认识世界而产生这样和那样情感体验的过程中,了解自身感受、控制冲动、理智处事,面对各种考验时保持平静和乐观心态的能力,通常用情感商数(EQ)来表示。情感商数,在个人修养方面,强调拥有坚强的意志和毅力的重要性,在与外界接触方面,则强调擅长与他人融洽相处的意义与作用。

(3) 职业实践能力:意志过程是人的重要心理过程。职业实践能力是人在改造客观世界的实践活动中,保证实现主体职业实践活动的特殊心理功能,是在自觉发挥主观能动性,提出职业目标,克服困难,完成职业任务的过程中,经过反复而形成的稳定的职业个性心理特征。通常用实践商数(FQ)来表示。

以上分析说明:一是能力包括表现出来的实际能力,也包括没有表现出来的潜在能力,潜在能力每一个人都有,是需要挖掘的;二是能力是能提高的,其提高必须在社会实践过程中进行；三是从认知、情感、实践角度来阐述能力，有利于从心理学和教育学两方面来分析自我职业优势，发展自我优势，有利于职业生涯发展的心理效能因素的发挥。

3. 职业生涯发展的心理风格因素

影响职业生涯发展的心理风格因素有气质和性格等。气质先天成分较多，无好坏之说；性格形成的后天成分较多，有优劣之分。气质和性格等心理特征共同作用，反映了个人职业活动不同于他人的行为方式，对职业发展产生着影响。

4. 职业生涯发展心理因素的统合

职业心理多因素的分析说明，心理动力因素影响着"干不干和干什么"；心理效能因素影响着"能不能干好"；心理风格因素则影响着"怎么干"。职业生涯发展的因素是综合的，有客观因素和客观条件（社会、经济、文化等），也有主观因素和主观条件，其中主观因素中的动力、效能、风格因素，也是相互联系、相互制约和相互补充的。

在求职过程中或在职业生涯发展中，个人心理因素既有适应职业要求的，也有不适应职业要求的。从业者要适应职业要求，就需要通过自省、交流、实践、测试等方法认识自我，改变和发展自我。实际上动力因素、效能因素、风格因素均统一于人的整体，所以需要进行综合分析。所谓综合的工作有两项，一项是统合，一项是协调。统合是将各个因素联系起来分析，探求其内在的一致性。协调是分析、解读各个因素不一致成分，寻求解决方案。

对各个因素进行统合时，要全面分析、重点把握。全面分析就是对各种因素进行深入细致的全面分析，重点把握就是分析了解个人职业心理的突出特点，把二者联系起来可以看出一个人的心理个性。心理因素的协调的主要内容有：

（1）动力因素与效能因素不一致：个人想干的工作未必能干好，擅长的工作又未必是感兴趣的，二者在职业选择中往往发生错位。以能力为主导选择职业领域，得到的是工作轻松、适应快，但可能伴随职业倦怠。以兴趣为主导选择职业领域，得到的是愉快、兴奋，但可能为了胜任工作，而需要艰苦努力，积累知识、提升能力。所以单独以一项心理特征因素为依据去选择职业，会出现偏差，需要尽量去寻求职业动力方面和职业能力方面的结合点。

（2）效能因素与风格因素不一致：能力指向的职业胜任领域与气质、性格指向的职业活动领域往往不协调。如果一个总台服务员，待人接物比较"冷"，虽然能干但未必适宜。气质、性格特征因素会影响效能因素的发挥，需要在认识自我中，不断地协调各个职业心理因素之间的这样或那样的不一致，这样才能做出科学的职业生涯发展的设计。

（三）职业生涯发展与人职和谐

1. 人职和谐

人职和谐是"职业适合个人发展"和"个人适应职业发展"两方面有机结合，以实现人与职业的和谐发展。在建设社会主义和谐社会中，追求人职和谐，既是社会进步的需要，也是个人全面发展的需要。

20世纪初(1908年)美国的现代职业指导权威帕森斯提出了解自己、了解职业,使个人的特点与职业要求相匹配的理论。自此以后,"人职匹配"的观念逐步为企业和择业者所接受。再到后来,美国学者舒伯发展了帕森斯的观点,提出了"人的发展与职业选择相结合"的概念,进一步深化人职匹配的观点,其更注重人的发展。美国学者霍兰德进一步完善了人职匹配的理论,并且将其转化为可操作的技术,将人职对应分为六种类型,制定了具体测量操作方法,具有一定的科学性和实践性。我国学者张文勇等对人职匹配理论做了深化和扩大,提出了人职和谐的观点。人职和谐,既尊重了个人的兴趣、能力等,充分发展每个人的个性,又体现了统一意志,为推动社会进步凝聚了力量。

客观地认识自我,在职业生涯实践中不断调整、发展、优化自我,实现个人持续发展,是人与职业和谐的必要条件。人职和谐关系可用图10.3简单说明。

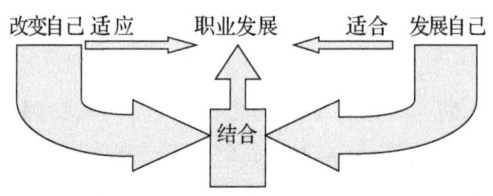

图10.3 人职和谐关系

2. 人职和谐的作用

(1) 人职和谐可以带来个人职业生涯的成功。

人职和谐意味着"职业适合个体发展"和"个体适应职业发展"的有机结合。这种结合有利于发掘和调动个人主观能动性,去追求职业理想的实现,出色完成工作任务,得到社会认可和尊重,获得职业生涯的成功。

(2) 人职和谐可以促进社会和谐。

人生存于社会之中,"我为人人、人人为我"。一方面社会有适合于个人发展的职业,另一方面个人不苛求社会提供完全适合于自己的职业,而是适应职业,在职业生涯实践中不断调整、发展自我。以人为本的社会实行职权利的统一,有利于个人在实现自我价值的同时,实现个人的社会价值,促进社会和谐和社会进步。

3. 职业锚和内外职业生涯。

(1) 职业锚:"锚"原指固定船舶的重铁器,在此借用,表示人的职业生涯的"航船"定位或锁定在一个方向或适合的职业工作位置上。职业种类繁多,职业无贵贱;个体千差万别,人群无高低。当个体在职业生涯的实践中,找到了能发展自我的合适的职业,能满足自我的职业定位,那么这个定位,我们就叫它"职业锚"。职业锚的科学确定有利于个人发展自我、满足自我,有利于充分激发个人潜能。

(2) 内外职业生涯:内职业生涯是指个人从事职业实践应具有的,在职业理想、职业兴趣、职业能力、职业性格、职业气质等方面综合的职业自我,是个人潜在的职业生涯。而实践着的职业经历,包括已从事的职业,以及工作职位、工作条件、工作成就、荣誉待遇等,我们称之为外职业生涯。内职业生涯是主观的,它影响着客观的外职业生涯,而外职业生涯也会反过来促进内职业生涯的调整和完善。外职业生涯因素通常由外界给予,也容易被外界剥夺。内职业生涯因素主要靠主观努力获得,不随外职业生涯的获得而具备,也不会因为它的失去而自动丧失。大学生在校期间,培养内职业生涯,有利于更好地适应未来职业工作岗位,达到内外职业生涯的"无缝对接"(图10.4)。

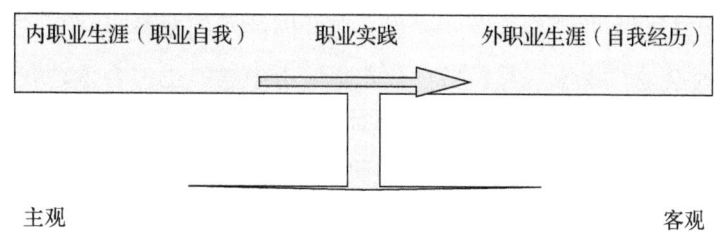

图10.4 内职业生涯和外职业生涯的关系

第四节 职业生涯规划

职业生涯规划是组织(企业)或者个人对职业理想、目标、成就作出预计,对实现职业生涯发展的方法、途径进行计划。做好职业生涯规划必须正确认识和处理以下几个问题。

一、做好职业生涯规划,必须正确认识和处理个人与社会、主观与客观、适合与适应之间的辩证关系

社会性是人的本质属性,正确认识和处理个人与社会、主观与客观、适合与适应之间的辩证关系是做好职业生涯规划的重要指导思想。马克思关于人的本质的学说指出:"人的本质并不是单个人所固有的抽象物,在其现实性上,它是一切社会关系的总和。"这一观点告诉我们,社会需求是客观的,个性心理倾向(需要、兴趣、动机等)和心理特征(能力、性格、气质)等是主观的。社会与个人之间,始终存在着同一和对立的关系,只有个人主动适应社会,服务于社会,在实践过程中认识自己,锻炼自己,挖掘潜能,发展优势,才能在推进社会发展的同时,得到个人的提高与发展。这是职业生涯规划自始至终都要坚持的辩证唯物主义观点。

职业生涯规划通常从个人和组织两个不同的角度进行。从个人角度讲,职业生涯规划是个人的事。在计划经济条件下,大学生就业由国家"统招统分",个人没有选择自由,但是现在的自主择业,并不意味着可以随心所欲。组织(企业)也同样有着用人的自主权,同样需要从组织(企业)需要出发,对所属人员进行职业生涯规划管理,为他们的发展提供条件。

二、职业生涯规划必须从青年学生做起

人的职业生涯必须有规划,但职业生涯规划具有从朦胧到准备,再到实践的不同发展阶段,不可能毕其功于一役。

(一)职业生涯规划朦胧期

我们从小到大都在进行职业生涯规划。幼儿园的小朋友会说,"我长大了要当一个老师";上小学时会说,"我长大了要当一个老板";上中学时也许会说,"我要做公务员"。老师、老板、公务员等都是一种愿望,是一种对人生职业生涯的朦胧设计。中学毕业后上中专、考大学,选择专业,就真正要与将来的职业工作联系起来考虑了。

(二)职业生涯规划准备期

进入大学,进行专业学习,就进入了职业生涯规划准备期。这时要开始做职业准备,开始进行个人职业生涯规划,针对职业理想是什么,如何实施等,都要作出规划。为了实施规划,也许要选择双专业,也许要调整专业,也许要继续深造,等等,这些都属于职业生涯准备的内容。

(三)职业生涯规划实践期

就业后,进入职业生涯实践阶段。理论设计是否符合客观现实,是否符合社会发展的需要,是否符合地区、行业、组织(企业)实际,都需要经过实践的检验。一般说来,完全符合是不可能的,必须经历调整、修改,甚至要重新规划、重新设计。

"多少事,从来急;天地转,光阴迫。一万年太久,只争朝夕。""非学无以广才,非志无以成学。""凡事豫(预)则立,不豫(预)则废。"青年是世界观形成的重要时期,也是立志成材的关键时期。实践已经证明,职业生涯不再是一个"洋"名词,职业生涯规划也不再单是组织人事部门或者在职职工的事,职业生涯规划在大学里的开展是必要的也是成功的。

三、职业生涯规划的适应性和服务于21世纪经济、社会发展

大学生的职业生涯是漫长的,世界的变化是迅速的。大学生在校学习的知识和培养的能力是有限的,需要在实践过程中不断调整和充实自己,不断修订、完善自己的职业生涯规划,以适应和服务于经济、社会发展。

(一)适应和服务于21世纪经济发展

我国实施"三步走"的发展战略,到21世纪中叶人均国民生产总值要达到中等发达国家水平,我国将全面进入知识经济时代。知识经济是与农业经济、工业经济相对应,以知识为基础,建立在知识和信息的生产、分配和应用之上的新型经济。它具有以科学和技术研究开发为重要基础、信息与通信技术处于中心地位、服务业扮演了重要角色、人力

的素质和技能成为实现的先决条件等四大特征。知识经济时代呼唤着高素质人才,大学生必须努力学习,培养和提高自主创新能力以适应经济发展的要求。

(二)适应和服务于 21 世纪科技发展

21 世纪的科技发展,已经显示出加速化、综合化和国际化的特点。学科之间的相互交叉、相互影响、相互渗透日益加剧。科学的综合、技术的综合、科学和技术的综合,乃至人文社会科学的人才培养、组织管理、目标价值、伦理价值等方面的理论和自然科学的原理、方法、手段等相互作用、相互渗透、相互结合已是科学发展的大势。它预示着 21 世纪将是科技大综合的时代,是人类充分发挥创造能力、进行创新活动的时代。身处科技发展前沿阵地的当代大学生任重而道远。

(三)适应和服务于 21 世纪精神文明建设

党的十六大报告提出了"发展社会主义市场经济、社会主义民主政治和社会主义先进文化,不断促进社会主义物质文明、政治文明和精神文明的协调发展"的总体要求。"三个文明"中物质文明是基础,精神文明是灵魂,政治文明是保证。物质文明为政治文明和精神文明建设提供一般前提条件,精神文明为物质文明和政治文明的发展提供精神动力和支持,政治文明使人民的政治、经济和文化权益得到尊重和实现,为物质文明和精神文明建设提供切实保障。21 世纪的大学生作为当代青年中的佼佼者,最有文化知识,最具创造潜能,最能担当精神文明建设的大任,是未来建设中国特色社会主义精神文明的一支重要力量,国家、社会、组织(企业)对大学生抱有殷切的希望。大学生职业生涯规划应适应和体现物质文明、政治文明和精神文明协调发展的要求,以高度的历史责任感和使命感,自觉肩负起历史赋予的重任,作出无愧于时代、无愧于人生的光辉业绩。

四、案例:理想、和谐与成功 —— 记知识型工人代表邓建军

邓建军,19 岁时毕业于常州轻工业学校(现常州工业职业技术学院),在江苏省常州黑牡丹(集团)股份有限公司工作 17 年。现在是高级技师,享受国务院政府特殊津贴,曾先后荣获"江苏大工匠"、"全国五一劳动奖章"、"全国技术能手"、"全国青年岗位能手"、新世纪第一批"能工巧匠"、"全国职工职业道德建设十佳标兵"等荣誉,曾两次受到时任总书记胡锦涛的接见。2005 年 4 月 2 日,中共常州市委号召全市干部群众学习邓建军。2005 年 4 月 28 日江苏省委宣传部、省总工会联合下发了《关于开展向邓建军等劳动模范和先进人物学习活动的决定》。2022 年 10 月,邓建军出席党的二十大。邓建军为什么能取得职业生涯的成功,请大学生们分析。

(一)职业没有高低贵贱,有理想追求

职业没有高低贵贱之分,要有一个与社会发展需求一致的职业理想及追求。徐文虎刚进黑牡丹(集团)股份有限公司工作时,思想不稳,缺乏对职业的正确认识。他刚下车间时,

认为当工人没有出息,但是,他说他很庆幸自己一进厂就碰上了邓建军这个好师傅。邓建军曾认真地对他说,当个优秀的技术工人不容易。为什么上海、苏南的企业会出20万元年薪聘请日本、德国的退休技师?这说明中国制造业的崛起需要大批一流的工人技师。他的职业理想很实在,他说:"我只是想干好本职工作,为工人兄弟争口气。"他还说:"一个国家落后要挨打,一个工人技能落后没人瞧得起。"他认为,中国工人的尊严、中国制造业的崛起呼唤大批世界一流的本土技师,只要我们想学肯干,中国的工业强国梦就能早日实现。

(二)不断适应职业发展,达到人职和谐

职业发展体现在从事职业的人做事时所涉及或使用机器、设备、工具的科技含量,以及产品质量标准的提升。

第一,学习书本知识。1988年,19岁的邓建军跨出学校大门,进入公司工作。面对复杂的设备和技术,他深感知识储备的不足,给自己订下了强制学习计划:每晚必须看一个半小时的技术书籍和有关资料。几年下来,他读了200多册专业书籍,获得大专和本科学历。看到一本《多阵印刷板设计程序应用手册》,他如获至宝,与另外2位科研组成员,利用业余时间日夜突击抄写,300页的专业书,3个人整整抄了两个星期。他用惊人的毅力跨越了英语和德语的障碍。2003年6月,席中豪和邓建军去上海观摩国际纺织工业博览会,现场人山人海,邓建军以流利的英语冲破了等候的屏障,被德国祖克公司总工特别邀请到了贵宾室交流。"我只是想干好本职工作,为工人兄弟争口气",这句话深刻展现了邓建军刻苦学习的精神动力和内心世界。

第二,掌握实践知识。中国的纺织业告别了传统的"金梭银梭",进口织机急需机电一体化复合型的职业岗位工人进行改造。邓建军接受任务后,看到的是几十台机器的各种电气线路,没有一张图纸,却有2 000多个点需要一一测试、分析、测算。他从制图开始,每天蹲在机器旁边十四个小时,掌握了50多台机器的机电性能,适应了国际纺织机器向机电一体化方向的发展,成为一个出色的复合型专业人才。如今他全部摸清厂里1 000多台(套)机器设备的"脾气",可能出现的机电故障和对策,他都烂熟于心。

第三,改造设备,提高质量,创新创造创优。邓建军对染浆联合机先后进行了4次改造,解决了不能连续生产、不能停车的难题,为企业创造经济效益3 000多万元。该公司先进女工赵志英靠高超手感,保证了织造工艺的质量。邓建军想,要成为全球制造强国,还必须靠技术支撑。他带领工友精确绘制出三张技术参数表,靠客观技术参数保证了织造工艺的质量。他还自行设计安装了四台分经机,其成本为进口机器的八分之一。他还运用电子技术与气动技术的结合,攻克了牛仔布预缩率不稳定的世界性难题,并使公司牛仔布的预缩率控制在2.5%以内,比国际标准还低0.5%。

纺织机电行业和职业的发展,要求职业岗位上的人去适应,邓建军适应了。他充分发挥了主观能动性,挖掘了潜能,体现了聪明才智,发展了职业自我,促进了职业的发展,从必然王国走向自由王国,达到了人职双赢,和谐发展。

（三）贡献社会促进发展，取得事业成功

新型知识型工人以知识回报社会，以创新创造的人生观、价值观为全国千千万万产业工人的成长提供可借鉴的学习经验。由一线职工成长为知识型职工、工人专家的邓建军深知：职工敬业，企业兴旺；企业兴旺，职工光荣。中国功夫成就中国制造。17 年来，邓建军带领科研小组从小处入手，不断破解纺织机械行业的全国性、世界性难题，仅一项改革就为企业创造经济效益 3 000 多万元，使企业率先跨入全国重点高新技术企业和国家重点企业的行列。

2000 年起，常州市曾多次发表长篇通讯介绍他的事迹，2005 年 4 月，中央新闻媒体向全国报道。报道中说，邓建军在平凡的工作岗位上作出了不平凡的业绩，是劳动模范和先进人物中的杰出代表。他的先进事迹集中体现了以创业创新创优为核心内容的新时期江苏精神，集中体现了当代工人阶级放眼世界、与时俱进、开拓创新的优秀品质，展示了当代工人阶级勤奋学习、刻苦钻研、乐于奉献的崭新形象，反映了市场经济条件下工人阶级先进性的本质要求，是新时期知识型职工的先进典型。

练习题：

1. 职业的含义是什么？有哪些特征？
2. 你爱好哪门课程，看看与什么职业对应？产业结构变化的趋势是什么？第三产业哪些行业发展较快？
3. 职业生涯的发展阶段理论有哪些？影响职业生涯发展的心理因素有哪些？心理因素统合的内容是什么？
4. 人职和谐的含义、作用、类型是什么？人职和谐的职业方向如何确定？
5. 做好职业生涯规划必须把握哪些基本属性？
6. 从案例中得到什么启示？设计一个职业生涯初步方案。

南京钟山学院职教研究所　研究员　许高炎 2005 年 11 月

注：

第十章人才篇的第三节与第四节是《大学生职业生涯规划》第一章概述原稿，由许高炎撰写，该书由李法顺主编，2006 年 2 月由东南大学出版社出版。

第十一章 教材篇

第一节 职教课程特色

职教的教学是为完成特定的教学任务,师生按一定要求而组织进行的活动。它是社会经济和教育发展的产物,因此职教的教学空间泛化为教室、校园、企业、社会。教学活动与内容要符合时代的价值取向。在此,笔者从职教课程内涵、职教课程特性、职教课程观点、职教课程内容与职教课程内容分类 5 个方面阐述其特色。

一、职教课程内涵

课程是为培养需求人才而设计的教育教学活动方案。如果符合一定要求的教育教学方案,比如语文、数学、课程计划,都可称为课程的话,那么课程可以定义为有目标内容的、系统科学的教育教学活动方案。因此,凡符合职教培养目标的,且有具体目标和内容的、系统的、科学的教育教学活动方案都是职教"有价值取向"的课程。课程定义阐明了课程的内涵、标准,它包括了目标与内容、系统和科学。下面对其内涵作简单说明。

（一）目标

比如"机电专业教学计划"是一个教育教学活动的方案,如果它是广义的课程概念的话,那么应明确它的目标是培养什么样的"人才"。同样,如果具体科目"计算机基础""高等数学"称得上是课程的话,它的教育教学目标必须明确"结合内容做人"和"增加才干"的具体目标是什么。

（二）内容

比如"机电专业教学计划",如果它是"大课程"的话,那么它的内容就要达到"大课程"目标。由"小课程"(具体科目)组成的内容,如"计算机基础""高等数学"等具体科目,它的内容是为达到具体科目目标,应该有的"做人"和"成才"的具体内容。

（三）系统

比如"机电专业教学计划",它的大课程系统是根据目标和小课程的内容的特点,确定小课程的内容与时空联系的排列组合。专业课程计划是根据专业人才培养目标构建的具体科目内容的时空排列组合,其中包括科目类别、排列顺序、时间安排、分配比例。"计算机基础""高等数学"等具体科目的系统是根据其目标或职业岗位任务或工作项目展开的内容的时空排列组合。这种系统都是职业技术教育实用系统。

(四) 科学

课程的科学内涵体现在内容要符合客观世界的自然、社会、经济的规律;过程要符合职业技术教育教学的规律;教育对象要符合职业技术教育学生的规律。综上所述,职教课程的本质是反映客观世界规律性和职业技术教育针对性的教育教学活动方案。职教有道德价值取向的课程概念概括为如表 11.1 所示。

表 11.1 课程的科学内涵一览表

角度		内涵(标准)
要求	目标	什么样的人才或结合内容做人的具体目标
		什么样的人才或结合内容成才的具体目标
	内容	具体的科目或做人的具体内容
		具体的科目或成才的具体内容
	系统	职业技术教育实用系统
	科学	内容:符合客观物质世界的自然、经济、社会的规律
		过程:符合职业技术教育教学的规律
		对象:符合职业技术教育学生的规律
本质		反映客观世界的规律性和职业技术教育的针对性

二、职教课程特性

职教课程特性由职教课程本质决定,由客观世界规律性和职业技术教育针对性决定。职教课程特性是:整合综合性、技术应用性、多样差异性、研究开发性。

(一) 整合综合性

职教具有职业性与实践性,培养准职业人的价值取向。职业工作涉及的道德、知识、技能,不是按学科系统呈现的,是按实际职业工作过程内容展开的,是综合的。贴近职业岗位群(相近职业类型)的职业教育内容应考虑这个实际工作过程内容,不应完全按学科系统进行安排。因此,职教专业的职业性,使其教学课程内容具有了职业工作内容的特点。不同职业工作内容,涉及的道德、知识、技能是不同的。根据不同职业工作内容,课程综合可以是学科间整合,也可以是专业间整合;可以是知识间整合,也可以是技能间整合;可以是理论整合,也可以是技术整合;或者兼而有之。

(二) 技术应用性

普通教育和职业教育是两种不同类型的教育，它们应向各自优势方向发展。职教事业应从职业教育方面来考虑"职业教育标准和教学内容"。职教培养目标是培养生产、建设、管理、服务第一线的技能实践型与技术应用型人才。职教的培养方向是技术含量高、技术实践性强的职业岗位。职教培养目标和方向决定了课程的技术实用特性。职教课程在计划上、内容上和实施中，都要反映其特性——技术实用性。

(三) 多样差异性

在积极并稳定发展中职后，积极发展高职教育。它是高等教育大众化的基本途径。"人上一百，五颜六色"，职业教育的积极发展与大众化，必然带来生源的差异性。入学分数有高分，有低分；毕业学校有普校，有职校。生源在道德、知识、技能、能力方面的差异，是职业教育面临的教育对象实际问题。因此，作为教育内容的课程，应因教育对象差异而具有层次性或多样性，应采用分层分类教学与课程学分管理模式，因材施教。

(四) 研究开发性

一方面，职教应"有教无类""人人有才"，重视学习主体的个性特点，多种形式挖掘个体潜能，调动个体积极因素，强调研究和开发学生非智力因素，这决定了课程内容需要研究和开发。另一方面，第四次工业革命初期大量新技术涌现，涉及新材料设备工具、新产品工艺时，职教内容还要研究完善这些新技术新产品工艺，研发物质生产、建设、服务、管理方面的客观世界内容。职教课程的研发特性决定了职教在编制专业课程计划的科目和隐性课程时空上留有余地，采用课程学分制和逐步实行弹性学制管理。职教课程特性如表11.2所示。

表 11.2 职教课程特性一览表

序号	特性	决定因素
1	整合综合性	职教本质的职业性，职业工作内容的综合性
2	技术应用性	职教培养人才的价值取向，新时代一线技术技能劳动者
3	多样差异性	职教本质教育性、生源多样性与素质知能的差异性
4	研究开发性	与时俱进适应新时代技术革命，研发适应主客观世界内容

三、职教课程观点

(一) 体系

职教教育教学有别于普通教育，有它自己具有独特"价值取向"的课程体系。职教课程属于专业技术职业实用实践的课程体系。

（二）依据

从培养高素质高技术高技能实用型人才目标出发,从适应新时代科技革命变化出发,从产业行业倒逼过时旧技术出发,深化提高、扩展延伸专业技术职业应用体系设置课程。

（三）功能

职教"有价值取向"的课程是实现职教培养人才目标的手段,是实施教学工作的依据。职教课程因教育周期性而保持相对稳定性。

（四）变化

职教"有价值取向"的课程是动态的,可微调也可中调也可大调,是随着产业行业发展、社会经济发展、科技文化进步而发展的。职教"有价值取向"的课程观如表11.3所示。

表11.3 职教课程一览表

序号	课程观	具体课程观
1	体系	有别于普教课程,属于专业技术职业实用实践的课程体系
2	依据	从培养人才目标出发,适应技术革命变化,适应产业行业倒逼技术
3	功能	实现职教培养目标的手段,实施教学工作的依据
4	变化	课程内容是动态的,随社会经济发展、科技文化进步而发展变化

四、职教课程内容

（一）知识

由于各种教育类型与层次不同,知识定位是不一样的。据高职教育培养目标,高职知识应务实、必须、够用,是应用知识。根据知识分类理论,高职课程内容的知识含义分析如下。

1. 客观事物是什么的知识,描述了客观事物的现象。比如事物的外观形状、位置、颜色、数量,房屋有地面、楼板、屋顶、门窗等基本构造,钢筋混凝土由钢筋、水泥、石子、水组成,等等,它们属于陈述性知识。

2. 客观事物内部联系是什么,阐明客观事物的内部联系、规律、原理。比如:房屋的材料、材料的配比、房屋的结构等材料、结构理论问题,保持房屋坚固和稳定的力学知识;市场价格规律;吃冰棒是不会烫舌头的熵增原理。这些是认识事物本质的知识,也属于陈述性知识。

3. 如何去做事,怎样去做事的知识,具体指导人做事的程序和方法。比如:在建筑方面,会砌墙、抹灰、绑扎钢筋、模板木工、浇筑混凝土;会开车、修理汽车;在家政方面,会烹饪、照看孩子,使用家用电器电气时会操作维修、科学安全护理;在营销方面,懂专业产品性能、特点、使用。这些是成就一件事的动态过程性知识,它们属于程序性知识。

4. 如何去做人,怎样去做人的知识,具体指导人如何正确对待人、对待事、对待己。比如会培养讲诚信、守时、礼貌等品质,会培养意志、科学信仰、正确价值观、高尚品德、良好个性,等等。它们是在教育、环境、社会化过程中形成品德的过程和方法,是成就一个人品德的体验性的动态过程性知识,属于程序性知识。

第一、二类知识是显性知识;第三、四类知识是存在社会人群实践过程与思想中的隐性知识。如何掌握隐性知识？主要是在实践情境和环境中,动手动脑进行训练和体验,掌握做事的知识,掌握做人的知识。高职教学内容主要是第一、三类知识,第四类知识是长期的。这种知识分类有利于正确导向高职教学内容设计。因此,学生在高职的课程中学习的知识主要是"事是什么""如何做事""如何做人"的内容。

(二) 技术技能

技术不仅仅是指能做某件事的技能,而且指能做一系列事、一个系统的事的技能。技术应用是全面的,简述如下。

1. 物化、内化、内化和物化的知识体系。技术包含物化的各种生产建设管理服务的工具、材料、设备及其使用;包含内化的生产建设管理服务的工艺、方法、制度;包含物化和内化的知识体系。历史上以钻木取火、金属农具、蒸汽机、发电机、计算机等为标志的五次技术革命,形成的技术体系全面推动了社会生产力发展和社会文明进步。技术内涵与技术革命说明技术是系统的,是全面的。

2. 技术与技能。技能是做事的本事,高职课程技能定位是高技能,从做事的难度深度上分析是高级技能,从工作职称上分涉及初级工、中级工、高级工、技师、高级技师五级中的后三级,从包括的范围来分析有基本技能、专业技能、综合技能。高职课程技术定位是技术应用,是全面的,包括物化、内化、物化和内化的知识体系。技术与技能的联系,类似于学科与知识点的关系。比如,机械功、气体膨胀做功、电功、非静电力做功与动能、势能等,知识点与知识点密切联系并归为一类,称为一门物理学科。人们掌握了这个知识体系,也就掌握了这门学科。同样,做"水泥地面抹灰"是一个技能点,即要做基层处理→做垫层→弹线→做灰饼、冲筋→上灰→压灰→养护等一系列的事,这称为一个技能点。只有掌握"水泥地面抹灰""抹灰工具和设备的性能、使用和维护""镶贴瓷砖""抹灰安全技术操作规程、施工验收规范、质量评定标准"等几个方面的技能点,并把这些技能点与技能点密切联系,归为一类,才称得上掌握"抹灰技术"。一门抹灰初级技术有九个技能点。技术和技能的联系,简单说是"技术 = $\sum$ 技能点"。设计好高职教学"技能"学习的内容,不仅仅要关注技能点的学习和训练,还要重视技能系统的学习和训练,强调掌握技术。高职培养目标是培养技术应用型人才。高职课程内容的技术定位是"技术应用"。

（三）能力

能力是完成活动的必要条件，直接影响进行的活动和行为的效率和效果。能力是成功地完成某种活动所必需的个性心理特征，外象为人的各种本领。以心理活动为基础，职业能力包括：认知能力、情绪能力、职业实践能力。

1. 认知能力。认知过程是人的基本心理过程。认知能力是人在感觉、知觉、记忆、思维、想象等心理活动过程中，伴随着对心理状态的关注、活动方向的控制、个人行动的协调，经过反复而形成的稳定的个性心理特征。通常用智力商数（IQ）来表示。

2. 情绪能力。情绪过程是人的常见心理过程。情绪能力是人在认识世界时产生这样和那样情感体验的过程中，了解自身感受、控制冲动、理智处事，面对各种考验时保持平静和乐观心态的能力，通常用情绪商数（EQ）来表示。情绪商数，在个人修养方面，强调拥有坚强的意志和毅力的重要性，在与外界接触方面，则强调擅长与他人融洽相处的意义与作用。

3. 职业实践能力。职业实践能力是人在改造客观世界的实践活动中，保证实现主体职业实践活动的特殊心理功能，是在自觉发挥主观能动性、提出职业目标、克服困难、完成职业任务的过程中，经过反复而形成的稳定的职业个性心理特征。通常用实践商数（FQ）来表示。

4. 能力分析：第一，能力有表现出来的实际能力，也有没有表现出来的潜在能力，潜在能力每一个人都有，是需要挖掘的；第二，能力能提高，其提高必须在社会实践过程中进行；第三，从认知、情绪、实践角度来阐述能力，有利于从心理学和教育学两方面来分析自我优势，发展自我优势；第四，能力是"融化"在显性课程和潜性课程知识、技能内的教育内容，要提炼为"方法论"来教育学生，使其形成认识和改造主客观的方法习惯；第五，职教课程内容目标定位是培养认知与实践中的"职业能力"。

（四）素质

1. 素质含义。素质有各种不同的理解和解释。从教育观点来看，素质是在先天生理基础上，受后天教育和环境影响，通过个体自身的学习和社会实践，养成的比较稳定的身心发展的综合特征。素质是内化的综合品质，是内隐的稳定特征，涉及范围广，包括政治思想和道德品质素质、科学文化素质、身体素质、心理素质等。

素质包含品德，品德是个人依据一定的社会道德行为和职业道德行为规范行动时表现出来的较稳定的特征。品德和素质都是一种比较稳定的特征。品德仅仅限于道德行为方面。品德包括认知、情感、行为的成分，是可外显的稳定特征。品德是个人的道德面貌。道德是一种社会现象，是行为规范的总和。品德是社会道德在个人身上的反映。道德可以起着和平解决人际关系问题，发展人际间和谐关系的作用。

2. 素质的作用。不同的素质，有不同的作用。思想文化素质影响个体学习、工作、活动的方向和目标；能力素质影响个体学习、工作、活动的质量和效果；心理素质影响个体学习、工作、活动进程的自我调节和控制；身体素质影响个体所有要素的作用发挥。

个体素质影响个体的学习、工作、活动的方向与目标、质量与效果、自我调节和控制以及个体作用的发挥。

3. 态度学习。态度是个人在一定情境下用一定方式反映的内部准备状态，在不同程度上决定个人一定类型的行为。态度除包括认知、情感、行为成分外，还包括它们的倾向。高职课程态度学习内容有三：一是与人交往活动的正确态度；二是对课程、专业、学习、学校的正确态度；三是对职业、与公民身份有关的正确态度。

4. 素质教育。从素质作用上看，素质的高低是十分重要的。实施素质教育必须以现有的思想文化、知识能力、心理和身体素质情况为起点进行，用科学素质观有针对性地设计好高职的教学内容。实施职业素质教育活动，有"职业设计指导""职业素质拓展训练""职业素质内化评价体系""强化职业素质的社会认同机制"等内容和步骤。

5. 素质形成。决定素质形成的有学历、实践、环境、社会、身体、心理等多种基本要素。基本要素具有层次性与连续性，小学、中学、大学教育素质目标不同，所以素质教育也具有层次性与连续性。素质形成是一个"发展"的过程，是一个"内化"的过程。"发展"指充分激发个体内部的身心潜能，通过教育和环境影响，使其在情感态度、智力技能、身心健康等多方面得到充实和发展。"内化"指将从外部得到不断的教育影响和社会实践，转化为基本稳定的内在的综合特征。

6. 做人素质。做人素质是对主客观事物和人的一种正确态度，通过个体自身的学习和社会实践，内化后形成的一种稳定因素。做人素质分为道德素质和职业素质，是高职课程内容目标。高职课程内容中有一个很重要的任务，就是如何在内容里提炼做人目标。做人的教育目标要求是：一，让学生做一个有道德素质的人。要将融合在显性课程和潜性课程知识、技能内的政治、思想、道德教育内容提炼出来以教育学生，使其对待自然、他人、社会等有一个正确态度，并能在实践中形成行为习惯，内化为心理稳定因素，形成好的道德素质。二，做一个社会职业人。做一个对社会有责任感，对事业有敬业精神、科学精神和创新意识，对他人有交流沟通、合作的团队精神，对己有超越、否定、发展、自我实现的人文精神，做一个有职业素质的劳动者。职业素质是个体通过自身的职业学习和职业实践，养成的比较稳定的身心发展的职业品质。

职教培养的目标是培养有"道德素质与职业素质"的准职业人才。"素质"需要一个目标系统来培养，每一门课程都有其培养素质的教育目标。"素质"是人的一种基础的、内在的基本品质，它决定了素质教育的内在性。只有环境和教育内化为学生身心组织中的稳定因素，素质才能形成。因此各门课程教育教学过程中内化机制的建立和完善是十分重要的。职教"有价值取向"的课程内容如表11.4所示。

表 11.4 职教课程内容一览表

有价值取向的课程内容			
素质	能力	知识	技能技术
(1)端正对自然与事物、人与社会的正确态度	(1)提高学习、社会、职业等活动的效率与效果	(1)如何做人	(1)技能(基本技能、专业技能、综合技能)
(2)培养新时代职业人的优良品质与创新思维	(2)提高与职业有关的认知方法与实践方法	(2)如何做事(事是什么？做到务实、必须、够用)	(2)技术(物化、内化、物化与内化的知识体系)

五、职教课程内容分类

职教课程内容分为基础课程、技术课程、技能课程和潜性的课程。潜在的课程内容分为校园物质与精神内容方面的课程、管理与制度内容方面的课程、教师的人格内容方面的课程、领导的风格内容方面的课程。潜性课程虽然不在学校课表中显现，但它无时不在、无处不在。潜性课程是学生在校期间的生活内容，在潜移默化中对学生产生很大影响，是实实在在存在的。职教潜性课程内容是为了营造一个围绕职教培养人才目标，有人、有德、有情的立体网络结构环境，全面重点发展学生，将其培养成为具有高素质高技能的技术应用型人才。职教课程内容分类如下。

（一）基础课程

政治基础(如哲学法律职业指导等)、文化基础(语数外劳美体等)、专业基础。

（二）技术课程

专业课程、技术应用课程。

（三）技能课程

职业技术课程、技能实训课程(含岗位技能模块课程)、技能行动课程(包括参观、调查、实验、实习、课程大型作业、毕业设计等)。

（四）潜性课程

校园文化活动、宿舍生活、校园景观、职校制度、人际关系、教师人格、思想政治课外活动、社团活动、行业活动等，它对培养职校人才、使职校学生形成完整的人格很重要。

注：

此文刊载在《职教论坛》2007年1月(下)

第二节　专业教学方案

改革开放后,职业教育开始在探索中发展,经过"七五"计划、"八五"计划、"九五"计划,已初具规模。笔者参与了第二次与第三次工民建教学计划大纲的拟定、编写。此稿系笔者第三次参与工民建教学计划大纲的拟定、编写,并在全国中等职业教育工业与民用建筑专业课程和教材培训班的北京、青岛、西安会议上,使用PPT演示的讲课稿。

此稿介绍了《中等职业学校工业与民用建筑专业教学指导方案》(简称《教学指导方案》),说明了《教学指导方案》中课程特点,提出使用《教学指导方案》中课程教材的教学建议,最后还对创新开发新课程《综合实习》教材,进行了课程与教材的简介,见第三节。

一、介绍《教学指导方案》

（一）背景和历史

1. 背景

20世纪末,世纪之交,中共中央、国务院出台了两个重要教育文件,简称《决定》(注1)、《行动》(注2)。教育部重点抓职业教育两个系统工程。一个是师资培训基地,另一个是实施《规划》(注3)。落实《规划》,制定了《规划》研究与开发项目,共4类118个课题。第一类10个课题,是经济社会发展与劳动者和专门人才的培养;第二类15个课题,是中等职业教育教学理论与实践的研究;第三类6个课题,是中等职业学校文化基础课程改革方案研究;第四类87个课题,是重点建设专业教学改革方案研究。关于第一类和第二类课题,教育部在2001年5月,审定了25个课题。关于第三类和第四类课题,教育部在2000年5月,审定了文化基础课程和部分重点专业课题,2000年8月教育部颁布执行,高等教育出版社(简称高教社)出版发行。

关于第四类课题,教育部在2000年11月,审定了47个重点专业教学改革方案(工业与民用建筑等方案),确定了制定工民建专业8门主干专业课程教学大纲的意见。8门课程是建材、识图与构造、工程测量、结构、施工技术与机械、施工组织与管理、施工工艺、综合实习。在2001年12月完成了工民建专业教学指导方案(包括8门主干专业课程教学大纲在内)。2001年12月在高教社的组织与领导下,根据8个主干专业课程教学大纲,编写课程教材,教材于2002年12月出版发行。

2003年中等职业学校工民建专业指导执行的教学计划和教学大纲应该是教育部颁发的《中等职业学校工业与民用建筑专业教学指导方案》,文化基础课程使用的应是2000年5月审定通过的语文、数学、英语、计算机应用基础、体育与健康等5门的教学大纲与高教社出版的相应教材,使用的8门主干专业课程教材应是高教社2002年12月出版的国家规划的配套教材。

2. 历史

改革开放20多年,我国教育界制定中等职业教育工民建专业课程教学计划、教学大纲,编写教材,大致经历了三个阶段:

第一阶段,20世纪80年代,恢复起步阶段。中专、职高、技校三类学校各自独立发展,各自分别使用工民建专业三套教学计划、大纲、教材。三类校三套计划、大纲、教材。

第二阶段,90年代,快速发展阶段。淡化三类校区别,中职工民建专业课程改革和教材建设成绩斐然。教育部教职〔1990〕017号文件《关于制定职业高级中学(三年制)教学计划的意见》和教职司〔1991〕45号文件《关于委托上海、江苏组建全国职业高中商业、服装、建筑类专业教学研究组的通知》,对全国中职教学的指导、改革和管理,对全国中职电子类、建筑类、商业类、服装类等9个专业教研组工作的开展,起着决定作用。

1991年12月20日,全国中职建筑类专业教研组组建工作完成。以江苏省教育厅职教处为组长单位的全国中职建筑类专业教研组成立后,接着以上海市为组长单位的服装类、商业类,以四川省为组长单位的电子电器类,北京市为组长单位的旅游类专业教研组也成立了。全国中职共有9个专业教研组的教学组织机构。高等教育出版社在"八五"期间出版了13大类专业教学计划,课程教学大纲,2833万字教材。国家教委职教司、高教社,为改革开放以后蓬勃迅猛发展的职业教育事业的师生用教材工作作出了巨大贡献。作者也在全国培训班上大力进行宣传。

1993年3月10日国家教育委员会关于颁发职业高级中学部分专业教学计划、专业教学器材配备目录(试行)的通知教职〔1993〕4号文件(简称4号文件),高教社出版了中等职业教育工民建专业教学计划和十三门主干专业课程教学大纲以及相配套的国家规划教材。这一轮工民建专业计划大纲教材,经历了卓有成效的改革。教育部职成司领导,亲自召集了全国第三次改革工民建专业教学与课程会议,策划了以"职业和职业岗位群"为培养目标的综合性课程结构框架;改革了课程结构,建立了模块(积木)结构;指导创新编写实践教材。

第三阶段,20世纪末21世纪初,调整提高阶段。三类学校名称合一,中职83个重点专业建设,课程改革和教材建设取得全面丰收。工民建专业课程改革和教材建设在"八五"期间的基础上进一步深化和发展。除了内容外,教学文件也更名了。以教育部颁布的教学文件为准,对2001年8月6日颁布的教职厅〔2001〕5号文件(简称5号文件)与教育部1993年3月10日颁布的教职〔1993〕4号文件进行比较:4号文件的"建筑施工专业教学计划",5号文件更改为"工业与民用建筑专业课程设置";4号文件的"课程教学大纲",5号文件更改为"课程教学要求"。

(二)重要性和主要内容

1. 《教学指导方案》的重要性。《教学指导方案》是重要的教学文件,是评价教学质量和进行深造考核的依据。第一,是实施学历教育的各类中等职业学校,加强专业和课程建设,安排和组织教学活动的指导性教学文件。第二,是各地、各行业教育部门和教研机构指导职业学校、深化教学改革和评价教学质量的基本依据。第三,为高等职业院校对口招生、中等职业学校毕业生进行专业知识与实践能力考核提供了依据。

2.《教学指导方案》的主要内容。第一,专业培养目标:培养工民建专业高素质劳动者和中初级专门人才。第二,业务范围:施工材料试验工、木工、砖瓦工、抹灰工、钢筋工、混凝土工、油漆工、防水工、测量放线工、架子工等操作岗位的工作,施工员、预算员、质量员、安全员、材料员等管理岗位的工作。第三,专业课程设置:包括招生对象、学制、培养目标、业务范围、知识结构与要求、能力结构与要求、文化基础课程之设置与教学要求等十二个方面。第四,专业设置标准:包括师资队伍、教学资料、教学设施、实训实习设施、教学经费、教学文件等六个基本办学条件和基本标准。第五,专业课程教学要求:包括课程性质与任务、课程教学目标、课程教学内容与要求、学时分配建议、说明等五个方面。

（三）课程体系

双向培养目标和业务范围(10个操作岗位与5个管理岗位的工作),决定了工民建专业课程体系是公共课和强化岗位专业课的组合。其课程体系如表11.5所示:

表11.5 课程体系表

教学阶段		必修课		限定选修课		合计
基础阶段	文化课	德育 语文 英语 数学 计算机应用基础 体育与健康	6门	物理 化学 综合文科	1门	22门 (17+5)
	专业课	建筑材料 建筑识图与构造(1) 建筑力学(1) 建筑结构(1) 建筑施工技术与机械(1) 建筑施工组织与管理(1) 建筑施工工艺实训(1) 建筑工程测量 建筑工程预算 房屋设备基础知识 认识实习	11门	美学基础 建筑装饰基础 公共关系基础	1门	
				专业英语 计算机辅助施工管理 房地产开发基础知识	1门	
				建筑工程质量事故分析处理 建筑工程质量检验与评定 工程建设监理概论 工程建设法规	1门	
				任选课程	1门	
岗位阶段	管理岗位	建筑识图与构造(2) 建筑力学(2) 建筑造构(2) 建筑施工技术与机械(2) 建筑施工组织与管理(2)	5门	工种实习、施工员、材料员 工种实习、施工员、质量员 工种实习、预算员、材料员 工种实习、预算员、质量员	1门	6门 (岗位2选1)
	操作岗位	建筑施工工艺实训(2) 砌筑工工艺	2门	抹灰工艺或钢筋工艺	1门	
				混凝土工艺或模板工艺	1门	
				砌筑工(1~6) 砌筑工(7~12) 抹灰工 钢筋与模板工 混凝土工	2门	

二、说明《教学指导方案》课程特点

（一）课程结构特点：二段倒"U"型

5号文件的课程设置中第三点是"知识结构、能力结构及要求"，4号文件的教学计划中没有这一项。另外，5号文件对知识结构提出五点要求，对能力结构提出三点要求，明确了"知能结构"内容。4号文件的教学计划中，课程设置分为三段，属于"Ⅱ"型结构。第一段是文化基础课，第二段是专业课，第三段是实习课。5号文件的课程设置分为两段，第一段为文化专业基础课，第二段为岗位专业课，属于倒"U"型结构。课程结构图如图11.1所示。

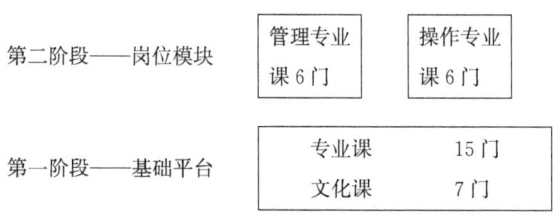

三年制工民建专业至少学习28门课程

图 11.1 课程结构图

（二）文化专业课特点：宽厚、综合、整体、实践

1. 宽厚的文化课平台。第一，宽：增加了英语、计算机应用基础。另外，增加了物理、化学、综合文科等3门，限定选1门课。体育更名为体育与健康，德育课细化，文化课由4门增加到7门。第二，厚：语文、数学等7门文化基础课，都加强了基础知识、基础技能、基础能力、基础素养的学习。增加了学时，总学时达1 200学时，比原中专四年制1 130学时还多。基础平台夯实加厚了，为创业从业和构建中高职立交桥奠定基础。

2. 综合、整体、实践的专业课平台。从课程上、对工程认识上、在教学安排上，专业课平台有综合性、整体性、实践性特点。第一，综合性：建筑构造与制图识图综合为"建筑识图与构造"；钢结构、钢筋混凝土结构、砌体结构、地基基础综合为"建筑结构"。综合性课程多了。第二，整体性："建筑工程预算""建筑施工组织与管理"由4号文件中管理岗位专业课程"下放"到5号文件中公共课平台上来。这就从整体上，使学生通过预算、组织、管理、技术方面学习对建筑工程有了全面了解。不论学习方向是管理还是操作岗位，都需学习。加强了对建筑工程人、财、物、技整体性认识。第三，实践性："建筑施工工艺操作实训1""建筑工程测量和操作实训""认识实习"等3门课程有实训实习。另外，"结构""预算""组织与管理""技术与机械"等4门课有综合练习。"识图""力学""结构""设备"等4门课有练习实验。11门专业基础课中，不仅有理论，还有硬性规定的实践性教学环节，体现了理论与实践结合的特点，强化了实践性教学。

(三)管理岗位专业课特点:增加设计,提高识图与应用能力,细化目标

1. 增加设计。公共课"建筑识图与构造""建筑力学""建筑结构""建筑施工技术与机械""建筑施工组织与管理"等5门专业课,管理岗位专业课全部从1深化到2,其中3门课程还规定了课程设计。4号文件的教学计划中没有课程设计。

2. 提高识图与应用能力。"识图与构造"是识图、制图、房屋建筑学3门课综合起来的1门课。在公共课要学,在管理岗位课程中还要进一步学习。强化识图,强化识图与房屋构造的联系,提高识图与应用能力。

3. 细化目标。管理岗位活模块有4块:第一块,工种实习4周,施工员岗位学习10周,材料员岗位学习4周,考核1周。第二块,工种实习4周,施工员岗位学习10周,质量员岗位学习4周,考核1周。第三块,工种实习4周,预算员岗位学习10周,材料员岗位学习4周,考核1周。第四块,工种实习4周,预算员岗位学习10周,质量员岗位学习4周,考核1周。细化目标,使用的教材是《综合实习》。

(四)操作岗位专业课特点:加强技术学习,深化技能训练,细化方向目标

1. 加强技术学习。工具设备操作,是硬件知识;规则制度、生产工艺,是知识系统,是软件知识。技术是为了某一目的而组成的硬件、软件的知识系统。操作岗位加强了砌筑工艺、抹灰工艺或钢筋工艺、混凝土工艺或模板工艺知识系统的学习。教学安排了3门课程,使用教材是《建筑施工工艺学》。

2. 深化技能训练。技能是动作方式,是如何干、如何做的一种本事。操作岗位安排了"建筑施工工艺实训(2)"课程,加强深化了技能训练,提高学生动手实践能力。

3. 细化方向目标。操作岗位活模块有10块:第一块,砌筑工岗位(1~12)18周,考核1周。第二块,砌筑工岗位(1~6)9周,抹灰工岗位9周,考核1周。第三块,砌筑工岗位(1~6)9周,钢筋与模板工岗位9周,考核1周。第四块,砌筑工岗位(1~6)9周,混凝土工岗位9周,考核1周。第五块,砌筑工岗位(7~12)9周,抹灰工岗位9周,考核1周。第六块,砌筑工岗位(7~12)9周,钢筋与模板工岗位9周,考核1周。第七块,砌筑工岗位(7~12)9周,混凝土工岗位9周,考核1周。第八块,抹灰工岗位9周,钢筋与模板工岗位9周,考核1周。第九块,抹灰工岗位9周,混凝土工岗位9周,考核1周。第十块,钢筋与模板工岗位9周,混凝土工岗位9周,考核1周。细化方向目标,使用的教材是《综合实习》。

(五)选修课特点:增加选修,限定选修,有序弹性

1. 增加选修。公共课14门,管理岗位4门,操作岗位8门,共26门选修科目。

2. 限定选修。公共文化课3门限选1门,公共专业课11门限选4门,管理岗位4门限选1门,操作岗位8门限选4门,共10门。26门选修课提供了具体的科目和部分规划教材,各校可根据自身条件选择。

3. 有序弹性。对10门限定选修课的科目和课时我作了具体的硬性教学安排,教学指导有序。

三、使用《教学指导方案》课程教材的教学建议

（一）加强学习,确定目标

教学行政和管理人员要做到：

1. 要加强学习、理解、消化、掌握"方案"。

2. 我国幅员辽阔,地域差异大,经济发展不平衡。学校办学条件各异,生源不同,毕业生市场需求也存在差异。因此,要确定是"员",还是"工",要定好位,要掌握培养方向。

（二）排列课程时空序,制定实施性方案

教学行政和管理人员要做到：

1. 根据学校的师资力量,实训、实验、实习场所和设备设施,列出科目,进行科学衔接,排列出课程的空间序,然后再根据三年六个学期,安排科目的时间序。要掌握工民建专业课程结构和课程体系。

2. 制定和掌握六学期工民建专业实施性教学方案,科学准确地安排教学。以方案为依据,检查指导教学工作。

（三）加强课程意识,用好规划教材,提高教学水平和效率

课程是有目标内容的系统科学的教学活动方案。《教学指导方案》是课程,是"大课程"。"建筑识图与构造""综合实习"等也是课程,是"小课程"。"小课程"都有为培养目标而制定的课程目标,都有为完成课程目标而制定的课程内容,都有课程结构和课程体系。"小课程"的内容、结构、体系是系统科学的,是为达到课程目标而开展动态教学活动的依据。教师要掌握：

1. 课程目标,课程内容和课程体系。

2. "小课程"在"大课程"结构中的位置,课程目标对培养目标和业务范围所起的作用。

3. "小课程"的课程内容和课程体系对培养目标中的知识结构、技能结构、能力结构、素质结构所起的作用。掌握了这些内容,就是学习了《教学指导方案》,加强了课程意识。在此基础上,进一步用好国家规划教材,提高教学水平和效率。

（四）加强双元意识,用活规划教材,提高水平和效率

中职的特色是什么？是理论与实践方面、实践与理论方面紧密结合,提高实践能力。这"两个双结合一提高"是中职的特色。教师要做到：

1. 突出自己的特色,突出自己的优势,加强双元意识。

2. 在"紧密结合"上下功夫,在"提高实践能力"上下功夫。

在此基础上,用活国家规划教材。在教学实践活动中,以学生为本,不断提高教学水平,提高教学实践活动的效率。

注:

1.《决定》,《中共中央、国务院关于深化教育改革全面推进素质教育的决定》。

2.《行动》,国务院批准转发的《面向21世纪教育振兴行动计划》。

3.《规划》,教育部职业教育与成人教育司文件《面向21世纪职业教育课程改革和教材建设规划》。本文是此《规划》研究与开发项目内容之一。

许高炎讲课稿,写于2003年04月1日

第三节 综合教材特点

根据教育部2001年颁发的《中等职业学校工业与民用建筑专业教学指导方案》中主干课程"综合实习教学基本要求",高等教育出版社出版了《综合实习》这本国家规划教材。

本文简单介绍了"综合实习"课程与教材,说明了如何加强课程意识,如何加强双元意识,用好用活国家规划教材,加强对实践课程的认识。

一、"综合实习"是一门实践课程

(一)"综合实习"是一门课程

"综合实习"是岗位专门化方向很重要的一门综合课程,是工民建专业主干课程之一,是与施工生产紧密结合,且受生产过程制约的课程。《综合实习》有教学目标、教学内容、教学要求,也有教学组织、教学安排。

(二)"综合实习"课程教学要求

职教的特色是"双元特色"。"双元特色"反映在各个方面,也反映在课程上。反映在"综合实习"课程上,"双元特色"有三个要求。第一,从教学双方来说:要充分发挥工程技术人员、教师进行业务实习指导的作用,充分调动学生实习的能动性,把工程技术人员、教师主导和学生实习主体结合起来,发挥主导主体作用,即技生结合。第二,从认识路线来说:以施工和管理现场为教学空间,以建材、工具等为实践媒体教材,以《综合实习》文字教材为指导,从实践到认识,从认识到实践,要把职业岗位施工与管理技能和专业知识结合起来,即技知结合。第三,从教学目标内容来说:传授知识,进行技能训练,要和能力育人结合起来,把职业岗位的施工技能、管理技术,和提高动手能力、管理能力以及做人有意识地结合起来,即技力结合。这"技生、技知、技力"三个双结合,是实践课程的要求,是"综合实习"课程的要求,即"双元实践课程模式"。

二、"综合实习"课程功能：了解功能，加强课程意识

(一) 地位

1. "综合实习"课程是工民建专业课程结构第二阶段——岗位专门化方向的重要组成部分。根据职业岗位能力要求，工民建专业课程大致有三个层次：第一是明确建筑物对象，认识客观事物；第二是分析建筑物内部，明确道理；第三是改造建材客观事物，学习造房具体做法。即"是什么，为什么，如何干"。《综合实习》是为第三个层次"如何操作、如何管理、如何干"而服务的，是实践课程。

2. "综合实习"课程是教学实习工作的基本依据。《综合实习》教材是针对教学实习而编写的有教学目标、教学内容与要求、教学组织与安排的课程，教学实习工作应以其为基本依据。

(二) 作用

1. 查漏补缺。由于学校条件有限，有些内容是无法在学校教室和校内实训基地完成的。这一部分漏缺内容，就在建筑施工与管理现场补齐，完成教学任务。

2. 应用知识和技能技术。"综合实习"安排在文化基础课、专业课与限定选修专业课之后，在开放的错综复杂的建筑施工与管理现场进行实践与管理生产教学，需要学生综合应用文化专业知识、专业技能和专业技术。

3. 熟练掌握技能技术与管理知识。"综合实习"课程开课前，学生已经学习了操作技能、工艺技术与管理知识。"综合实习"使学生深入学习这些操作技能、工艺技术与管理知识并达到熟练掌握程度。比如，砌筑工、抹灰工、钢筋工、混凝土工等工种中有1～2个达中级技术工水平，施工员、预算员、材料员、质量员等基层管理岗位中有1～2个达基层管理岗位标准要求。

4. 取得上岗职业资格。中职培养主体方向是从业，即学生毕业后能上岗，会用所学的知识与技能，且知识与技能顶用、够用。作为课程，"综合实习"有一周考核时间，以鉴定学生是否有上岗的本事和本领。学校与劳动部门合作，考员考工，颁发职业资格证书。

三、《综合实习》教材特点

职教教师要了解教材特点，加强课程意识，加强双元意识，用好用活国家规划教材。工民建课程有三类，即文化课、专业课、实践课。实践课是实践与理论方面紧密结合的课程。"综合实习"课程是一门实践课程，如何紧密结合理论与实践，体现职教特色？《综合实习》教材体现出的职教特色，有4个方面。

(一) 系统性

《综合实习》教材操作动手部分有4点：第一，对实习操作现场的安排提出建议；第

二,对操作现场的机具和建材种类、数量、配制、运送与堆放提出建议和要求;第三,介绍操作施工的内容与过程;第四,介绍操作施工的质量标准和验收。这样的层次,与建筑实际相结合,与学生实践相吻合,符合实践过程与规律。这样的内容,与实践课程系统性要求是吻合的。

（二）综合性

《综合实习》教材综合性体现在3方面:第一,有8个职业岗位内容(操作岗位4个,管理岗位4个),有14个专门化方向(操作岗位10个,管理岗位4个);第二,《综合实习》从总体上说,是以建筑材料到建筑物的整个生产过程为主线,从不同角度和生产环节明确了职业岗位。在这个意义上,它涵盖了多种职业岗位内容,具有综合性;第三,《综合实习》教材还以套房为典型,通过装饰装修施工,介绍了砌筑、抹灰、水电等多工种的配合,综合施工。

（三）实践性

《综合实习》教材坚持以岗位实践为基础,以建筑产品为范例,强化实践性和系统性。比如,介绍了施工员组织施工是以"施工准备、施工工艺、施工标准、注意事项"4方面为重点,列举了建筑产品中10个实例的施工过程。再比如,在介绍预算员如何做预算时以一栋宿舍楼为典型,从10个建筑工程量计算步骤的具体内容展开。工种操作的实践性就不言而喻了。

（四）创新性

《综合实习》教材的创新性反映在3个方面:第一,《综合实习》教材使用新标准、新规范。第二,《综合实习》教材是针对教学实习而编写的,是第一本针对岗位实习而出版的工民建专业国家规划创新教材。第三,这本教材无论在体系结构上,在内容上,还是在生产实践与教学的结合上,在知识技能与能力育人的结合上,都作了一些创新尝试。我们相信,在教学第一线的教师,能用好用活国家规划教材,在教学实践中创新,提高教学水平,培养有职教特色的专门人才。

注：

许高炎与徐飞主编《综合实习》一书,2002年由高等教育出版社出版。本文是为这本国家规划教材作阐释,并于2003年11月发表在《中国职业技术教育》杂志,本文也是全国中等职业教育工业与民用建筑专业课程和教材培训班北京、青岛、西安会议演讲稿的第四部分,写于2003年4月1日。

第四节　实训教材特色

笔者对《技能训练》这本示范性实训教材的地位与作用、实训规律、应知应会和技术考核、教学安排作4点阐释,以说明职业教育的实训特色。

一、《技能训练》教材,在培养目标中的地位与作用

(一)是知能课程结构的重要组成部分

国家教委颁布的建筑施工专业教学计划的核心是课程设置。其课程设置是根据实用职业群岗位来考虑知能的课程结构的。课程结构有3个层次。建筑施工对象"是什么",是第一层次,认识客观事物,设置了建材、房构、电卫设备、测量4门课程。第二层次,建筑施工的道理,分析客观事物,也就是"为什么"设置了力学、结构2门课程;第三层次,如何建筑施工,"如何做",设置了识图、施技、技能训练3门课程。在上述3个层次之外,针对建筑施工组织与经济,还设置了预算、组织、管理3门课程。

从结构层次上看,是依"是什么?为什么?如何做?如何施工组织?"这种认知与践行逻辑而编写的。因此,《技能训练》是知能课程结构中的如何施工、如何操作的重要组成部分。所以,从培养建筑施工生产第一线操作人员上看,本书无疑是一本必修的重要教材。(参阅1994年7月高等教育出版社出版,国家教委职教司编的《全国职业高级中学建筑施工专业教学计划和部分课程教学大纲汇编》,简称《计划大纲汇编》。)

(二)教材完成了培养目标的技能训练内容

国家教委颁布的教学计划中的培养目标明确具体地指出:"熟练掌握从事建筑施工一个专业工种的中级工的操作技能,初步掌握其他1~2个工种的操作技能,能从事建筑施工专业中级技术工人的工作。"这样的目标不是通过一般的理论课堂教学就能实现的,而是要借助特定建筑施工中的教学内容,并具备建材、机具、场所等物质条件,通过符合学生掌握技能规律的实践教学过程,进行动态教学管理和科学的教学方法来完成。《技能训练》教材,不仅仅阐述知识技能内容,而且是把教学内容、教学过程、教学方法一体化,把形成技能规律和实训教学规律程序化,把操作可能产生的问题具体化,把课题的客观条件物质化,把掌握技能的情况细化量化,把基本功考核综合化的教材。这本教材是一本在10多年的职教实践中总结出来的实践教学教材,是一本完成建筑施工专业(工种)初级工和中级工技能训练任务的教材,也是国家教委"八五"规划最先编写的一本专业技能训练创新的教学改革教材。

二、《技能训练》教材结构,反映了实训教学规律

(一)教材是什么样的结构体系

国家教委职教司在《关于国家教委规划教材的说明》中指出:"这里教材在理论体系和技能训练体系方面均作了新的尝试。"技能训练体系尝试,是指教材结构体系是按照准备、要领、示范、作业、操作、评分6个方面的实训教学程序来整合的。这种教材编写方式从未有过,是一种大胆尝试,也是一次创新。

（二）教材结构体系，体现了实训教学规律

1. 技能形成的规律是定向感知→局部模仿→完整动作→协调完善→动作迁移。在实训教学的双边活动过程中，如何形成技能？实训教学有其特点，按马列主义认识论、实践论和教学论，其本质过程有 6 个程序，即：组织教学→要领讲解→示范演练→布置任务→学生操作与巡回指导→评分、小结、清理。（参阅李步斗等编《经济发达地区职业教育研究》中"职业技术教育的实训教育研究"，该文由南京市教育局课题组许高炎著，该书于 1991 年由江苏教育出版社出版。）

2. 《技能训练》教材将传授技能的重点放在训练上。如何通过训练使学生掌握技能？首先，训练要定向，要有目的，要有内容。所以《技能训练》教材课题第一部分安排了一个思想组织、科学分组、车间、设备、工具等各方面的准备内容（详见"职业技术教育的实训教育研究"）。简单阐释，训练过程有以下 6 个部分。第一部分：安排了一个"准备"内容，它包括机具、材料、场所；第二部分：对训练课题的目的、要求、内容、步骤等知识技能进行要领讲解和演示，这是形成技能的定向感知阶段，教材为"要领"；第三部分：对技能整体动作的分解，准确无误的"示范"，既强化定向感知又可进行局部模仿；第四部分：明确训练课题的目的要求，布置"作业"训练任务；第五部分："操作"，动手操作有一个从局部模仿到完整再现、协调完善的过程，《技能训练》教材里，列出了操作过程中可能出现的问题，并提醒注意；第六部分："评分"，对训练技能各个方面的掌握情况进行量化。完成一个训练课题作业，其技能基本形成。在完成下面一个训练课题作业时，上面的技能就发生动作迁移，反复多次可达巩固已基本形成技能的效果。对于《技能训练》教材结构体系，作为实训教师，除了熟练掌握工民建专业的职业技能以外，使用这本教材，还必须了解、把握实训程序教学规律。

三、《技能训练》教材的编目、评分与应知应会、技术等级考核的相关性

（一）《技能训练》教材的编目与应知应会的相关性

行业技术等级应知应会的内容，达砖瓦工初级工和中级工的有 20 条，抹灰工的有 16 条，木工的有 19 条，钢筋工的有 16 条。对这些内容进行分析分解，将相近的技能点集中为一个课题，按从易到难、从简单到复杂原则编成的目录，就成为《技能训练》教材的"章节目录"。

（二）《技能训练》教材内容的评分与技术等级考核的相关性

《技能训练》教材将工种分为 4 类：砖瓦工类 15 个，抹灰工类 15 个，木工类 16 个，钢筋工类 21 个。每类课题第 6 部分是评分。《技能训练》教材的评分对技能测试进行了细化和量化，每次训练完一个课题之后，可在教材评分项目内打分。这是对平时课题训练技能成绩的记录。技能训练不可突击，须靠平时严格训练来积累。因此每次训练完，进行量化评分是很重要的。一般按教材课题进行严格训练，经过近 900 课时的实训练学（或者是 350 课时），学生可以达到"老 4 级"为主的中级工水平（或者是达到"老 2 级"为主

的初级工水平)。《技能训练》教材为了对全面的基本技能进行测试,还在第 15 个课题对砖瓦工与抹灰工安排了一次较大规模的综合训练。因此,实训教学按规律进行,严格训练技能,毕业前学生是可以完成中级工技术等级考核的。

四、《技能训练》教材,一专多能

建筑施工专业教学计划是一个宽专业、多工种,培养复合型人才的计划。在教学实训上,如何使用《技能训练》教材,培养一专多能人才呢?我们用表说明。(表见第五节)

(1) 该表说明:表中,教材课题是指《技能训练》教材中的目录数码,大纲课题是指《计划大纲汇编》中相应工种实训教学大纲中的目录数码。教学计划中 150 课时的"建筑施工工艺学",与《技能训练》的"要领"结合讲解,不另外安排时间。

(2) 一专多能(技术工人):表中用 896 课时完成对某一个工种,以"老四级"为主的中级工标准的训练任务,达到"一专";再用 300 多课时完成对某一个工种,以"老二级"为主的初级工标准的训练任务,达到"多能";最后用 336 课时进行工地实习,以期巩固提高所学知识与技能,继续完成在校内无法完成的实训内容。通过 1586 课时的安排(占总学时的 46.1%),达到培养一专多能人才的目标。

(3) 复合类型(技术员):对于技术管理类,除了有多种专业技术课程来培养复合型人才以外,教学计划培养目标还指出要"具有建筑施工 1~2 个专业工种的初级工操作技能"。在教学计划的课程设置中,有"专业工种训练"课,其必修课时是 448 课时。表中,以"老 2 级"工为主达一个工种的初级工水平,需约 350 课时,另用约 100 课时接触第 2 个工种,来完成"1~2 个专业工种的初级工操作技能"训练。培养建筑施工专业技术管理人员的各个学校,也可根据自己的条件,进行"专业工种训练"课时的安排。

注:
本文连载发表在 1996 年第 12 期和 1997 年第 4 期的《职教论坛》上。

第五节　附篇 实训教材特色

一、教材出台背景

(一) 国家教材说明

笔者参与编写的《砖瓦工抹灰工木工钢筋工技能训练》教材,简称《技能训练》教材,由高等教育出版社 1994 年 6 月出版。

(二) 教委文件

随着职业技术教育改革的深化,特别是 1990 年国家教委《关于制订职业高级中学

(三年制)教学计划的意见》颁布,全国职业高中建筑类专业迫切需要一套新的教学计划及配套教材,以使培养的学生能更好地适应社会及经济发展的需要。笔者有幸担任建筑专业教学计划的策划者与起草者,成为13门主要专业课程教学大纲的指导者与参加者,作为《技能训练》实训教材的主要编写者,笔者有义务对这本示范性实训教材的地位与作用、实训规律、应知应会和技术考试、教学安排作4点阐释,说明职业教育的实训特色。

（三）专业会议

1992年3月国家教委职教司在湖南株洲召开了全国职业高中建筑施工专业研讨会议,建设部教育司司长秦兰仪与高等教育出版社的同志出席了会议并作了专业指导。参加会议的有建设部有关专家,江苏、山东、四川、广东、广西、陕西、浙江等省教委选派的专业教师、教研员。会议总结肯定了由国家教委职教司与建设部教育司"七五"期间组织编写的职业高中建筑类专业教材,并进一步提出"八五"计划期间这一轮教材的改革意见。

（四）审定内容

会议审定了全国职业高中建筑施工专业新一轮的教学计划与专业课程的教学大纲,落实了国家教委规划教材的编写工作。《砖瓦工抹灰工木工钢筋工技能训练》一书就是根据这次会议审定并通过的教学计划与教学实训大纲而编写的。

二、领导引领,教师创新

（一）人才培养,远见卓识

国家教委职教司领导指出,我国经济发展有后劲,必须要有千千万万具有大国工匠精神、与时俱进的科技知识、高技能水平的劳动者。理论创新、实践创造,实训教材是培养实践创造的基础。国家教委领导对在第一线创新改革的教师们,给予大力支持与细心具体关怀,诸如将"实训教材编写"这样的小事办成一件大事,其影响与成果是涌现了类似职校生李万君式的千千万万的工匠,充分证明了领导的远见卓识。

（二）内容引领,高屋建瓴

高等教育出版社领导认为,我国职业教育发展,不仅要有教材,还要有符合职业教育特色的教材,所以,必须把好有突出实训教学高品质教材的关。实训教材的重要性得到出版社充分肯定,经过十多年的努力,实训教材如雨后春笋,满足了职业教育实训课程的需要,这充分说明发展职教,领导做实事,高屋建瓴。

（三）创新干事,锐意进取

职教战线上有千千万万个战士,他们改革教育,创新职教,埋头干事,不怕苦不怕累,从办学教学各个方面,在践行中创新思维,不断总结职教规律,不断总结职教特点与职教特色,为使职教与经济接轨,与科技接轨,积极推动职教事业发展,作出了巨大贡献。

三、土木基本工种

（一）砖瓦工

砖瓦工是使用瓦刀、铲等手工工具按设计施工技术规范要求，用砂浆或其他黏合材料将砖、砌块砌成各种形状的砌体和挂屋面平瓦的工种。砖瓦工的工作包括砖墙、砖基础、清水墙、附墙砖柱、独立砖柱、异形墙体、立门窗与门窗洞口、山墙、空斗墙、空心墙等各类形式砌体的砌筑，铺砌砖石地面，套房的砌筑，下水道的铺设、化粪池的砌筑，挂瓦的操作，毛石、砌块材料的砌筑，花格墙砌筑等。

（二）抹灰工

抹灰工是使用抹子、托灰板等手工工具或空气压缩机、加压罐等机械对建筑物表面（屋面、地面、墙面）涂抹灰浆及镶贴各种装饰材料的工种。抹灰工的工作包括内墙、天棚、水泥砂浆细部，楼地面、外墙的抹灰，套房的抹灰及墙面天棚的喷涂、滚涂、弹涂、拉毛；扯灰线；特种砂浆的抹灰；水磨石、水刷石、斩假石、干粘石的施工；镶贴块材料面等。

（三）木工

木工是使用锯、刨子等手工工具和圆锯机、压刨等机械，按设计施工技术要求，进行建筑工程木制品、模板等的制作、安装与维修的工种。木工的工作包括木工机械的操作，木材的拼、接、贴及门窗制作安装，木结构制作安装，模板配制与安装等。

（四）钢筋工

钢筋工是使用手摇板、绑扎钩等手工工具和点焊机、对焊机、钢筋调直切断机等机械，按设计施工图纸要求，将钢筋校直、切断，并加工成形，拼装成各种钢筋骨架的工种。钢筋工的工作包括钢筋的除锈、调直、切断、弯曲、绑扎、放样、配料、弯制，钢筋调直切断机、弯曲机、弯箍机、点焊机等常用机具的操作使用等。

四、技能实训课程

（一）实训课程

职业技能训练课是有目的地按建筑施工专业工种部颁技术标准对学生进行操作技能训练的一门课程，因此它的针对性和实用性强。通过学习和训练，使学生具有良好的职业道德，基本达到一个工种的中级工水平。培养技术和管理人员时，也要使其达到一个工种的初级工水平。

（二）教学要求

这门课程是在10年职业技术教育发展实践中、在改革开放中逐步产生的。就已经积累的实践经验来看，对这门课程的教学有如下4个基本要求：(1)具有高级工或技师水平的实训课教师,按照教学大纲进行职业知识、技能和道德的传授与训练;(2)有一定的场地设备、手工工具和材料;(3)要按照实训课的教学规律和实训课题进行教学;(4)重视职业道德训练,要把职业道德的训练和技能的训练结合起来。见表11.6。

表11.6 培养目标及课时设置

	目标	达到以老四级工为主的一个工种的中级工水平			
	工种	砖瓦工	抹灰工	木工	钢筋工
一专	教材 课题	一→十五	一→十五	一→十六	一→二十一
	教材 课时	814	896	768	832
	大纲 课题	十六→十七	/	八	三十三→三十四
	大纲 课时	82	/	128	64
	合计课时	896	896	896	896
	目标	以老二级工为主的一个工种初级工水平											
	工种	抹灰工	木工	钢筋工	其他工种	砖瓦工	木工	钢筋工	其他工种	砖瓦工	抹灰工	钢筋工	其他工种	砖瓦工	抹灰工	木工	其他工种
多能	教材 课题	一、三、五、七、十四。	一、二、三、四。	一、四、五、六、八、十一、十二、十三。		一、二、三、五、十二、十三、十四。	一、二、三、四。	一、四、五、六、八、十一、十二、十三、十六、二十。		一、二、三、五、十二、十三、十四。	一、三、五、七、十一、十四。	一、四、五、六、八、十一、十二、十六、二十。		一、二、三、五、十二、十三、十四。	一、三、五、七、十一、十四。	一、二、三、四。	
	课时	335	354	340		367	354	340		367	354	340		367	335	354	

(三)教学方法

本课程的设置不是孤立的,是建筑施工专业知识技能框架的一部分,它与建筑制图与识图、建筑材料、建筑构造、建筑施工技术等课程都有密切的联系。但是,本门课程的教学有它固有的客观规律以及与其他课程不同的特点,因此在教学时要注意如下教学事项。(1)有目的地训练:操作前必须了解目的、程序、规范要求,了解材料的性质、用量,掌握工具正确的使用方法。(2)必须严格训练:严格按规范、程序进行安全操作,只有积累一定的劳动量和反复训练,才能形成技能。(3)坚持手脑并用:动手要动脑,动脑要动手,手脑并用,才能真正学到技术。

（四）因地制宜

本书根据本门课程"操作型"特点，将一个到几个相近的技能点综合为一个课题，并从"准备、要领、示范、作业、操作、评分"6个方面展开。课题内容多以图说明，图文并茂。我国幅员辽阔，南方和北方气候等各个方面的差别较大，因而建筑施工的操作方法是不同的，即使是同一地区的城市和农村，操作方法也不尽相同。本书讲的操作方法是众多方法中的1～2种，目的在于强调技能训练，培养动手能力。使用本教材时，实训指导教师应结合本地实际情况进行实训教学。

（五）计划安排

中等职业技术学校的培养目标是"技工类"的，教学实训28周，生产实习8周；"技术管理类"的教学实训13周。各学校可根据实际情况酌情安排。《技能训练》计划安排如上。

注：

由于当时笔者是中德合作项目——"南京建教中心"的教学校长，行政事务多，为了使笔者能抽出时间完成这项国家部编开创性教材，国家教委职教司领导、高教社办公室致函给南京市教育局。

一、国家教委职教司第一封信如下：

南京市教育局：

我委于1991年12月组建了全国职业高中建筑专业教研组，你市许高炎同志代表组长单位，承担了该组的教研业务及组织工作，在教学大纲、计划的调研、制定和审定中，做了大量艰苦、细微而有成效的工作，使该组工作得以顺利进行。目前这项工作进入教材编写阶段，许高炎同志担任这套教材中实训教材主编，这本新教材的编写带有开创性，工作量大，而出版时间较紧，我们希望他抽出一定时间，集中力量加以研究，确保教材按期完成。望你局给予协助，并督促这一任务的完成。

国家教育委员会职业技术教育司（公章）

1992年7月2日

二、高等教育出版社一封信如下：

南京市教育局：

许高炎同志在制订编写全国职业高级中学建筑类建筑施工专业教学计划、教学大纲与教材中，做了大量有成效的工作，为职教事业做出了贡献。由他主编《实训教学指导教材》(50万字)一书，需要占用大量的时间，望能为他提供方便，保证有充分时间来从事这项具有全局性的专项工作。谢谢支持！

此致

敬礼

高等教育出版社（公章）总编办公室

1992年7月18日

三、国家教委职教司第二封信如下：

南京市教育局：

我司在暑期举办职业高中新教学计划、新教学大纲、"八五"国家级教材的培训班，为一九九四年秋季开始使用计划、大纲、教材作准备，特聘在这项系统工作中，做了大量重要工作，且有突出贡献的专家许高炎同志，为全国职业高中的校长、教务主任、专业教师讲课。特此说明。

国家教育委员会职业技术教育司（公章）
1994 年 7 月 8 日

第六节　课程教学取向

本文阐述的是职教课程的价值取向，从教育原则、教学环节、教育方法 3 个方面说明。坚持职教 4 类课程的教育原则是职教课程价值取向的主要内容。坚持职教课程的五个教学环节，是职教课程价值取向的教学过程中不可或缺的内容，五个教学环节是：认知—态度—行动—评价—内化。坚持职教课程的基本教学方法，是激励职教生产生内生动力。教育原则、教学过程、教学方法，全面体现在职教 4 类课程上。本文登载在《职教论坛》2007 年 3 月（下）。

一、职教 4 类课程的教育原则是职教课程价值取向的主要内容

（一）基础课程教育原则

基础课程包括政治、语数外体美音等课程。基础课程价值取向的原则如下。

1. 基础性原则。如：了解"认识事、分析事、正确对待事、妥善处理事"的认识方法论；了解"认识职业、分析职业形势、正确对待就业"的科学方法；了解"认识自我、分析自我、对待自我、调控自我、优化自我"的正确方法；了解"宽容他人，严以律己，悦纳他人，竞争不伤人，与人共事，和谐相处"的重要性和待人接物的方法，提高素质。

2. 工具性原则。如：掌握基本的形数知识，即初等函数与平立几何知识，掌握应用其数学运算；掌握基本的字词句章知识及应用；准确地理解他人话语的意思，会表达自己，用规范语言交流思想，快速阅读信息文章，会写各类应用性文章；掌握基本的计算机技术和快速汉字录入技能，会使用多种应用软件；掌握网络技术，会收集信息、分析信息、综合整理信息，为工作任务服务；有培养良好身心健康素质的方法。

（二）技术课程教育原则

技术课程包括专业技术与职业技术课程等。技术课程价值取向的原则如下。

1. 技术性原则。如：掌握专业技术物化的工具、机具，设备的构造、使用、原理、维护或维修；掌握专业技术内化的工艺、规则、程序、方法；掌握专业技术物化与内化的知识体系。

2. 综合性原则。如了解专业职业岗位群的技术联系，了解专业职业岗位群的综合技术知识。

（三）技能课程教育原则

技能课程包括技能实训课程与技能行动课程。技能行动课程包括参观、调查、实验、实习、课程大型作业、毕业设计等实践行动。技能课程价值取向的原则如下。

1. 职业性原则。如：掌握专业涉及职业岗位的工作范围、工作程序、组织结构、管理规章、道德标准、职业发展前景；掌握专业中的实训、参观、调查、实验、实习、课程大型作业、毕业设计等课程与职业的联系，掌握它们在促进职业深化发展中的作用，为今后自主创新、研发产品、发展职业技术打下实践基础。

2. 操作性原则。如：在实训、参观、调查、实验、实习、课程大型作业、毕业设计等实践行动中，培养科学的态度，掌握专业涉及职业岗位中的操作技能和心智技能；在参观、调查、实验、实习、实训、课程大型作业、毕业设计等课程中，掌握科学地观察客观事物，采集信息、整理信息、分析综合信息、决策并实践工作规划，付诸实施的认知策略的方法技能。

3. 多样性原则。在参观、调查、实验、实习、实训、课程大型作业、毕业设计等课程中，掌握或了解3~10个操作技能或心智技能或方法技能，并获得职业岗位资格证书，培养技能迁移的能力。在参观、调查、实验、实习、实训、课程大型作业、毕业设计等课程中，熟练掌握1个操作技能或心智技能或方法技能，掌握或了解多个技能，一专多能。

（四）潜性课程教育原则

1. 潜性课程教育内容：职教校园文化、风气、景观、制度、规章、生际关系、师生关系、教师人格、企校交流、企业文化、科技讲座、职业讲座、社会发展讲座等，是潜性课程内容，是培养准劳动者、准职业人与准社会人的舞台，在正确对待社会、对待职业、对待他人、对待自己上，在提高素质和发展学生方面都起着一定的不可忽视的作用。

第一，营造环境文化。职校校园环境，要突出校园文化空间，要突出以学生为主体，以校园精神为主要特征的健康和谐的、积极向上的群体文化。它体现了学校职教特色，体现了人文、艺术、技术、工匠的人文精神的价值取向。良好的职教校园环境有着特殊的教育功能，在以提高学生思想品德、创新意识、职业素质、职业能力、技术技能、知识应用、身体心理素质为目的的素质教育活动中，起着十分重要的作用。在一个充满文化内涵的校园环境中，人文精神和技术工匠精神得到释放。职校生融入环境，将受校园文化环境的诱惑力和渗透力的感化，这是一种"无声之教"，"润物细无声"。这种不知不觉地对学生的潜移默化的影响，在学生的成长过程中起着重要作用。

第二，规范开展活动。职教生在校规范开展活动,在文娱活动、体育比赛、艺术展示、科技讲座、工匠模范请进来等各类活动中健康和谐成长。教育家陶行知说过,学校规章制度是"学校所与立之大本",是师生"共同的约言"。职业学校是一个多因素、多层次、多系列、多结构的复杂的综合体。职业学校规章制度是全体师生必须共同遵守的规定和规范。制度实施是学生成长的重要保证。在活动的开展中,形成教师乐教乐行,学生乐学乐做的良好风气。马克思曾经指出:"一个人的发展取决于和他直接或间接进行交往的其他一切人的发展。"职业学生的发展,自始至终都是在群体的影响和作用下进行的。

第三，教师人格力量。职校中的教师与学生、教师与教师、学生与学生之间的人际关系每时每刻都在潜移默化地影响着学生的心灵。其中,尤以教师与学生之间的人际关系状况对学生的学习和发展影响最大。教师在开展各种课外活动时,与学生平等相处,尊重学生的自主意识和人格,以自己高尚的道德情操、优良的个性品质,为学生创设良好的学习环境。孔子曾说:"其身正,不令而行;其身不正,虽令不从。"国外教育家认为,教师的世界观、品行、生活、对事物的态度,都这样或那样地影响着全体学生。学生的能力、志向、才干的培养,没有教师个性对学生个性的直接影响,是不可能实现的。因此,教师的人格作用是巨大的,从教师人格的源泉中涌现出教育的力量。教师人格是教师自我完善的最高境界。有了它,学生的心灵就拥有了一片"最灿烂的阳光"。凡是成功的教师,无不以人格之光烛照学生的心灵,潜移默化地影响着学生的人格。教师作为人类灵魂的工程师,在教育工作中需要不断地对学生进行启发引导,针对不同学生的不同特点进行积极的、主动的、富有成效的工作;同时,更要以自身人格魅力为学生树立榜样,感染和教育学生,培养学生正确的人生观、世界观、价值观,塑造学生健全的人格。教师在认识、态度和感情三个方面直接影响学生。教师理想的性格有利于创造和维持一种舒适而有活力的风气,影响学生对教师及其所授课的态度以及对学校的态度。

第四，引领学生走进企业和社会。确保职校培养出准职业合格人才,要把培养目标融入学校工作的各个方面,贯穿各个环节,形成全员育人、全程育人、全方位育人的格局。让学生走向社会、走进企业,是一条重要途径。有组织地引领职教生走向社会,参观改革开放40多年的伟大成就,使学生热爱我们祖国,坚定正确方向,正确认识和分析复杂社会现象,提高思想道德修养和精神境界,树立正确世界观、人生观、价值观。有组织地引领职教生走进企业,在职业实践中促进学生了解职业、了解行业、了解产业及其发展,了解我国处于第四次工业革命的萌芽期,必然需要有大量的新技术、新产品、新工艺等待职教人才去创造、去智造,进一步增强学生的社会责任感与学习积极性。

2. 潜性课程教育原则

潜性课程包括学校校园文化活动、宿舍生活、课外活动、社团活动、行业活动等活动教育教学内容。潜性课程的"课堂"生活,作为培养学生成为社会人和职业人的舞台,在培养学生正确对待社会职业和对待他人与对己上,不论是校园文化、校园风气、校园景观,还是高职制度规章、人际关系、教师人格、思想政治等方面,在培养高素质学生和发展学生的教育原则上有如下三点基本原则。

第一,文化活动的职业性原则。培养学生在《职业指导》的认识基础上,走出校园,参加行业活动,了解产业、行业、职业的现状和发展趋势,在职业现实情境中培养职业情感,提高认识职业的能力。培养学生在"职业生涯设计指导"的认识基础上,参加校园文化活动、课外活动、职校宿舍生活、社团活动等各种实践,学会认识自我、分析自我、对待自我、调控自我、优化自我,培养认识自我的能力,做到身心健康,提高职业生涯设计的能力。

第二,社会活动的交际性原则。培养学生在参加大学校园文化活动、课外活动、宿舍生活、社团活动,以及走出校园、走向社会的各种实践行动中,与社会和职业人交往,与校友交往,与同学相处,学会严于律己、宽容待人、悦纳他人,竞争不伤人,与人共事,和谐相处,提高在社会中交往中的基本能力。

第三,训练活动的素质性原则。职校生应积极参加院校组织的各种"素质拓展训练"实践活动,全方位提高素质。学会在实践活动的客观环境中,运用认识自我和评价自我的方法,自觉"反省",做好转化工作,将所学内化为自身素质。见表11.7。

表11.7　显性与潜性课程应遵循的原则

课程类型	教学原则
基础课程(含政治和语数外音美体等)	1.基础性原则;2.工具性原则
技术课程(含专业技术与职业技术)	1.技术性原则;2.综合性原则
技能课程(含实训课程与行动课程)	1.职业性原则;2.操作性原则;3.多样性原则
潜性课程(含文化环境、开展活动、教师人格、走进社会企业)	1.职业性原则;2.交际性原则;3.素质性原则

二、坚持职教课程的五个教学环节

（一）认知

教学认知就是认识事、认识物、认识信息、认识概念、认识规律、认识人以及它们的集合和关系。职教学生认知就是:事是什么、如何做事、如何做人,以及认知方法和技能。也就是通过对信息比较、分析、综合等策略、方法等进一步提升和认识事是什么、如何做事、如何做人,这三方面是高职学生应掌握的应用知识内容,也是职教学生向这个方向发展的内容。概括地说,认知包括两方面,一是认知信息,二是认知策略。国际上普遍认可的美国著名教育心理学家R.M.加涅的分类法是将人类学习结果分为:认知信息、认知策略、心智技能、动作技能、态度五种。

（二）态度

态度反映对事、对人的认知、情感的内部准备状态和倾向,并决定个人一定类型的行为。教学就是要培养学生明确和树立对事、对人应有的正确的态度。职教学生向这个方向发展的内容,学习的态度应有三:第一,对与同学、教师、家长、朋友、亲戚等任何人交往都应有的正确态度;第二,对课程、对专业、对学习、对学校制度和纪律应有的正确态度;第三,对将要从事的当代职业岗位人群应抱有的正确态度。"态度"作为学习结果分类中的一种,是国际上普遍认可的。

(三) 行动

行动、实践、活动等内容就是一个字——"做",这是职教学生最重要的学习内容。不论是认知信息,还是认知策略,都不能停留在这个认识阶段,学生必须在一个正确态度的指导下,进一步"做",去实践,去行动,去活动,在做的过程中形成经验知识、习惯品质和动作技能,提升和深化认知水平。在职业教育教学过程中"做"的内容是很丰富的,在校园、到企业、去社会进行的实践有很多。除了显性课程的实践教学环节,潜性课程的很多活动、训练,都是在有目的地在做事,在教育学生成人做人。"做"的过程不是一次就完成的,是要经过反复重复,最后形成一种自动化的动作方式或内化为自我的稳定心理状态,形成动作技能和品质,才算完成。实践行动内容不同,形成内容也不同。有关道德方面的内容,使个人的习惯和品德形成;有关动作方面的训练,使技能形成。反复实践于校园、企业、社会,其主要目的在于使学生形成经验知识、习惯品质、技术技能。

(四) 引评

引评是对已经完成任务或者正在进行任务的人,有一个情感导向上的价值取向或结论。引评既是对结果和过程进行的评价,又是一个教育导向、一个引导。引评分类因根据不一样而有多种,引评形式和内容也是多样的。最简单的分类有自我引评、他人引评。学生可以通过认知学习、态度学习、实践学习,通过一点一点的事,一滴一滴的肯定和否定(评价),一步一步地长进,形成好的素质。引评不是对事、对物、对概念、对原理、对知识、对技能本身的评价,而是对做事的、掌握知识的、掌握技能的人进行评价。对知识的了解、理解、掌握、应用、综合、分析、评价等层次的评价,是对掌握程度的评价,这种评价属于认知和认知策略范畴,与这里讲的引评对象是不一样的。简单讲,评价是对"事",引评是对"人"。引评区别好差、优劣、长短,有利于学生避差、避劣、避短、扬好、扬优、扬长,有利于导向和评价。引评是激励,是提高学生主观能动性,使学生自信、自尊、自强、自立的教育方法,更是形成稳定的长久保持的状态所必须进行的教育。对于高职学生的教育,引评必不可少,具体内容是对认知学习点滴长进、态度学习闪光亮点、实践学习变化进步的导向和评价。

(五) 内化

教育的成效最终是看是否形成"高技能、高素质"。"高技能、高素质"是一个累积过程,是一个不断内化的过程。"高技能、高素质"是形成一个稳定的状态而内化的综合品质。可以说,没有内化过程,也就没有"高技能、高素质"。因此,除了进行认知学习、态度学习、实践学习与接受导向与评价教育外,还要不断地自觉地将学习内容自省内化为状态稳定的优良品质、创新意识、职业素质,以及转化为认知能力、情绪能力、社会能力,才能成人成才。职教课程教学过程的价值取向内容如表11.8所示。

表11.8 职教课程教学过程的价值取向内容

环节	目标内容	具体内容
认知	(1)认知信息 (2)认知策略	(1)事是什么的应用知识,及其认知方法与技能 (2)如何做事的应用知识,及其认知方法与技能 (3)如何做人的应用知识,及其认知方法与技能
态度	(1)对人正确态度 (2)对事正确态度	(1)对与同学、教师、家长、朋友、亲戚等任何人交往都应有的正确态度 (2)对将要从事的当代职业岗位人群应抱有的正确态度 (3)对课程、对专业、对学习、对学校制度和纪律应有的正确态度
行动	(1)积累经验知识 (2)形成习惯品质 (3)掌握动作技能	(1)反复实践于校园,形成经验知识、习惯品质、技术技能 (2)反复实践于企业,形成经验知识、习惯品质、技术技能 (3)反复实践于社会,形成经验知识、习惯品质、技术技能
引评	(1)正确导向 (2)正确评价	(1)学生认知学习点滴长进的导向和评价 (2)学生态度学习闪光亮点的导向和评价 (3)学生实践学习变化进步的导向和评价
内化	(1)做人素质 (2)职业能力	优良品质、创新意识、职业素质(品质) 认知能力、情绪能力、社会能力(本领)

三、坚持职教课程的基本教学方法,是激励职教生产生内生动力

坚持职教课程最基本的教学方法是激励学生的学习动机。根据教育实践,有6个方面应特别注意,即明确目的—培养兴趣—产生需要—实践活动—成功需要—形象自尊。首先,我们要明确学习动机的概念,再阐明如何激发学习兴趣。

(一)学习动机的含义和分类

学习动机是人类行为动机体系中的重要组成部分,是教育需要、社会需要、经济需要在人们头脑中的反映,是直接推动人们学习的内部动因。学习动机包括学习理想、学习意向、学习愿望、学习兴趣、学习爱好、学习价值、学习需要等内容。学习动机按起源分为直接和间接动机,按性质分有短效和长效动机。

比如,某同学对建筑很感兴趣,在画图过程中可以体验快乐。这种因学科内部本身的内容和活动而产生的学习动机叫直接动机。某同学因为无机化学实验,看到许多

好玩的变化,他很感兴趣,这种因外部情境性外力产生吸引的学习动机叫短效动机(当外部情境消失时,兴趣可能消失)。某同学对高等数学不感兴趣,但是他对航空航天活动很感兴趣,当他了解高等数学在航空航天事业中的作用后,开始认真学习高等数学。这种因了解学科的学习意义,而间接改变学习态度的学习动机是间接动机。当间接动机以自己的学习意向为主导时,就达到了较高的、长时间起作用的水平,这种学习动机叫长效动机。

职教生应逐步地从低水平的直接、短效动机学习转化为高水平的间接、长效动机的学习。学习动机能够引发学习行为,导向学习目标,强化或弱化学习活动的力量。

(二)激发学习动机

职教课堂生活中要根据学习规律和理论激发学生的学习动机,发展学生优势。激发学生的学习动机要使学生完成两种转化。第一,从"要我学"到"我要学、要学好"的被动到主动的转化;第二,从"短效、直接"到"长效、间接"动机的转化。职教课堂生活中,研究激发学习动机,可以从"目的—兴趣—需要—实践—自信—自尊"六个角度出发。

1. 明确目的。教学要使学习者明确总的学习目的、每一门课程的学习目的、每一节课的学习目的。教学要使学习者明确教学目的与学习者本人发展的关系,与本人的需要的关系,从而对学习产生驱动作用,培养学习的自觉性,产生长效动机。

2. 培养兴趣。兴趣是带有浓厚情绪色彩的认识倾向。教学要注重趣味性、生动性、直观性。教学一开始,就使学习者对该门课程有好感,激发学习者的兴趣,产生短效动机,逐步培养使其转化为长效动机。孔子说:"知之者不如好之者,好之者不如乐之者。"说明被动学不如主动学,主动学不如有兴趣地学,兴趣激励学习动机是很重要的。

3. 产生需要。需要是最直接、长效、带有理性的活动。教学活动要引向职业岗位的要求。比如:某职教汽车维修专业某学生对专业不感兴趣,但是对汽车兴趣很大,能够识别多种汽车的型号、牌子和特点,很想成为一名汽车机械师。教学时应根据这一事实,通过各种活动,使学生明白必须好好学习并掌握汽车机械师职业岗位需要的知识和技术,这样才能成为一名优秀的汽车机械师,培养学习者对专业内容和活动本身的学习需要,产生直接动机。

4. 实践活动。社会实践、生产实习、教学实习、教学实训等实践活动是最积极感性的活动。教学中必须安排职教生参加社会实践、生产实习、教学实习、教学实训等职业实践活动,它可使学生了解、掌握有关职业岗位的知识、技能、技术,体会职业道德和对待职业工作应有的态度,发现差距,提高学习的积极性,培养学习的自觉性,增加长效动机。

5. 成功自信。成功反馈是学习活动的一个重要且必需的过程,也是与学习联系很强的内容。教学中的学习任务和考题设计要适中,要了解学生学习的实际状况,不要唯书、唯上;要使学习者经过努力,能够看到进步和成功的希望,树立和保有自信心;要及时地发现学习者的变化,即对每一知识点、技能点,每完成一道练习题、一次作业,每总结一节知识与技能结构等大大小小的学习变化和进步,都要运用激励、打气、表扬、奖励等强化手段,巩固学生学习的成果,提高学生学习的积极性,增加直接动机。

6. 形象自尊。职教生在学习实践中建立的具有优势的自我形象,以及维护自我形象的自尊需要,能形成一种强大的内部动力。教学要认识到每一位职教生都有优势,但职教生未必都能发现潜能,挖掘潜能,发展自我优势。教师要积极引导职教生充分认识自己,发掘潜能,发展自我优势。比如,强调"我动手能力强""我接受能力强""我形象思维能力强"等,在各种实践活动中就会认真维护这种自我形象,处处表现出由这种自我形象而产生的强大内部动机。

参考文献:

[1] 刘来泉. 世界技术与职业教育纵览:来自联合国教科文组织的报告[M]. 北京:高等教育出版社,2002.

[2] 国家教委职业技术教育司,国家教委政策法规司. 中华人民共和国职业教育法释义[M]. 北京:红旗出版社,1996.

[3] 萧静宁. 论人脑潜力的开发[M]. 北京:人民出版社,2004.

[4] 鲁洁. 对"过有道德的课堂生活"课题的几点建议//南京师范大学道德教育研究所编. 教师研习读本二[M]. 南京:南京师范大学出版社,2005.

第七节　附篇 浅谈课程设置原则

原则是主观的,认知是主体经调研总结后,作出的符合客观的主观认知。笔者就调研总结看法抛砖引玉,与同行切磋。

一、基础课程设置有可接收性、衔接性、基础性、差异性、目的性原则

（一）教育对象年龄段的文化知识程度与认知水平不同,须考虑可接收性。

（二）不同层次、不同阶段的课程设置,上下前后的学习阶段,须具有衔接性。

（三）基础课程须务实、必须、够用,是技术课程与技能课程的理论基础,具有基础性。

（四）基础课程内容的宽窄厚薄,因职业教育层次、专业、目标不同,具有差异性。

（五）基础课程目的是培养学生为国敬业劳动的人生观基础,为民创造财富勤业劳动的价值观基础,为高质量产品精业劳动的科学观基础。基础课程是培养高素质人才的基础,具有目的性。

二、技术课程设置有前瞻性、量需性、创新性、理论性、超前性、实用性、目标性原则

（一）前瞻性

学习《中华人民共和国国民经济和社会发展第十四个五年规划和 2035 年远景目标纲要》，学习研究我国数字经济发展规划，使技术课程设置具有前瞻性，与国家规划顶层设计吻合。

（二）量需性

我国数字经济与传统经济发展正呈现新老交互、破立并存现状。2035 年实现"数字中国""数字强国"目标，数字经济占比超过一半。职教培养技术人才，设置技术课程应考量需求性。

（三）创新性

数字经济以数据为要素，以数字技术创新为核心驱动力，以数字网络为载体，其发展与实体经济融合。算力是数字经济时代的核心生产力，国家西算东数工程建设新型算力网络体系。2020 年我国浮点运算次数每秒达 135×10^{18} 次，为全球第二。理想是 2050 年实现复兴大业，成为数字经济强国、科技强国。关注跟进三维时空互联网技术、体验互联网技术、价值互联网技术，将创新的数据、软件、人工智能、网络等概念引入技术课程，设置技术课程须具有创新性。

（四）理论性

一是数据，包括知识与信息内涵两方面。大数据是生产要素，是生产资源。二是软件与人工智能，构成数字经济劳动力。人工智能是通过计算机程序或机器来模拟、实现人类智能的技术和方法。人工智能是数字经济关键劳动力。三是网络，指数据网络、互联网、局域网、物联网。网络是数据载体，是连接，是生产关系。数字赋能传统实物装备设备工具，推动产业数字化，须有"数据是生产要素，软件与人工智能是劳动力，网络是数据载体是生产关系"的认知。数字赋能产业，产业升级，数字产业化。数字产业化发展促进了数字技术发展，如数据中心设备、无人机、机器人、人工智能、区块链、无人汽车驾驶……也推动了产业数字化发展。因此，设置技术课程具有理论性。

（五）超前性

一是调研传统产业、行业、企业现状，产销模式、供销模式、商业模式现状，数字经济发展现状，信息化、数据化、网络化、智能化与软件发展现状，新生态、新业态，碳达峰碳中和，能源结构产业结构变化趋势。二是调研科技革命特点，前两次科技革命，科学与技术是分开的，如从蒸汽机到电气化，先有牛顿力学四定律、麦克斯韦电磁统一四个方程与电磁波的统一定律发现，后有蒸汽机与电气技术的发明推动产业变革。现代信息化、智能

化、纳米化三次科技发明,与量子科学、生命科学等是不可分割的,技术发明具有综合性,带动产业变革升级。设置技术课程要超前,要未雨绸缪地进设计。

(六)实用性

工业互联网发展是全生产要素的互联互通,而生产装备与设备互联互通是数字化经济的基础,其本质是企业数字化。它是实体经济与数字经济的融合,软件编程技术与数据生产要素要发挥其赋能作用,发挥实用性。

(七)目标性

设置技术课程为国育才。能力是做事的本领,职业教育培养学生的综合职业技术能力,可以扩展、迁移做事范围和内容。

三、技能课程设置有规律性、差异性、重要性、标准性、实践性原则

(一)主体体验观

技能是主观能动的过程,其形成具有规律性。技能课程内容要有"要领引导、主体体验、主体能动、程序严谨、反复演练"等过程,设置技能课程应考虑这个规律性。

(二)智能与技能

技能根据劳力分为动作技能与脑力技能(智能)。动作技能是通过训练人体动作与身体肌肉联系而形成的技能,反复训练后形成肌肉记忆,特点是长时不忘。脑力技能是通过训练人体动作与大脑联系而形成的技能,反复训练后形成脑力记忆,特点是记忆依各人脑力不同而不同。不同类型技能形成有不同特点,设置技能课程应考虑这个差异性。

(三)发展靠劳动

新科技与新工业革命,改变了人类的生产方式与生活方式。未来发展趋势是产业数字化,数字产业化。发展事业要劳动,要靠脑力劳动与体力劳动。因此,动作技能重要,脑力技能也重要,设置技能课程应考虑两个重要性。

(四)工艺规范性

动作技能经过经验的积累,可以形成工艺技术。如果将工艺技术编程,固化程序过程,设计为软件,则此软件称为智能软件。设计编程智能软件要有工艺标准,形成标准化工艺。因此,设置技能课程"软件制作"应具有工艺标准性。

(五)智能化实践

智能软件制作有三方面关键步骤:一是采集人体动作和脑力活动对客观物件作用及场景信息;二是对信息进行数字处理与编程;三是使各种机电光声热等设备,能精准配合,执行信息指令。信息采集、信息编程、信息执行,三步骤中的每一项都涉及大量的实

践与制作,属技能课程范畴,具有实践性,设置技能课程应考虑这个实践性。

四、模块课程设置有适应性与灵活性、查漏与补缺、就业与创业需要原则

职业教育教学内容是什么？历史逻辑和课程改革历史点滴说明,开放改革跨界合作,从校企合作形式深化到产教融合实质性内容,必然进入课程改革的研究上来。笔者研究课程含义,创建课程元素概念,跟进新时代社会经济发展需求,具体阐明四类课程设置的原则,回答职业教育应学习内容的问题。以上浅析仅限于构建"课程结构框架与新课程类型——课程元素"与"设置具体课程两项准备"的问题。关于设置"具体课程"与编写"深化产教融合教材"落地,是一个巨大工程,不在本文叙说。

第十二章 教学篇

第一节 教学的五过程

本文发表在 2010 年第 3 期《职教论坛》杂志上,题目是《谈 Ps 课程的教学》。该文以钟山学院电子工程系 Ps 课程为例,提出了课程的类型与性质,叙述了课程的技能要求与高职生的优势,阐述了认知是必要的内容、态度与践行是基础的内容、引评是重要的内容、内化是形成能力与优良品质的内容,说明认知、态度、践行、引评、内化五个方面的在 Ps 课程教学中的作用与地位。作者通过对 Ps 课程教学的研讨,试图说明这五个方面是高职教学的价值取向,是高职教学的特色内容,是培养高素质高技能人才必须明确的教学内容。

一、Ps 课程的类型与性质

(一) 类型

计算机应用已经深入到社会、经济、文化、教育、生活等各个方面,普及面很广,发展也非常快,仅计算机应用软件就有几百种。目前高职院计算机系,一般都开设了"计算机辅助设计 AutoCAD""计算机图像处理 Photoshop""网页制作 Dreamweaver""网页图像与动画制作 Fireworks 与 Flash""电子设计自动化 EDA""多媒体技术 Authorware"等计算机应用软件类专业课程。Ps 课程是"计算机图像处理 Photoshop"课程的简称,是计算机应用软件类专业课程。Ps 软件是美国 Adobe Systems 公司设计的,是世界上目前最强大的平面设计软件之一。从 1989 年开始生产 Ps 2.0,到现在生产的 Ps 10.0 CS3 的中文版本,该软件已有近 20 年的历史了。Ps 软件普遍用于印刷业、广告平面设计、网页图像制作、数码摄影后期制作等。

(二) 性质:Ps 课程是实践行动课程,具有技能性质

1. 应用性:Ps 软件用来设计、制作、绘制各种图像,以及对图片效果进行处理、渲染和美化,具有实用性。以把握 Ps 软件为宗旨而开展的"计算机图像处理 Photoshop"课程,显然具有应用性。计算机应用软件类专业课程,如为介绍 Dreamweaver 这个制作精

美网页的软件而开展的"网页制作 Dreamweaver"课程,及为介绍 AutoCAD 这个用于工程图纸零件绘制的软件而开展的"计算机辅助设计 AutoCAD"课程,等等,都具有这种性质。

2. 操作性:设计、制作、绘制各种图像,以及对图片效果进行处理、渲染和美化,都需要上机进行操作,都需要熟练掌握与使用菜单与工具箱。讲授此类课程,不需讲多少理论,须强调实践行动,主要讲授该软件如何使用和操作。

二、技能要求与高职生优势

（一）Ps 课程教学的技能要求

1. 把握 Ps 课程的性质:应用性与操作性;

2. 熟练掌握 Ps 软件的安装;

3. 熟练掌握 Ps 软件菜单与工具箱的应用;

4. 应用菜单与工具箱的各种工具,设计、制作、绘制各种图像,及对图片效果进行处理、渲染和美化。

（二）高职生优势

人总有优势,也会有劣势。当前的关键在于弱化劣势,强化优势,发扬优势。高职生的大学阶段是从青春期向成年期过渡的重要时期,是将步入社会从事工作、开始职业人生的重要准备阶段,是决定能否取得职业生涯发展成功的重要准备阶段。高职生选择高职教育进行学习,成为"高素质高技能"人才,是有潜能和优势的。某高职院心理咨询中心对高职生进行了一项问卷调查,说明了他们在这方面的潜力,其结果如下。

1. 学习专业方面。首先,68％以上的学生有明确的职业理想,专业满意率达 80％。毕业成材率高、社会接纳率高,毕业生就业率稳固在 95％。另外,技能证书通过率高,劳动部执业资格证书一次通过率 80％。其次,有强烈学习要求的占 77％,对学习有兴趣和比较有兴趣的占 88％。98％的学生有兴趣并能够熟练地利用网络获取信息资料。再次,发展自我愿望较强烈,动手能力强,全院有较强的表现自我、彰显个性、显示能力的欲望与实践的学生占 75％以上。

2. 做人素质方面。首先,在进取向上方面,要求入党的高职生占学生总数 1/3,参加入党培训的占 1/4,三好学生占 4％,优秀毕业生占 10％。其次,在道德培养方面,从利己不损人向公私兼顾转化的占 71.2％。再次,在素质拓展方面,80％的高职生参加学院的各类社团,提高与人交往、开展活动等方面的能力,在文艺体育方面突出,成绩显著。在课余时间开展了网页制作大赛、辩论赛、演讲比赛等一系列的拓展综合素质的活动。

三、认知是必要的内容

认知的价值取向是"只讲是什么,不讲为什么;配图精讲,讲演结合;分清真假是非善恶；坚持辩证法，坚持实践论"。主要教学内容是：

1. 讲清做什么，只讲是什么，不讲为什么。了解 Ps 课程的技能性质，它的应用性与操作性；了解 Ps 软件如何安装，不讲为什么要这样安装，不讲原理，只讲程序；了解 Ps 软件菜单与工具箱各种工具的应用。以上三个了解，也就是认知 Ps 软件是怎么一回事，不讲 Ps 软件的编程原理，不讲为什么是这样而不是那样。技能性质课程不过多讲理论。

2. 讲清如何做，配图精讲、讲演结合。讲清如何做，是要讲清程序知识，要围绕程序"配图精讲、讲演结合"。精在时间分配上，配图讲解程序与操作演示的时间不能多，精在精讲重点。"配图精讲、讲演结合"的目的是让学生记住程序。这是应用程序进行设计、制作、绘画，以及对图片效果进行处理、渲染和美化的第一步。在讲清各种工具与菜单后，可采取案例教学或项目教学综合模式，使学生初步掌握软件的使用。

3. 讲清如何做人，分清真假是非善恶。如何做人的教育不是穿鞋戴帽式的教育，而是融合。比如，运用 Ps 软件调整修饰照片要分清与正确使用三个层次：一是亮度、色彩、饱和度、锐化等调整，运用于纪实与新闻；二是以自我感受为标准，有图层加工等，可去掉不必要的部分，运用于艺术摄影，或者是绘画艺术；三是先有创意与构思，再有意识地拍取素材进行创作，运用于创意作品。曾有一张选入世界摄影展的《西藏铁路》新闻照片，照片上四周奔跑的鹿就是通过 Ps 用两张不在同一时期的照片合成的，因属于假新闻而被除名。曾有一张带有希特纳纳粹符号的学生绘画创新作品被选，审查后发现后，被认为是非善恶不分，也被除名。

4. 讲清认知方法与形成技能，坚持辩证法，坚持实践论。对于具有应用性与操作性的课程，特别强调：在实践中，在感性中，在行动中，在做的过程中进一步去感悟、去认识方法与形成技能的规律，学习认识做事做人的道理，并内化为品质，反对死背条条框框。

四、态度与践行是基础的内容

（一）态度

态度的价值取向是"对人对事，正确导向"。态度反映对事、对人的认知，情感的内部准备状态和倾向，并决定个人一定类型的行为。应用 Ps 软件进行调整、设计、创作，要明确对事、对人应有一个正确的态度。结合德育教育，Ps 课程的教学内容主要是：学习对 Ps 课程、对学习本身、对学校制度的正确态度；学习与同宿舍、与同班同学、与教师家长、与朋友亲戚等交往、生活、学习的正确态度；学习对将要从事的当代职业岗位人群（生产实习等机会多）的正确态度。

（二）践行

践行的价值取向是"形成技能，反复地练，举一反三"。学习认知与学习态度是认识层面，还要在反复实践中、在行动中、在活动中、在做的过程中，在践行层面使认知深化，形成经验、习惯、技能。

1. 形成技能:形成技能是指在实践中形成技能。什么是技能? 技是手艺,能是本事。技能是手艺本事,是一种动作方式,是使用材料、操作工具、控制设备达到目的的动作方式。Ps 操作技能,是在白板或图像材料上,使用 Ps 菜单与工具箱的各种工具,操作、控制计算机键盘与鼠标,达到设计、制作、渲染、美化图片等目的的动作方式。因此,熟练掌握使用键盘工具、鼠标工具、Ps 菜单等各种工具就十分重要。前面的叙述中,记住操作程序是需要的,记忆程序是基础能力(职业不同,基础能力要求不一样。机械、建筑等,识图是基础;驾驶等,反应与判断是基础)。但,更重要的是要练。练习才能使认知深化,才能形成技能,才能形成职业能力。

2. 反复练习:学会使用 Ps 窗口工具与菜单,这是教学第一阶段。教学配图精讲一种程序,学生牢记一种程序的步骤与方法,在操作中反复地练,形成技能。在此基础上举一反三,"举一"都不会,不可能"反三"。

3. 举一反三:运用 Ps 窗口工具与菜单,这是教学第二阶段。学生在反复练习、反复操作中实现升华,主要体现在 3 个方面。首先,比如老师配图精讲"添加图层"与"复制图层"的一种方法时,在应用阶段反复练习过程中如果能悟到多种方法,即为举一反三。举一反三是关键能力,条条道路通罗马,要学会通过多种方法达到目标(调整、设计、创作)。其次,通过完善练习学习通过一个程序找到一个方便快捷程序。最后,能根据菜单中的"帮助"与"上网"等资料进一步学习,自学软件,培养创新能力。

五、引评是重要的内容

引评的价值取向是"认识自己,发掘潜能、发展优势提高能动性"。引是教师身体力行,是全方位的导向;评是评价。引评是重要的教学内容,具体阐述如下。

(一)引评的含义与重要性

1. 含义:引评是对已经完成或者正在进行 Ps 学习与操作的高职生,做一个情感引导向上的价值取向或结论,是对学生认知学习点滴长进、态度学习闪光亮点、实践学习进步变化的导向和评价。

2. 重要性:从教师角度看,导向是师德与责任。从内容、过程、原则上看,反馈与评价是工作环节的一部分,既是教学过程也是重要的教学内容,也符合发挥教育对象的主观能动性,增强其自信自尊、自强自立的教育原则。从方法上看,评价激励学习动机。学习动机是人类行为动机体系的重要组成部分,是需要在头脑中的反映,是推动学习的内部动因。学习动机能够引发学习行为,导向学习目标,强化或弱化学习活动的力量。

(二)引评的目标要求与方法效果

1. 目标:Ps 教学课堂有教学目标与图像资料,使学生明确学习 Ps 课程与自身的关系。练习操作有标准公示与评价根据。

2. 要求：Ps教学课堂要巡回指导；学生操作有快慢，要及时导向、纠正、小结；要使教育对象充分认识自己、发掘自身潜能、发展自身优势，形成内部动力。

3. 方法：导向对人，评价对事。结果要引评，过程也要引评，以Ps教学过程中引评为主。评价多元化，形式多样化，从目的、兴趣、需要、实践、反馈、形象等方面，激发学习动机。

4. 效果：实现3个转化。一是从要我学到我要学，从被动到主动的转化。二是从我要学到兴趣学，从主动到乐意的转化，正如孔子所说："知之者不如好之者，好之者不如乐之者。"三是从"短效、直接"到"长效、间接"学习动机的转化。

六、内化是形成能力与优良品质的内容

内化的价值取向是"促进内化、形成能力、道德修养"。什么是内化？教学为什么还要推动与促进教育对象的内化工作，其重要性在哪里以及内化的具体内容是什么？具体说明如下。

（一）内化的含义

内化是做人做事形成稳定状态的心理倾向的过程，是形成做事本领与做人修养的过程，也就是形成能力与品质的过程。

（二）重要性

1. 高职教育成效最终看是否培育出高技能高素质人才。高技能高素质是一个累积的过程，不断内化的过程。一次态度正确，一次践行成功是相对不太困难的，形成习惯、形成稳定状态的心理倾向就不是那么容易的了，需要长期反复内化，形成能力与优良品质。

2. 认知、态度、践行、引评教学最终需要学生将所学内化为稳定状态，形成认知能力、职业能力、社会能力，最后成人成才。

（三）内化的内容

1. 巩固练习Ps软件的安装，举一反三地学会一般软件安装方法；练习Ps软件菜单与工具箱的使用。

2. 采风、设计与创作，进行图片处理与绘画，参加社会活动，展示或交流作品，是拓展思维培养创新的途径。

3. 走出校门走向社会，了解、体验做社会人；了解企业情况与要求，进行社会实践、生产实习、教学实习等积极的感性活动，了解职业岗位职业能力要求、职业道德要求，了解、体验做职业人。推动与促进内化，形成稳定状态的心理倾向，形成能力与优良品质。

参考文献:

[1] 许高炎.论高职教育的教学策划[J].职教论坛,2008(20):42-45.

[2] 许高炎.高职教育项目教学法的实践与研究[J].职教论坛,2008(10).

[3] 许高炎.高职教育"有价值取向课堂生活"的原则、内容与方法:高职教育"有价值取向课堂生活"的研究之三[J].职教论坛,2007(3下):4-8.

[4] 许高炎,徐飞.综合实习[M].北京:高等教育出版社,2002.

[5] 王军伟.面向21世纪中等职业学校课程与教材体系改革的研究与实验[M].北京:高等教育出版社,2001.

第二节 职教重实训课

本文定义了实训的概念,阐述了重实训的道理,分析了如何进行实训教学,以及说明了实训与能力的关系。

一、什么是职业学校的实训?

实训是职业技术教育发展过程中产生的一个新概念,它是职业方面的操作技能的培训,具体说来,就是教师按其定向职业,系统地全面地传授知识和技能,通过学生的实际操作,使其掌握职业的工具设备和基本功,提高动手能力,达到独立操作的目的,从而培养学生的劳动观点和职业道德观点。显然,实训比培训的外延小一些,内涵多一些,但又不同于实习。实习不体现教师的主导作用,它受生产过程制约和不同生产岗位制约。可以这样说,实训是基础阶段,实习是实训的应用和发展。实训—实习—生产是职校造就各种应用型、工艺型人才的三个发展阶段。

二、职校为什么要重实训

（一）由职校的培养目标、性质和特色决定

职业技术教育与普通教育的根本区别就是培养目标不同。普教培养的学生不论是升大学或者是进中专、职高、技工学校或者是就业,只能是"半成品"(指从事职业劳动),他必须经过"加工"(就业前培训),才能胜任职业劳动。职校培养目标就是造就熟练的技术工人,即"纺织娘黄道婆""赵州桥石匠李春""木结构建筑匠师喻皓"类型的人才,他们是"成品",出校门就直接能从事职业劳动,能直接将所学知识转化为生产力。因此培养目标决定了职校要加强职业方面的实际操作技能的培训。

（二）经济发展的后劲要大，就必须加强实训

1985年5月，邓小平同志在第一次全国教育工作会议上说过：我们国家，国力的强弱，经济发展后劲的大小，越来越取决于劳动者的素质，取决于知识分子的数量和质量。劳动者的素质包括专业技术知识的掌握程度，职业技能的熟练程度，生产组织管理才能的具备程度，以及劳动态度等。经济发展的后劲要大，就要求职校培养的学生具备劳动者的素质，具备熟练的职业技能，这就要求职校加强实训。

（三）国外职业教育成功的经验就是重实训

联邦德国有的职校一年级累计8周实训（1星期，4天上课1天实训），二、三年级64周（1星期，4天实训1天上课），总计72周，文化专业课仅48周。实训占总周数60%[实训/（实训＋文化专业课）＝72/120＝60%]，实训的比重很大。这里要说明一下，联邦德国的校外实训不是实习，与我国的校外实习内涵是不同的。因为联邦德国每一家企业、工厂都有为职校学生来厂实训准备的车间，它不受生产制约，并有职业教师按实训计划系统地全面地传授知识和技能。另外，职校学生去工厂实训受到职业教育法保护。工厂培训学生是义务，达不到实训要求的，学生可以告状，工厂要负法律责任。

以上从职校本身、经济的发展以及外国的经验说明必须重实训。否认了重实训的必须性，就否认了职校本身的存在意义。这一点与旧传统观念"学校是读书的地方""劳力者治于人""小人动手"是格格不入的。

三、如何加强实训

（一）实训要有空间。建设实训基地是搞好实训的前提，南京建教中心在江苏省教育厅、南京市教育局、市建工局的关心和投资支援下，建成了1 500 m² 的实训大楼。实训大楼有三层六个车间，最多可一次安排200位学生实训操作，基本满足实训教学需要。

（二）实训要有时间。南京建教中心一、二年级在校内实训，一学期集中六周，总计24周，三年级校外实习46周，实训、实习占总周数53%。

（三）实训要有组织机构。成立生产实训处，作为组织管理机构，它负责安排教学计划，其次供给设备、工具和实训材料，还要管理实训工厂。实训车间配有管理员，制定了管理制度、安全制度等，发给学生手工工具、工作服，并备有工具包和工具箱，责任到人。

（四）实训要有素质较高的职业教师。实训教师与理论专业教师就其素质来说不尽相同，实训教师除具有好的政治素质、品德素质、知识素质、教育素质之外，还应特别强调实践素质和身体素质。

（五）实训要有教学大纲、计划和教材。目前，我国还没有专门机构制定实训课教学大纲、计划和编写教材。我们自力更生，正在实践中探索总结。

（六）实训要有"实训课"的教学规律。实训要按"目的实践与再认识"的实训教学规

律上课,它具体化为六程序的教学过程,即"业务演练程序教学法"。(注:参阅《职教通讯》1986年第2期第37页)

四、重实训与培养动手能力的辩证关系

（一）实训是传授知识和技能,并用来培养学生动手能力的

重实训与培养动手能力是不可分割的。传授技能是基础,没有这个基础是谈不上培养动手能力的。正如上文化课,传授知识并在知识内容的基础上培养能力一样,是不可分割的。

（二）技能和动手能力又是有区别的

技能是完成职业任务的实际操作方式,动手能力是指完成这样(指前者)操作方式的能力。

1. 重实训,传授了技能,并不等于提高了学生的动手能力。职业教师必须注意学生以下七个方面:①正确使用职业工具和设备的能力;②学会职业方面操作基本功的能力;③掌握职业方面操作规范,注意安全操作的能力;④认识职业图纸的能力;⑤选材配料的能力;⑥按图纸要求独立作业的能力;⑦解决碰到的实际困难的能力。

2. 以上这七个方面的动手能力如何培养？总的说来,动手能力的培养和提高要寓于传授知识技能之中,不把重实训理解为单纯让学生操作。具体说来:①讲解要领,要讲如何正确使用工具和设备,讲训练要求,讲图纸,讲操作规范;②职业教师要示范操作,个别学生也可上台表演操作,边示范边讲操作要求;③布置作业,如操作目的、步骤、要领、安全操作事项、作业内容、规范化要求、完成时间、允许误差、评分标准、作品视图等;④在学生操作中巡回指导,指导学生动手动脑,引导学生去发现操作中的问题,因材施教;⑤注意收集学生动态操作信息,个别学生的操作问题可能是全局性的、共性的,学生从实践到再认识的飞跃,动手能力的培养,是要在教师发挥主导作用,学生能动作用下完成的;⑥处理信息,分析小结,学生通过实践懂得了道理,就产生了质变,培养了动手能力,再去操作实践,肯定比前一次操作有所提高。

总之,重实训,传授技能和培养动手能力都是很重要的,它们既有联系又有区别,只有提高对它们辩证关系的认识,把握实训和规律,才能既传授了技能又培养了动手能力。

第三节　演练程序教学

南京建教中心是一所由联邦德国资助的建筑职业技术学校,经过两年半的办学实践,学校提出把学校办成"教学、实训(实习)与生产、经营"的联合实体的目标。这四个方面有各自的质的规定性,但又有联系,它们统一在培养目标中。下面就"教学、实训、生产、经营"中的一个方面——实训课,来谈几个问题。

一、什么是实训课的业务演练程序教学法

业务演练程序教学法是针对实训课提出来的。实训课是为发展职业技术教育而产生的一种新的课型。

实训课是指按其定向职业,系统地传授知识和技能技巧,并使学生通过实际操作,达到熟练掌握其职业工具、量具、刀具、设备等基本功的目标;并逐步做到能独立作业,从而培养劳动观念、职业道德观念以及认识世界、改造世界所必须具备的解决实际问题能力和动手能力的一种课型。

实训课与其他课型是有区别的。它不是传授知识和培养能力并重,而是侧重培养学生的实际操作能力,也不同于理化科目的实验课。后者固然侧重学生实际操作,但它偏重在归纳规律、演证规律、探索规律,或理化常数的定量测定上,没有超出认识世界的范畴。前者不仅有认识世界的内容,而且包括改造世界的方面。

实训课具有课堂教学的特点和规律,但是它又具有它的个性,即实训课的质的规定性。我们根据实践,在去年针对实训课的教学过程中,提出了业务演练程序教学法。所谓业务演练程序教学法,就是实训要按组织教学—要领讲解—示范演练—布置任务—学生演练与巡回指导—评分、小结、清理六个程序来进行。按照这六个程序来完成实训教学任务的方法就是业务演练程序教学法。

南京建教中心实训课就是按业务演练程序教学法来完成的,并将其纳入实训课教案规范中去贯彻执行。经过一阶段的实践,效果良好。

二、为什么实训课教学是这样的程序

我们把业务演练程序教学法的第二个程序要领讲解,和第三、四个程序的示范演练,布置任务学生操作,归纳起来称作"目的型实践",把第五个程序巡回指导和第六个程序小结评分归纳起来称作"再认识"。这种归纳是根据每一程序进行的具体内容而总结的。程序的具体内容,我们在后面介绍实训课的具体做法时再详谈。因此六程序的理论问题就转化为组织目的型实践—再认识—清理程序的过程。其理论根据是:

1. 实训课一头一尾要进行组织教学和清理的道理是显而易见的。学生要操作,就必须在操作前作好组织安排。学生操作后,就必须有成果,同时要保证"下一堂课"有一个文明卫生的环境。再则要进行职业道德教育,使之出校前接受文明生产规范素质的训练。

2. 在组织教学完成后,为什么要进行"目的型实践"呢?有五个原因。

第一,是定向职业培训的目的决定的,围绕着传授学生将来从事的职业需要的技能技巧。

第二,是为了缩短培训时间。学生在实践操作中通过自己摸索去掌握的技能技巧或者在工厂车间、工地当学徒,师傅传授的零散的知识和技能,只是经验性的,谈不上知识技能的系统性和科学性。我们讲的"目的型实践",是指学生在学校获得知识、技能的认识、改造活动,是领受人类已经积累起来的知识和技能的活动,是一种"再生产科学技术"的活动,走的是认识、改造世界的捷径。因此,可以通过教与学的双边活动,通过"目的型实践"达到短期内掌握系统性和科学性的职业定向性的技能技巧。

第三,从教育心理学的观点来看,目的型实践可以激发学生学习操作的动因,发挥学生的学习能动性。

第四,是吸取"文革"中"开门办学"的教训。形式上学工(农),即使学到一些技能技巧,这些知识也是零碎的、不系统的,甚至是缺乏科学性的,而且与学生将来的职业又是无关的,充其量是有限度地达到认识客观的目的。所以"文革"中的"开门办学"不是职业定向性"目的型实践",也不能在短期内将学生培养成为有职业性的熟练的技术劳动者。

第五,借鉴联邦德国的成功经验。联邦德国 20 世纪 60 年代经济起飞,逐渐变成经济强国,其"秘密武器是职业培训"。我们参观联邦德国职业学校的实训课,很受启发。他们的实训是有计划、有目的地系统进行的,因此学生经过限期而严格的培训后,就能够获得职业定向性的技能技巧。

3. 巡回指导和小结评分的意义有以下几个方面。

第一,学生在操作过程中不一定都能完全按教师的要求去办。学生知识水平、心理素质和生理条件是不一样的,在完成教师布置任务的过程中,必然出现差异,也会出现这样那样的问题和错误。所以教师必须巡回指导,启发学生思维,纠正错误,培养能力。

第二,学生实践后能不能转化到再认识,是有条件的。这个转化条件是教师要发挥主导作用,在巡回指导中了解、收集学生的各种信息,经过师生的双边活动,小结、分析、评议这些问题,以确定正误。这样,就能产生认识上的飞跃,从"目的型实践"飞跃到"再认识"上去。经过第二次循环,传授的技能就会有一个突破性进展。所以,"目的型实践"后的程序就是安排一个能飞跃到"再认识"的转化条件,即巡回指导和小结评议程序。

综上所述,实训课的业务演练程序教学法是根据马列主义认识论,学生的心理因素、生理条件、认识事物的规律和教学实践而总结出来的一套程序化教学法。

三、我们在实训课的教学实践中是如何贯彻业务演练程序教学法的？

下面我们就六个程序谈谈具体做法。

（一）组织教学

包括上课形式、科学分组、配备工具材料。

1. 明确上课形式，稳定教学秩序

内容决定形式，实训课的内容决定了实训课的形式。我们一般是一天上三个单位时间实训课。上午两个单位时间，中途休息20分钟，下午一个单位时间。一个单位时间是100分钟。实训课是"课"，就要有上课的形式。车间是课堂，因此，它也具有一般上课的形式。只有实行严格的上课组织形式，才能保证执行严格的程序教学。

2. 科学分组，培养学生组织管理能力

由于实训课有大型作业的教学内容，需要协同作战，因此分组要科学。根据学生身心素质、身材高矮、动手能力等诸因素进行搭配。每组一般四人（依实训内容决定），组长实行轮流制，负责小组的组织管理，安全操作，互教、互学、纪律等。另外学生要穿戴职业工作服、鞋、帽等，做好进入动态教学前的静态组织准备。

3. 配备工具材料，保证程序教学的正常进行

为了保证程序教学正常进行，我们按瓦、木、钢混、管、电五个工种的不同要求，给每个学生备有一套手工工具和工具箱（包），责任到人。车间设有管理员，负责材料的准备供应，配合实训指导教师工作。

（二）要领讲解

"要领"就是高度概括的本质内容。实训课的要领内容是什么？讲解要领的原则是什么？

1. 要领讲解应重点讲清三方面职业实训内容

一是讲清专业工具、量刃具、设备等的正确使用，规范和保养。如木工的锯、刨、凿、斧、钻、墨斗等手工工具的有关知识和使用的技能技巧。二是讲清基本功的训练要求。如砖头的调头翻身、满刀灰。砌24与37墙、丁字墙、马牙槎、母槎、24与37清水窗台等就是瓦工的基本功。三是讲清图纸、尺寸、规定，要求独立完成作业。

2. 讲解要和物结合，要"少而精"，要"三化三不讲"

第一，所谓"少而精"，即传授知识技能的时间不宜过长，这就是"少"。因为技能掌握主要需要通过学生实际操作来实现。内容上要突出重点，围绕实训要领三方面内容来展开，这就是"精"。第二，展开时要注意不要讲过深的理论，不要讲过复杂的问题，不要讲过于抽象的概念，即"简单、通俗、形象"三化。

3. 讲解要强调操作规范的重要性,激发动因

学生要操作就应该让他知道为什么要这样操作,从而激发学生学习的积极性、主动性和自觉性。如砌筑粉刷车间。某老师在精讲抹灰这个课题时,先让学生看他实际操作,做好后用线锤一垂吊,直尺一量,垂直方面偏斜,不符合标准。接着老师说:"只有按正确要求去做,经过认真实际操作,才能达到国家标准。"抹灰施工不能一开始就进行抹灰,而要先做"灰饼"。

(三) 示范演练

讲解要领,强调操作规范的重要性,激发动因。从总体上来说,尽管对书本知识的讲授是必要的,然而还需要紧跟示范演练程序。

1. 教师示范,学生演练,以示范为主

如木工老师讲解打榫眼,凿子刀要走路,斧子用后,其把子直立放在腿上,锯三间榫,是"先大,后小、再中间"以后,教师再示范,学生才知道讲解的这三句话的实在内容。若再叫个别学生演练给全班同学看,就会引起学生们的极大学习兴趣。

2. 示范演练与讲解的操作要点和操作安全结合。

老师示范时,要一边操作,一边讲解,还要分解动作,说明操作要点。当学生演练时,不论操作正确还是错误教师都要配合说明。由于学生眼看操作,耳听要领,正反两面"信号刺激"强烈,容易记得牢,学得会。还要配合动作讲安全操作,这一实训程序是不可忽视的。教师在备课时,须思考可能的不安全因素,以及收集实际上已经发生的不安全操作的事例,配合示范强调安全操作要领、注意事项及为避免大小事故的发生而采取的措施。

(四) 布置任务

1. 布置任务要注意内容的可持续性和符合生产实际需求

内容的再次性是指从基本功的操作练习到独立作品的完成过程中,对于学生使用过的材料,要注意尽量使它不变成废品而变成半成品,使它成为下一次操作练习的"原材料"。所谓生产性就是学生使用过的材料应该直接或间接转化为生产成品。这不仅可以节省材料,培养学生节省材料的美德,而且还可以使他们了解每一步规范操作所起的作用和产生的效果,加强学生的责任心。如一年级某班训练"刨"基本功,学习拼缝用了二米不到的木条,到了二年级该班学生仍用自己刨过的木条(半成品)进行操作,制作"木窗帘盒"。学生制作好的"木窗帘盒"作品,再用在教学操作中,就转化为生产品,因此学生的操作也就带有生产性了,提高了学生操作的积极性。这也是教学、实训、生产、经营四者之间,实训与生产的统一。这种统一表现在实训向生产的转化上,实训向生产转化的条件是操作内容具有再次性和生产性。

2. 布置任务要服从业务技能演练和学生身心发展的规律

没有一定的劳动量,培养技能、掌握基本功是不可能的。如"锯"基本功的练习,要锯 100 m 长的木条为 250 段,一定的劳动量使学生将推拉锯的活动方式,转变为技能,达到推拉锯这一项基本功过关的目的。实践证明,经过对基本功的严格要求和训练,生产复杂的门、窗、板车、梯子就不费劲了。技能演练是通过积累一定的劳动量,从简单到复杂、从易到难、从基本功到独立作品的,欲速则不达。我们强调掌握基本功要有一定的劳动总量,但也要注意他们的健康。

3. 布置任务要有明确的操作要求

除在黑板上写明确操作要求外,还要在学生操作前发放"学生操作报告"。它包括操作目的、操作步骤、操作要领、安全操作事项、作业内容、规范化要求、完成时间、允许误差、评分标准、作业成品的视图等项。

(五)学生演练与巡回指导

学生按布置的任务进行演练,这时进入动态教学程序。教学的双边活动,要以学生为主体。教师如何发挥主导作用?我们认为教师要在学生中巡回,这包括:

1. 指导学生动手、动脑,培养能力

在教师巡回指导过程中,学生往往会提出很多问题。会提问题往往比解决问题还难。创造思维的初级形式是发现问题。我们要培养的是开拓型创造劳动的人才,而不是"仓库型"的劳动者,因此对他们在劳动中产生的这样那样的思想火花,要启迪,培养他们动手动脑习惯,培养相关能力。

2. 个别和全面指导相结合,因材施教,注意不安全因素

教师在巡回指导时,要善于发现错误操作并及时纠正,提醒学生注意不安全因素。根据错误普遍程度,也可临时集中全班讲解。另外也要注意培养动手能力强的学生,对他们可以适当提点,让他们动手动脑,手脑并用,因材施教。

3. 教师巡回收集学生动态操作信息

学生在操作时,个别问题也可能是全局性的、共性的,学生从实践到再认识的飞跃,必须在发挥教师主导性、学生的能动性下完成。所以教师在巡回指导时,只有不断地采取多种形式记录这些操作中的问题,也包括成功的但是不自觉的操作——有针对性的实际素材,加以指导,才能帮助学生完成这次飞跃,实现从实践到再认识的转化。

(六)小结评分清理

1. 评分:师生结合,以师为主,动静结合,以动为主

每个学生都有一份《实训记分册》,全面考核学生实训成绩。它按出勤、劳动态度、操作规范、作业、工具保养、卫生等项目分别计分。各个操作小组由组长负责,每周评议一次,最后由实训老师给出考核评语和成绩,师生结合,以老师为主。平时的每一项作业都

有计分标准。譬如"清水砖墙的砌筑方法"的训练,作业评分标准是:垂直度 15 分,平整度 15 分,灰缝平直 10 分,砂浆均分 10 分,游丁走缝 7 分,砖块选择 5 分,墙面清法 10 分,按时完成 10 分,安全操作 8 分,综合印象 10 分。学生根据附图尺寸独立在一天半内完成,记载一个成绩。从评分标准可以看出,实训成绩有动态和静态两部分。如全面考核计分中的劳动态度、操作规范和安全操作、综合印象等是"活"的,需要在操作过程中评定,我们叫动态计分;另一部分作品作业、出勤等是"死"的,可以在操作前后评定,我们叫静态计分。以动态计分为主,动静结合。

2. 处理信息,分析总结提高

巡回指导程序中收集的各种信息,譬如"按正确使用锯子的方法操作,为什么有的同学感到费劲,而有的就省劲呢?""榫眼顺木纹大小尺寸在画线内,遂木纹不要求那么严格,为什么?"要认真处理,并将其作为这个程序分析总结的素材。对错误操作也要分析总结。譬如老师在总结木模定型及制作时,用三十分钟时间强化学生操作时的"干扰信息"以便分析错误产生的原因。他找了两位学生当众重复操作,结果,有一位学生忘记在锯掉部分打"×"。教师就进一步强调为什么要画线。事虽小,但是只有严格要求,认识才会进步。学生通过实践懂得了道理,就产生了质变,再去操作实践,肯定比前一次操作有提高。"感觉的东西不能深刻理解它,只有理解的东西才能更深刻地感觉它。"这句话强调了收集把握各种信息后,再去分析总结提高,处理信息的必要性。

3. 要做到"个人车间工具"三清理

清理包括三个方面,一是清理工具、量具;二是清扫工作台、设备和车间;三是个人卫生,洗手、换工作服等。以上业务演练程序教学法的六个程序,是我校通过教学实践—总结经验—再实践而初步总结的。随着教学实践的发展,我们将不断地丰富这个程序教学法的内容。

注:

此文发表在 1986 年第 2 期《职教通讯》上,题目是《略论实训课的"业务演练程序教学法"》。撰写过程是:联邦德国驻校专家霍尼克先生,从 1983 年学校开办开始,传授德国实训教学经验,即实训程序 17 条,并用在全国第一所中德合作的职业学校——南京建筑职业技术教育中心实训教学上。经过职业学校两年的教学实践,负责教学、外事等方面的杨教副校长,将 17 条概括为组织、讲解、示范、任务、演练、总结六个程序,后由教导主任许高炎负责总结撰写,于 1985 年 10 月 21 日晚 9 时开始,经过一夜奋战,至第二天早 9 时完成约 8 千字文稿,经黄杨审核后,送至杂志社发表。后来,原实训处主任孙佩同志把六程序教学作为制度固定下来,并制定了细则。在实训处管理部门与实训老师的努力下,10 多年来严格程序与细则教学取得了很好的效果,培养了大量高质量技能水平的学生,为国家输送了数以千计的高技能人才。

第四节 动态教学法

摘要：本文试图以大众普桑汽车为例，对驾驶技能的教学进行五个方面的研讨：一是提出驾驶技能的类型，二是叙述驾驶技能的形成过程，三是阐述驾驶技能的教学原则，四是说明驾驶技能的教学内容，五是分析驾驶技能项目的教学要领。

2006年12月20日，公安部颁布了《机动车驾驶证申领和使用规定》（第91号令），自2007年4月1日起开始执行。该规定的核心是提高驾驶技能的水平与能力，并通过考核标准的导向，使驾驶员树立安全意识，养成安全习惯，提高思想与道德素质，开文明车。该规定中驾驶技能考核项目共21个，评判标准129项，申领者须完成与协调几百个局部动作。

一、驾驶技能是操作技能

技能很重要。假如职业教育与培训不看重技能，其学生或学员缺乏技能，职业教育与培训就没有特色，学员就没有优势。那么，技能是什么呢？技能是一种做事的本事，是外在的看得见摸得着的活动方式。技能是通过有目标训练而形成的相对稳定活动方式的本事。

凡训练人体自身动作形成的技能称行为技能，凡训练人体作用于有形客体形成的技能称作用技能。作用技能以内在智力参与多少为据划分，可分心智技能与操作技能。凡训练人体动作，作用于有形客体时智力不断参与，并不断外化形成联系的技能称心智技能。凡训练人体动作，作用于有形客体可独立形成一定活动方式，智力参与不多的技能称操作技能。技能可分为行为技能、心智技能与操作技能。礼节行为、模特表演、形体训练、舞蹈、游泳、做广播操、打太极拳、唱歌、跑步行走等形成的技能多为行为技能；汽车维修、电子整机装配与维修、家用电器维修、科学实验等形成的技能多为心智技能；土建工、车钳铣刨工、中英文打字、面点制作、骑自行车等形成的技能多为操作技能。从技能分类与例子可以得出结论，汽车驾驶技能是操作技能。

二、驾驶技能的形成过程

根据"八五""九五"期间全国140多所中等职业学校参与实践研究得出的结论，操作技能的形成过程有五个程序，即：感知—理解与记忆—模仿与演练—协调与自动—综合。

根据操作技能的形成过程，分析驾驶操作技能的形成过程：

第一程序，汽车六大操作工具"离合器、制动踏板（脚刹车）、加速踏板（油门）、转向器（方向盘）、变速器操纵杆（排档）、驻车制动器（手刹车）"以及仪表、设备的感知与识记。

第二程序,联系六大操作工具、作用与其操作要领,将 21 个项目逐一分解为局部动作的操作要领来理解与记忆。

第三程序,运用六大操作工具,对每一个局部动作的模仿、操作与控制,进行反复演练。

第四程序,使 21 个项目的局部动作之间的协调,达到自动化程度,对驾驶每一个项目的操作、控制运用自如。

第五程序,对 21 个项目的配合运用进行综合,驾驶车感好,开车有节奏有度。

三、驾驶技能的教学原则

根据 20 多年职业教育与培训的实践经验,将操作技能实训教学过程总结为六程序演练教学法,后推广为一般原则,称为六程序教学原则。即:准备—精讲—示范—演练—指导—小结,也就是说操作技能的实训教学中必须要有这六项内容,至于其先后,可根据情况调整。驾驶技能教学原则的具体内容是什么呢?

第一,准备。是指实训材料、场所、工具设备的准备,以及组织人员与科学分组的准备。对汽车驾驶来说,准备是指汽车、汽油、场地的准备,是培训人员科学安排的准备等。

第二,精讲。是指少而精地对实训目的、内容、知识、步骤、要求进行讲解。少,是指说讲的时间要少,精,是指在时间少的前提下,又能把实训内容讲到位,过深过多过抽象的理论不讲。对汽车驾驶来说,精讲是汽车六大操作工具、作用、操作要领的讲解,是 21 个项目逐一分解为局部动作的操作要领与注意事项的讲解等。

第三,示范。是指实训指导教师一边对教学的操作内容、过程、安全等进行讲解,一边进行示范,个别学生模仿,多数学生观摩。对汽车驾驶来说,示范是教练边讲边示范,然后由 1 位学员进行实际操作模仿,3 位学员在车上观摩。学员在操作模仿时,一般会有这样与那样的错误,教练要纠正错误,并提出注意事项。

第四,演练;第五,第五指导。是指实训指导教师布置操作作业后,学生根据教学内容与要求进行演练、操作、练习,教师巡回观察,发现问题及时进行指导。对汽车驾驶来说,车上 4 位学员要轮流进行实训场地与真实道路驾驶。教练要做到思想高度集中,把好方向带好刹,认真指导,及时纠正错误。学员要对正确操作加强记忆,对错误操作反思认识。

第六,小结。是指在单位实训时间,对完成的实训教学作业进行小结,分析、综合成功之处,指出存在问题与注意事项。对汽车驾驶来说,教练在每位学员演练时已零星地进行了个别小结。除此之外,还应对学员整体操作演练情况进行分析、比较、综合,提高学员对驾驶操作的认识水平。学员课后还要自觉温故而知新。

四、驾驶技能的教学内容

公安部颁布的 91 号文件中 21 个驾驶技能考核项目,是进行实训教学的内容。21 个项目是：场地驾驶的"桩考、坡道定点停车和起步、侧方停车、通过单边桥、曲线行驶、直角转弯、限速通过限宽门、通过连续障碍、百米加减挡、起伏路行驶"；道路驾驶的"上车准备、起步、直线行驶、变更车道、通过路口、靠边停车、通过人行横道线、通过学校区域、通过公共汽车站、会车、超车、掉头、夜间行驶"。对21个项目进行综合与分析，有3个部分是驾驶技能训练的重点教学内容。

第一部分，局部动作操作技能。21个考核项目中每一个项目的局部动作的操作要领，驾驶控制，感觉与协调，要反复进行演练，逐步形成局部动作的自动化操作与控制驾驶技能。

第二部分，项目技能。前一个局部动作与后一个局部动作的操作要领，驾驶控制，感觉与协调的连续与节奏，要反复进行演练，逐步形成一个项目的自动化操作与控制驾驶技能。

比如"通过单边桥"项目，其中有2个前后局部动作。前一个局部动作是过左单边桥时，把握好方向盘，观察并使汽车盖上的左筋对准左单边桥中线，汽车的前后左轮开始上左单边桥，持续1~2秒钟，后一个局部动作是身体感觉汽车左前轮下左单边桥时，汽车方向盘立即动作，向顺时针方向转180度。在演练这前后两个动作时，要注意操作的连续与节奏。

第三部分，综合技能。学员对于10个项目的组合或者11个项目的组合，或者多个项目的组合、综合项目的驾驶动作操作要领、驾驶控制，要进行反复演练，提高应变能力，逐步形成与掌握驾驶技能，培养与提高汽车空间位置的判断能力、操作控制能力和综合能力，提高驾驶水平。

五、驾驶技能项目的教学要领

笔者认为"要找准视点，适当调整；要动作配合，操作协调；要体验车感，节奏有度；要有安全习惯，开文明车"，这4个方面是驾驶技能的教学要领。

（一）找准视点，适当调整

比如"通过单边桥"项目，"找准视点"的具体教学要领是：

第一，汽车盖上的左筋对准左单边桥中线，汽车的前后左轮，开始上左单边桥。

第二，在驾驶室内感觉到汽车左前轮下左单边桥时，汽车的方向盘立即动作，向顺时针方向转180度。

第三，汽车盖上的左筋对准右单边桥桥面尽头处，方向盘立即动作，向逆时针方向转280度。

第四，在驾驶室内感觉到右前轮上右单边桥时，汽车的方向盘再逆时针转100度，汽车就逐步回到原来直线行驶位置，汽车的前后右轮上右单边桥。

过单边桥"适当调整"的具体教学要领是：

第一,因为各人情况不同,高矮不一样,前面提到的视点或感觉的时间就有先有后,就须适当调整。

第二,比如高个子学员,比一般人提前看到汽车盖上的左筋对准右单边桥桥面尽头处,方向盘立即动作,向逆时针方向转 280 度,汽车就有可能转多了,须向顺时针方向回一点,也就是不到 280 度;若是矮个子学员,比一般人滞后看到汽车盖上的左筋对准右单边桥桥面尽头处,方向盘立即动作,向逆时针方向转 280 度,汽车就有可能未转到位,要向逆时方向再打一点,也就是要超过 280 度。

(二)动作配合,操作协调

比如"侧方停车"项目,"动作配合,操作协调"的具体教学要领是:

第一,使用倒挡,右脚踩离合器踏板至半联动状态。右脚要压住离合器踏板控制速度,多压一点,汽车慢退;少压一点,汽车快些。头侧向右后看。

第二,头侧向后看,当观察到前方第 1 根杆子超过汽车右后小窗约 10 厘米时头回正,顺时针方向打 1 圈半。转动方向盘的速度与半联动的程度有关,手脚应配合好,协调动作。

第三,完成好顺时针转动方向盘的动作后,应及时观察左后视镜。当汽车的左后角边对准后方第 4 根杆子时,快速把方向盘向逆时针方向打死。按要求全部进入库内,不压线出线的关键在左脚控制离合器踏板,从而控制速度,并与手转动方向盘的速度配合好。处于"初半联动"位置,转动方向盘速度慢一些;处于"高半联动"位置,转动方向盘速度快一些。

第四,当车头左角对准库前方左边第 1 根杆子时,踩离合器踏板后踩脚刹,抬手刹后移空档,松离合器踏板与脚刹。

第五,踩离合踏板,挂一挡,打左灯,放手刹,压半联,把握速度出库。

第六,当汽车前右角离开库前左边第一根杆子约 30 厘米后,快速向顺时针方向转动方向盘。

第七,当汽车窗前右雨刮器根部对准前方黄线时,向逆时针方向转动方向盘。注意左脚压住离合器踏板控制速度,与方向盘转动配合。当逆时针转动到车头正时,再向顺时针转动,使车头正车身直,车身直后停车。

(三)体验车感,节奏有度

车感是指方向感、手感、脚感。方向感是对方向盘的感觉,与汽车实际方向行驶的吻合程度。脚感是左脚对离合器踏板,右脚对油门与脚刹的感觉,与汽车实际行驶效果的吻合程度。手感是对排挡的感觉,与汽车实际挡位的吻合程度。

比如"超车"项目,"体验方向感,节奏有度"的具体教学要领是:

指导学员体验"在超车行驶中的方向感",判断"方向盘控制的方向,与汽车实际上行驶方向相吻合"的程度;判断"汽车的位置与其他车辆的位置"的运动距离;正确把握、控制方向盘,避免动作生硬,注意超车时的节奏,有目的地培养目测能力,做到平稳超车,有礼有度。

比如"直行"项目,"体验手感,节奏有度"的具体教学要领是:

指导学员"在直行中体验手感",判断"左手把握方向盘控制直行的方向,听汽车发动机声音观汽车现行速度,右手握住变速器操纵杆时的感觉挡位";判断"变换挡位时,能根据速度变换成适合汽车现行速度的挡位",正确把握、控制变速器操纵杆,避免换挡动作力量过大、生硬,注意换挡动作的柔和、节奏,有目的地培养手感能力,做到平稳换挡,节奏有度。

比如"通过路口(或汽车站、学校区域、人行横道线)"项目,"体验脚感,节奏有度"的具体教学要领是:

指导学员"通过路口(汽车站、学校区域、人行横道线)等复杂路段时体验脚感",特别是左脚对离合器踏板的分离、初半联动、半联动、高半联动、啮合位置的感觉。使用初半联动,可以抵消下滑力(车向后溜);使用半联动,加油可以前进;使用高半联动,可以坡道起步;低于初半联动,可控制汽车没有动力;左脚抬得过高,超过高半联动位置,起步时发动机就熄火。因此左脚控制离合器踏板位置的感觉,有控制低速慢行的作用。在低挡时左脚不要离开离合器踏板。另外,右脚对脚刹轻重的感觉,以及踩油门轻重的感觉,这些都是很关键的脚感,对快行、慢行,或者变速行驶等复杂情况的处理都有关键作用。把握脚感的技能,可以有效控制汽车行驶的节奏,做到有度。

(四)有安全习惯,开文明车

公安部颁布91号文件的核心是通过考核标准的导向促使驾驶技能的教学培养学员的安全意识,使其养成安全习惯,提高思想与道德素质,开文明车。举两例说明。

第一,增加了安全驾驶、文明驾驶和谨慎驾驶意识的评判要点,突出了安全意识的考核,重视驾驶员安全习惯的养成,提高对驾驶员观察、感知、判断的能力的要求。如:行驶中视线离开行驶方向超过2秒;超过20秒不通过后视镜观察后方交通情况;通过积水路面遇行人或非机动车时,有不减速等不文明行为驾驶时;上车前不绕车一周检查车辆外观及安全状况,打开车门前不观察后方交通情况时;会车时不按规定使用灯光;等等,都不合要求。

第二,凡与安全有关的内容都提高了要求。如:"限速通过限宽门"项目,增加了"不按规定路线、顺序行驶";"曲线行驶"项目,增加了"车轮驶出边缘线"、"车轮轧路边缘线";"通过连续障碍"项目,增加了"车轮驶出边缘线";"起伏路"项目驾驶,增加了"通过起伏路面前不减速";"坡道定点停车和起步"项目,增加了"起步时车辆后溜";"侧方停车"项目,增加了"碰擦桩杆","车辆在入库停止后,车身出线";等等。这些都是不符合要求的情况。

参考文献:

[1] 王军伟.面向21世纪中等职业学校课程与教材体系改革的研究与实验[M].北京:高等教育出版社,2001.

[2] 中华人民共和国交通运输部.安全驾驶从这里开始[M].北京:人民交通出版社,2005.

[3] 萧静宁.论人脑潜力的开发[M].北京:人民出版社,2004.

[4] 皮连生.教育心理学[M].上海:上海教育出版社,2004.

[5] 韩永昌.心理学[M].上海:华东师范大学出版社,2005.

注:

本文原名为《谈驾驶技能训练的教学》,作者许高炎,发表在2007年9月(下)的《职教论坛》杂志上。

附:

南京交通狮麟驾驶学院领导:

  老年学员许高炎在贵院学习驾驶,经过半年的培训已毕业,获得了驾驶小汽车的C1驾驶证。为此,我要感谢郭胜勇、张克强、胡尉、蒋宏民等一批教练对一个老年人学习驾驶,乐于承担这个艰巨任务的态度。他们付出了艰辛的劳动,不嫌弃老人,反复指导,一丝不苟,只讲奉献,不图回报。

  另外,他们具体指导、示范、演练了场地驾驶"找准视点,适当调整;动作配合,操作协调"的技能学习要领,详尽讲授了道路驾驶"体验车感,节奏有度;安全习惯,开文明车"的技术要领与职业道德。他们教学有方,教无定法,因人而异,法有优法。他们是一批优秀的实训指导教师,他们很受我们学员的欢迎与尊重。在此,我代表一批培训学员对"狮麟"的教练与管理服务工作人员的敬业精神表示衷心感谢!

  顺颂夏安!

老年学员 许高炎
2007年7月20日

蒋宏民教练:

  你好!

  我在"狮麟"学车感觉很愉快,也很成功,衷心感谢你为我,一位老年学员学车,付出了有针对性有成效的辛勤劳动。

  顺颂夏安!

老年学员 许高炎
2007年7月30日

第五节 故障排除法

摘要:本文简介了电脑的构造,叙述了电脑的常见故障,初步判断了故障原因,提出了排除故障的方法,最后用一简表进行了概括。

电脑是高职生学习软件应用,上网学习、探索、交流的工具。了解一些电脑的常见故障,在实践中逐步学会排除这些常见故障是有实际意义与价值的。

一、电脑构造简介

(一) 电脑构造

1. 构造:电脑构造有软件与硬件两大部分。软件的种类很多,新开发的软件也很多,发展变化相对较大。硬件是看得见摸得着的设备,包括主板、硬盘、U盘、软驱、显示器等等十多种设备,新开发的硬件不太多,发展变化相对较小,各类型大规模集成电路块及其功能没有质的飞跃。

2. 主板:主板是承载所有硬件的平台,电脑的所有相关设备,都必须通过其支持,才能实现其目的功能,它对整个电脑稳定运行具有极重要的作用。如果主板某些功能失效,电脑就不能正常工作。

3. 故障:电脑常见故障,一般来自硬件主板,与主板上的主要器件有关。

(二) 主板上的主要器件与主要功能

1. 中央处理器。中央处理器又称微处理器,是一个集成块,缩写为CPU。它的功能是处理各种信息,解释和执行程序指令。它的特点是小电压大电流。工作电压小到 1.2~2.5 伏特,或 0.8~2 伏特,工作电流大到 45 安培左右。电流大热量多,温度就高,一般可达 90 度。因此,电脑都要用风扇散热,当然也包括笔记本电脑。

2. 北桥芯片。它的功能是负责处理内存和显卡等信息。显卡分两种,一种是整合在北桥集成块里面的;另一种是单独的,可插入插槽内,叫独立显卡。内存一般是外插的。

3. 南桥芯片。它的功能是处理硬盘、网卡、声卡、U盘接口、扩展条(一般为白色的长条,可插入增加的功能元件)等信息。

4. 输入输出芯片。用字母 I 表示输入,用字母 O 表示输出,输入输出芯片用 I/O 表示。它的功能是向电脑输入数据和从电脑提取数据,负责鼠标、键盘、打印机等设备的连接。键盘等是输入设备,打印机等是输出设备。

5. 电源盒。它的功能是为电脑的一些设备提供电源。电源输出电压是 12 伏特处，是为电风扇等供电；电源输出电压是 5 伏处，是为 U 盘接口等供电；等等。

（三）与常见故障有关的设备位置图

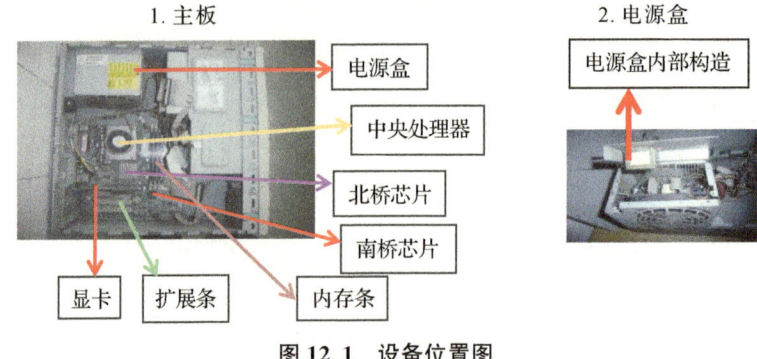

图 12.1　设备位置图

二、电脑常见故障与排除

（一）不显示

1. 常见故障：显示器正常，主板电源风扇运转正常，CPU 风扇运转正常，指示灯正常。但是，电脑屏幕不显示。

2. 故障原因：一般是北桥芯片连接的内存和显示卡出现了故障。

3. 排除故障：第一，"拆下"，拆下内存条。第二，"洁条"，用橡皮或用细铁砂纸清洁内存条上"金手指"。第三，"洁槽"，用橡皮或用细铁砂纸清洁北桥芯片旁的内存插槽，并用毛笔或排刷清洁槽内垃圾和灰尘。用以上方法处理后，一般情况下电脑屏幕就恢复正常。第四，"显卡"。如果屏幕还不显示，那就是显卡出现了毛病。如果是独立显卡，只需拆下独立显卡，购买同规格显卡换插在槽内即可；如果不是独立显卡，"显卡"装在北桥内，那就需要换一个同规格的北桥芯片了。用以上方法处理后，电脑屏幕就会正常显示。

（二）花屏

1. 常见故障：如果显示屏内出现各种各样花色或者是红绿蓝中的任意两色，这就是花屏。

2. 故障原因：一般是独立显卡的插槽，有垃圾或灰尘了。

3. 排除故障：第一，"拆下"，拆下独立显卡。第二，"洁槽"，用橡皮或用细铁砂纸清洁独立显卡的插槽，并用毛笔或排刷清洁槽内垃圾与灰尘。用以上方法处理后，电脑就会恢复正常，屏幕正常显示。

（三）死机

1. 常见故障：电脑在工作时，鼠标、键盘会突然不起作用，也就是死机。

2. 故障原因：一般是中央处理器散热功能出现问题。

3. 排除故障:第一,"拆下",拆下中央处理器的风扇。第二,"清灰",拆下中央处理器的风扇,清洁风扇灰尘。第三,"细看",仔细观看一下,风扇散热片下的硅胶与下面的中央处理器上的硅胶是否干枯。第四,"上胶",如果硅胶干枯(电脑用了几年后,硅胶会干枯),在散热片下与中央处理器上,加上硅胶。第五,"安装",按照原样,装上散热风扇,电脑恢复正常。

(四)黑屏

1. 常见故障:电脑在工作时,有时显示屏全黑,屏幕不显示,这就是黑屏。黑屏时间很短,然后电脑又自动重新启动。

2. 故障原因:黑屏一般是南北桥芯片有垃圾或灰尘引起的故障。

3. 排除故障:第一,"吹尘",使用电吹风,在南北桥芯片旁,吹走附近的灰尘。第二,"洗脏",将95%的酒精斜灌入散热片与南北桥芯片间,去除垃圾与灰尘。第三,"吹干",用电吹风将酒精吹干,一般电脑恢复正常。

(五)不启动

1. 常见故障:打开电脑电源,绿色指示灯亮起,但是电脑不启动,不开机。

2. 故障原因:一般是电源电压低,伏特数不够。电压低,一定是电解电容损坏了。

3. 排除故障:第一,"查看主板上电容",——查看主板上的电解电容器是否鼓包、漏液,如果有鼓包或漏液,说明电容已坏,更换一个同规格的电容即可;第二,"查看电源盒内电容",打开电源盒,—— 查看电源盒内的电解电容器是否鼓包、漏液,如果有鼓包或漏液,说明电容已坏,更换一个同规格的电容,一般更换后电脑就会恢复正常。

(六)无声

1. 常见故障:电脑在工作时,没有声音。电脑外壳部分有绿插孔与蓝插孔,是输出接口。绿插孔插耳机,蓝插孔插音箱;而红插孔是输入接口,接麦克风(即话筒)。

2. 故障原因:一般是声卡损坏或者是有源音箱损坏。

3. 排除故障:如果是独立声卡损坏,步骤如下:第一,"拆下",拆下独立声卡。第二,"换卡",将新买的同规格声卡插在扩展条上即可。第三,"换管",如果是有源音箱损坏,因接有电源,有功放、有 PN 结,必有整流部分(整流是半导体二极管的功能,PN 结是半导体的构造,功放是功率放大简称功放)。一般是整流部分损坏,多为二极管损坏,只要换上一个同规格的二极管即可。

(七)不能上网

1. 常见故障:电脑不能上网。

2. 故障原因:一般是网线或路由器或网络芯片的问题。

3. 排除故障:第一,"查外线",检查外接网线是否有问题。第二,"查路由器",检查路由器是否有问题。第三,"换网芯",检查网络芯片是否损坏,若损坏,就在扩展上外接一个网卡即可。

三、电脑常见故障、故障原因与排除故障一览表

序号	常见故障	一般原因	排除故障
1	不显示	内存和显卡故障	拆下内存条;清洁内存条;清洁内存插槽;换显卡
2	花屏	独立显卡的插槽较脏	拆下独立显卡;清洁显卡的插槽
3	死机	中央处理器散热功能差	拆下中央处理器风扇;清洁风扇灰尘;细看硅胶干枯情况;加硅胶;装上风扇
4	黑屏	南北桥芯片较脏	吹走南北桥芯片旁的灰尘;用酒精去除南北桥芯片间垃圾与灰尘;用电吹风吹干
5	不启动	电源电压低,电解电容损坏	查看主板上电容是否鼓包、漏液;查看电源盒内电容是否鼓包、漏液
6	无声	声卡坏或有源音箱损坏	拆下独立声卡;换新声卡插在扩展条上。有源音箱损坏,换上同规格整流二极管
7	不能上网	网线或路由器或网卡出现问题	检查外接网线;检查路由器;检查网络芯片,若损坏则在扩展上外接一个网卡

注:

此稿是作者整理、实践2011年的上课笔记后完成的。授课老师王联红,是某大型商场电脑电器维修部的高级技师,有十多年丰富的实践维修经验。此稿距今已十多年,这种主机与屏桌面分离的PC机已不多见,其实践价值已基本没有多少,但是这种维修思路方法还是可以借鉴的,故仍将其收入书中。

第六节　项目教学法

本文发表在2008年第10期《职教论坛》上,题为《高职教育项目教学法的实践与研究》。作者跟踪某高职院"项目教学法"实践的调查,在此基础上提出了"项目教学法"的来源与含义,叙述了"项目教学法"的教学实践,总结了实施"项目教学法"的教学原则,分析了推行"项目教学法"的实际意义。

一、"项目教学法"的来源与含义

(一) 来源

"项目教学法"最早见于美国教育家凯兹和加拿大教育家查德合著的《开启孩子的心灵世界:项目教学法》。"项目教学法"的理论认为:知识可以在一定的条件下通过自主建构获得;学习是信息与知识、技能与行为、态度与价值观等方面的长进;教育是满足长进

需要的有意识、有系统、有组织的持续交流活动。2001年4月,查德博士曾来中国北京讲授"项目教学法"。该教学法陆续被引进欧洲、南美、大洋洲、日本、韩国。德国引进该教学法后,联邦职教所自主创新,并于2003年7月制定了"以行动为导向的项目教学法"的教学法规。中国职教电子专业教师2004年10月前往德国进修,德方就采用"项目教学法"进行教学。

(二)含义

"项目教学法"起源于儿童教育法,各国在引进时总是结合本国情况,在不同领域使用。德国自主创新,将其应用在职业教育领域。笔者认为,高职教育"项目教学法"应有这个领域的特定的含义。高职教育"项目教学法"是高职制定、指导有实际意义的项目与计划,组织学生自主设计项目实施计划,进行自主学习、践行、操作,以培养学习能力、方法能力、社会能力与提高素质为目标的教学模式。

二、"项目教学法"的教学实践

某高职院"项目教学法"课题组,在3个专业图像处理课程中进行"项目教学法"的科研,教学实践过程总结如下。

(一)进行项目可行性研究

课题组对项目图像处理课程进行可行性分析研究,认为该课程适合用"项目教学法"进行教学。分析研究可行性有两点:

1. 课程特点:实践性强、使用广、联系多。图像处理课程操作实践性强,用于图像处理的Photoshop软件功能多,在工作、生活中使用广泛,如平面设计、网页设计、建筑效果图、平面广告、修饰照片、特效文字、界面效果、绘画、影像创意等。其他课程与图像处理课程联系也多,也要对图像进行处理。

2. 学生有兴趣。①使用Photoshop软件能产生很多奇妙的效果,学生有兴趣;②有关图像处理,市面上有很多资料,图书馆、网上也可查找,资料易获取,学生有兴趣;③学生常接触这些领域,其易与现实联系,使用价值高,学生有兴趣。因此,使用"项目教学法"时,学生能用心投入整个过程,能较顺利完成教学任务,达到预期目标。

(二)项目教学计划的制定

项目的教学计划主要有两点,必须制定好。

1. 项目教学目标:通过项目教学使学生掌握制定项目实施计划的知识,培养制定计划的工作能力;掌握收集资料的方法,培养收集、选择、运用资料的学习能力与方法能力;自主学习、践行、操作实施计划,培养实践能力、合作能力与创作能力,提高素质。

2. 项目教学任务:项目教学的教学时间为一学期,共24节课。主讲教师针对图像处理课程的内容、特点,设计了9个具体项目教学任务。

(三)自主学习前的准备

在学生自主学习前,进行项目教学时要做好如下4项准备。

1. 项目计划准备:教师要公布项目教学计划与项目任务,发放案例资料,供学生选择,方便辅导与示范。

2. 实施计划准备:将全班学生分成9个小组,每组实施一个项目。分组后学生要制定有任务分解、具体阶段、成员分工的项目实施计划。

3. 知识技能准备:教师要精讲图像处理课程的结构知识、关键知识,图像处理软件使用的基本方法。

4. 公布学习质量的评价内容、评价标准、评价方法。

(四)自主学习、践行、操作的过程

做好项目教学计划与准备后,进入学生自主学习、自主践行、自主操作阶段,大致有如下五个步骤。

1. 收集与构思:学生课外用3～4周时间,自主收集信息,检索文献,查阅资料,对项目进行构思,锻炼独立工作能力与创作能力。

2. 巡回与指导:学生课内用1周时间上机,继续收集、检索、查阅资料,构思项目。学生之间有差异,进展有快慢。教师要巡回进行了解、检查、督促、指导学生操作项目进程,把握教学动态,掌握全局,帮助后进,解决困难,充分发挥指导作用。

3. 交流与讨论:小组成员课外用1～2周时间,在组内讲解、讨论、交流项目,并推选代表在班上交流,培养团队精神与合作能力。交流后每个学生将项目设计报告作业交予教师批阅与评价。教师还要审定在全班讲授项目报告的学生名单。

4. 讲解与研讨:课内用3～4周研讨。主讲学生上讲台演示作品、阐述构思、叙述过程(每人30～40分钟)。教师要主持、导向、鼓励。其余学生针对项目作品,提问质疑,拓展思路,发展创作能力。主讲学生解答问题,互相交流研讨。全班学生用一定时间,再重复制作上台学生的项目作品。

5. 总结与提高:学生课外用1周时间,根据项目教学实施的切身经历,写1篇项目开发过程的总结和1份项目任务设计报告书,要有实践体会,有理论高度。

(五)学习质量的评价内容、标准、方法

1. 评价内容:评价内容与"知识、能力、素质"的高职教学目标一致。第一,图像处理课程知识掌握程度、项目作品成果、书面报告;第二,收集图像处理资料的方法能力,选择运用资料的学习能力,独立实施计划的实践能力,与小组成员的合作能力,项目作品的创作能力;第三,自觉遵守纪律状况与学习态度,参与小组集体活动情况与参与班级研讨的积极程度。

2. 评价标准:知识3个方面,能力5个方面,素质3个方面,共11个方面的细化标

准,分成"优、良、一般、差"4个等级进行量化,制成表格进行评价。

3. 评价方法:"项目教学法"的教学活动主要是学生自主学习、自主践行、自主操作,应提高过程的权重,应从师生、小组、班级多方面进行评价。

三、实施"项目教学法"的教学原则

实施"项目教学法"的教学原则:教师要进行针对性的项目备课;学生自主学习、践行、操作前要做好充分准备;学生在自主学习、践行、操作过程中要循序渐进,遵循规律。

(一)教师要进行针对性项目备课

教师备课除进行备教材、备学生外,还要备项目、定计划,明确教师作用。

1. 备项目就是确定项目:进行职业市场调查与可行性分析。项目可大可小,但一定要有实际意义,它可以是一项作品、一个产品、一项工程、一台节目、一桌菜肴、一门课程……

2. 定计划就是制定项目教学计划,包括项目的题目与目标、任务的内容与要求、设备场景、工具材料与信息资料、科学分组与完成时间。制定的目标要与高职培养目标一致,以培养学习能力、方法能力、社会能力与提高素质为目的。

3. 明确教师作用:教师要发挥的是指导、互导、协导、引导作用,不主导学生学习的具体过程,但要调控、组织、管理动态教学。

(二)学生自主学习、践行、操作前要做好充分准备

教师要向学生公布项目教学计划与分组名单、项目任务与完成时间,发放工具材料与信息资料。教师要精讲与项目有关的结构知识、关键知识与程序知识,以及有关操作和工具的基本使用方法。还要公布学习质量的评价内容、标准、方法。

(三)学生在自主学习、践行、操作过程中要循序渐进,遵循规律

学生自主学习、践行、操作过程要循序渐进,遵循6步回路的辩证认识过程:

1. 学生制订的项目实施计划,包括任务内容、分阶段完成内容与完成时间、小组成员分工协作安排(认识)。

2. 学生自主学习、践行、操作,培养学习能力、方法能力与独立解决问题的能力,提高自律(实践)意识。

3. 学生个人总结,小组沟通交流,培养合作能力,提高做人素质(再认识)。

4. 吸纳小组成员项目构思的长处与成功处,再学习、践行、操作,修改各人完成的项目任务内容,培养品德修养(再实践)。

5. 学生演示作品,报告项目完成的思路与行动、成果与价值,增强自信。班级与小组集体研讨,有利于学生发散思维与集思广益,培养团队精神与创造能力,提高认知水平与项目质量。

6. 采取多种形式、多种方式进行评价。学生写一篇关于整个项目教学行动的收获与提高、体会与经验的思想品德总结,以及一篇业务项目报告(再认识)。

从计划到总结,构成一个"认识实践,再认识再实践"的螺旋上升回路,是一条辩证实践路线。学生在自主学习、自主践行、自主操作过程中去学会做事,提高学习能力;学会方法,提高方法能力;在协作、交往、研讨、评价过程中去体验如何做人,提高社会交往能力与素质。

四、推行"项目教学法"的实际意义

实施"项目教学法",既是一种教法改革,也将推动教学内容、教学过程、教学管理的全面改革。

(一)"项目教学法"提供了培养高技能人才的途径与方法

项目教学从计划开始,经过"认识实践,再认识再实践"到总结,是一个螺旋上升的辩证实践方法。学生制定实施项目计划,实施操作运行,思考建构知识,实际训练技能,进行项目作品构思创作,参与小组讨论交流,上台演示、讲授答辩,师生研讨、评价小结等自主过程,有利于提高学生学习活动、社会活动、职业活动的效率和效果,有利于提高综合职业能力。综合职业能力是指生存与发展能力,即既有从事本专业相关职业活动的实际能力与行为能力,以及与职业有关的认识方法与实践方法,又有跨职业工作的适应能力、信息接受处理能力、新技术理解使用与创新能力。具有综合职业能力的人才是高技能人才。"项目教学法"提供了培养综合职业能力,实现与职业岗位无缝对接,培养高技能人才的途径与方法。

(二)"项目教学法"将有力推动高职教学内容改革与课程改革

"项目教学法"的项目可大可小,但一定要有实际意义。高职教育进行项目设置,离不开专业知识,离不开技术技能,离不开有关职业岗位所需的内容。"项目教学法"将有力推动以职业实际工作为导向(职业本位)的高职教学内容与课程的改革。

(三)"项目教学法"将有利于推动高职教学过程改革与教育工作改革

项目教学主要过程不以教师讲授为主,实践教学过程也不是按教师计划好的实践步骤进行,而是以学生自主学习、学生自主践行、学生自主操作为主的教学过程。学生"自主学习过程"与教师"主导教学过程"是有区别的。"项目教学法"将有利推动"以学生为本、以服务为宗旨"的高职教学过程与教育工作的改革。

(四)"项目教学法"将有力推动高职教学管理改革

实施项目教学,教师不是学生具体学习过程的主导者,不起直接的主导作用,而是指导、引导、协导者;是项目内容的设计者,项目计划的制订者;是动态教学的调控、管理者。实施项目教学,学生的自主性强,自由度大;教师备课量增加,动态管理事务多,对教师要求也高;学习质量评价出现多元综合复杂情况。思考教学管理如何适应这些变化,将有利于推动高职教育教学管理改革。

参考文献:

[1] 钟山学院《课堂教学价值取向研究》课题组.高职教育"有价值取向课堂生活"的课程——高职教育"有价值取向课堂生活"的研究之一[J].职教论坛,2007(2).

[2] 钟山学院《课堂教学价值取向研究》课题组.高职学生全面重点"适应"与"发展"——高职教育"有价值取向课堂生活"的研究之二[J].职教论坛,2007(4).

[3] 钟山学院《课堂教学价值研究取向》课题组."高职教育""有价值取向课堂生活"的原则、内容与方法——高职教育"有价值取向课堂生活"的研究之三[J].职教论坛,2007(6).

[4] 许高炎,徐飞.综合实习[M].北京:高等教育出版社,2002.

[5] 姜大源.职业学校专业设置的理论 策略与方法[M].北京:高等教育出版社,2002.

[6] 王军伟.面向21世纪中等职业学校课程与教材体系改革的研究与实验[M].北京:高等教育出版社,2001.

[7]《中国职业技术教育》编辑部.光辉的事业 成功的探索——全国优秀职教教学成果论文集锦:上、下册[M].北京:高等教育出版社,1999.

第七节 综合技术法

微视频综合项目制作的含义是什么?为什么职教生要进行微视频综合项目制作?其必要性是什么?微视频综合项目制作有哪些类型?职教生要进行哪些资料内容准备?微视频综合项目制作的知识与技能要求是什么?本文最后对职业教学提出了微视频综合项目具体的三点教学建议。

一、什么是微视频综合项目制作

微视频综合项目制作,是将图片、照片、动画、视频、文字、解说、对话、歌曲、音乐等资料,通过电脑应用软件进行编辑加工,综合形成叙事的、说理的、故事的等视频文件的过程。编辑加工软件,有简易的会声会影编辑软件,还有 Premiere pro CS4 软件(用于电影剪辑、广告制作、电视台资料加工编辑等)……电子演讲报告、微电影、动画广告等都是微视频综合项目制作所含的内容。

二、微视频综合项目制作学习必要性

（一）培养综合能力需要

1. 非计算机专业：非计算机专业开设单一课程、使用单一应用软件为多。比如应用软件 Ps，动画设计，等等，没有微视频综合项目这样需要应用几个软件、多项内容、多种综合知识、多种技能的内容。开发微视频综合项目制作学习内容，有利于培养职教生综合实践能力。

2. 计算机专业：某院信息与电子工程系计算机专业开设的课程是："计算机辅助设计 AutoCAD"课程、"计算机图像处理 Photoshop"课程、"网页制作 Dreamweaver"课程、"网页图像与动画制作 Fireworks 与 Flash"课程、"电子设计自动化 EDA"课程、"多媒体技术 Authorware"课程。计算机应用软件专业课程，虽然涉及综合内容，但是没有系统的综合实践项目训练内容。微视频综合项目制作，可以作为理工科综合实践课程补充，强化培养职教生的心智技能与文理综合能力。

（二）适应就业创业需要

1. 适应数字信息市场：我国社会经济飞速发展，据报道，近期在原有职业名录下又增加新职业 300 多个。我国职业教育为适应这个巨变，要增设专业与课程，培养有特色的社会主义建设者。党的十九大后，我国进入新时代，信息技术融入第一、第二、第三产业。特别是制造业，人工智能制造层出不穷，无人机、人脸识别、无人驾驶汽车、生产流水线的智能机器人……机电、光电、信息数字、互联网＋，实体与虚拟，硬件软件等技术一体化领域前景广阔。我国自主制造的纳米级（10^{-9} 米）超大规模集成半导体芯片、图形处理器 GPU 芯片、数据运算与控制器 CPU 芯片、可编程的 FPGA 芯片，为研发、生产综合信息数字软件技术奠定了强大的物质基础，也为综合信息数字项目实践操作的技术人才提供了广阔的发展空间。人工智能、大数据等信息数字技术将成为科技发展的重要领域。

2. 适应就业创业需要：从技术层面来说，微视频综合项目制作实践内容的实施，可提升职教生信息数字方面的综合技术能力，为职教生进一步独立创业打下良好的综合信息技术基础。从职业市场来说，扩大就业面，增加了就业的机会。

（三）客观条件现实需要

1. 客观条件：从目前职教生的经济条件来说，自备一部手机与一台 PC 电脑基本是可行的。有了这两样设备，大致上就可因陋就简地从事微视频综合项目的制作了。但是这不是没有教师指导的自主学习，微视频综合项目作为隐性课程，学校教师须给予正确的指导。

2. 现实需要：当前我国拥有手机人口比例占世界第一，占比 2/3，几乎人人有手机。针对当前职教生无目的地使用手机的状态，开发微视频综合项目实践操作这种内容，具有发挥手机作用导向与正确引领使用作用，使学生既有兴趣又能提升综合能力和就业创业本领,是一举两得的好事。

三、微视频综合项目制作类型与资料准备

(一) 微视频综合项目制作类型,归纳为 3 种

1. 说理视频文件。就是把一个事情的道理,以影片的形式说清楚,这里有 3 方面的设计内容,即"道"是什么、"理"是什么、讲道理的逻辑过程。

2. 叙事视频文件。就是用丰富的图片、照片、视频、文字、语言、对话、歌曲、音乐等资料,通过软件的整合把一件事情叙述清楚。也就是讲述事情发生的时间与空间、事情涉及的对象、事情发生的经过与结果。

3. 故事视频文件。故事类型多种多样,这里讲的是真人真事而不是小说,因此 6 个方面都要说到位,即何人、何事、何因、何地、何时、何果。制作故事的视频文件,也有利于学生有目的地深入社会,了解身边的好人好事,宣传正能量,让自己也在编辑过程中受教育。

(二) 微视频综合项目资料准备

1. 微视频综合项目资料内容:图片、照片、动画、视频、文字、解说、对话、歌曲、音乐等资料内容。资料可以是现成的,也可以是用软件加工过的,等等。具体需要什么资料,根据设计题目与内容确定。

2. 微视频综合项目资料,根据设计时间大致可分为两类:一是事先设计好的。比如有剧情发展的剧本,演讲报告的讲稿,等等。二是事先未完全设计好的。事后根据践行情况,再详尽设计内容、补充内容。比如旅游片、纪录片、家乡片等。

四、微视频综合项目制作要求

(一) 掌握基本的技术技能

1. 会使用手机摄影:有一定的美学和光学知识,了解"光线、色彩、瞬间、构图"等基本要素,了解拍摄视频与拍摄人物、景物的基本知识。了解画面构图要注意"选主体、构画面、多形式、分层次"的基本原则。在不同的情况下,有会立意、创造意境的基本技能。

2. 会使用 PC 电脑:有一定的电脑知识,能熟悉电脑硬件构造,能熟练操作文字输入,掌握手机与电脑文件资料转换,了解将微视频综合项目资料输入电脑的方法,并会实际操作,会上网查阅、收集地理、生物、人文、历史、音乐、美学等各类知识。

3. 会使用应用软件:应用软件层出不穷,目前大概有几十万个。随着科技的发展,不断出现插件与升级,软件功能越来越强大。有的软件功能相容,有的能转换;也有的不相容,不能转换。对于微视频综合项目课程中要用到的对资料进行加工编辑的软件而言,会使用两三个就可以了,比如 Premiere pro CS4 软件、Ps 软件、PPT 软件、会声会影软件,等等。了解其基本的界面与功能,了解"制作图片视频的应用软件"的一般性,并会通

过实践进行具体操作。

(二)具备一定的综合能力

1. 整理资料的能力:对于图片、照片、动画、视频、文字、解说、对话、歌曲、音乐等资料,要有收集、分类、整理的心智技能与能力。

2. 书写文章的能力:不论是事先设计的,还是事后根据资料情况形成的,还是叙事的、说理的、有故事情节的,都需要写成文字稿,再进行加工编辑。具有一定水平的语言表达与写作能力,这是影响视频文件质量的因素。

3. 编辑综合的能力:如何选择应用软件,把电脑内的图片、照片、动画、视频、文字、解说、对话、歌曲、音乐等资料综合在一起,形成一个有条有理的、有声有色的、有事有情的视频文件,必须具备一定的编辑综合的能力。

五、微视频综合项目制作建议

(一)微视频综合项目是隐性课程。可以在学时外进行,也可是一个假期作业。为提高学生兴趣,也可将其定名为"阐释×××知识影片制作""×××旅游景点影片制作""×××人物事迹影片制作"等。

(二)微视频综合项目要进行一次"影片制作"的交流与评论,把每个学生制作的影片公开放映,相互借鉴,相互促进,培养学生相互沟通能力,培养学生正确评价事物的能力,挖掘、激发学生内源动力的学习积极性。

(三)职校院各个专业,凡开设计算机课程的,都可布置微视频综合项目这个作业,也可将其作为测试或者考核,目的在于提升综合能力和就业创业的本领。非计算机专业的,也可从最简单的视频综合项目开始做起,也可将其作为选修课进行,不断积累经验。

注:

本文是作者在游览了祖国大好河山、收集了大量摄影作品并调研了大学生毕业创业需要和制作实践体会后,总结的高职的市场教学需求。

第八节 教学策划法

备课与上课,这是教师的基本功。教师直接承担培养人才的重任,而课堂教学对培养人才来说又很重要,是主渠道。那么如何备好课、上好课呢?职教随着深入发展,对备课与上课的要求也越来越高。笔者认为:备好课、上好课的关键是做好"教学策划"。"教学策划"是职教备课的前提,又是上好课的基础。本文叙述了"教学策划"的引进与发展,阐述了"教学策划"的含义与缘由,分析了"教学策划"的特点与原则,研究了"教学策划"的调研实践与分析综合的内容,小结了"教学策划",优化以务实为导向的教学。

一、教学策划的引进与发展

（一）策划领域的引进

策划应用在各个领域，如房地产策划、营销策划、品牌策划、广告策划、公关策划、企业策划、招商策划、活动策划等。策是主意，划是设计，策划即谋划。引进教学中来，就叫教学策划。

（二）教学策划的发展

改革开放后，职教发展三十年，从职教教学实践来看，职教有 3 种类型：一是教材型；二是学生型；三是策划型。

1. 教材型

教材型职教以课程教材为依据，吃透教材，明确课程目的、地位与作用，掌握教学内容、教学重点、教学难点，制订课程教学计划；课前进行课堂教学准备，写出教案与备课笔记，确定课堂教学目的、教学任务与教学方法。教材型基本属于普教传统的教学类型。

2. 学生型

随着职教大发展，职教针对教育对象的变化与特点，开始了针对性的教学。实践教学要求教师备教材，还要备学生，要针对学生的具体情况上课，这就产生了学生型教学。20 世纪 90 年代，教研管理部门指导教学，要求教师以"说课"的形式说明课堂备课情况。教学管理部门以学生为依据，制订不同课程计划，提出 ABC 不同要求，分层次进行教学。学生型教学产生于职教的大发展阶段。

3. 策划型

随着职教深入发展，学生的就业出路是一个严峻的问题。职业市场变化决定了职教仅备教材、备学生是不够的，还要对职业市场、职业岗位进行调查，对学生的职业能力与职业素质、就业能力与创业能力方面进行谋划，创新教法，优化教学。因此，就产生了对教学的高层次要求 —— 教学策划类型。策划型产生于职教的深入发展阶段。

二、教学策划的含义与缘由

（一）教学策划的含义

经济策划是谋划推销，使人乐意接受产品。教学策划是谋划教学内容，让学生乐意接受，使学生主动学习，成为需要人才。高职教学策划是以培养技术应用型人才为目标，调研职业实践、职业教具、职教教材、职教学生，进行职业分析综合、课程分析综合、教学分析综合，谋划制订课程计划，编写上课教案，实施优化以务实为导向的教学。因此，备课与上课的内涵丰富了，外延扩大了。笔者认为，高职教师要进行教学策划，学校教学与研究管理部门也要进行教学策划，要形成一个这方面的职业教研管理系统。

(二)高职教学策划的必要性

1. 适应市场和地方经济对人才的需要

市场和地方经济对人才的要求是肯干、会干、能干。肯干是态度好,会干是会做事,能干是能力强。教学策划强调以务实为导向,强调要实践,培养务实人才,满足行业部门需要。

2. 培养技术应用型人才的需要

技术应用型人才要求是在职业技术岗位上会干能干,能以熟练的动作方式从事职业活动。教学策划的内容是物化的技术、内化的技术、物化与内化的知识体系,强调技术实践。培养技术务实人才,符合高职教育培养目标。

3. 高职教学改革的需要

高职教学改革是个系统工程。对教师备课与上课进行教学策划的要求,实际上给教师提供了直接参与高职课改和教改的平台,也是把改革落实到培养务实人才的关键。高职教学改革需要广大教师参与,策划教学提供了这种可能性。

4. 提高教学质量的需要

2006年5月10日,时任总理温家宝主持召开国务院常务会议。会议指出,高等教育要切实把重点放在提高教育教学质量上,高职教育重点放在培养技术应用型人才上。高职实施教学策划,优化以务实为导向的教学,有利于培养技术务实人才,有利于提高高职教育教学质量。

三、教学策划的特点与原则

(一)教学策划的特点

1. 目标性

任何一种策划的目标都是明确的。高职教学策划的目标是培养技术应用型人才。高职为达到目标进行教学策划。

2. 务实性

任何一种策划都是从实际出发谋划的。高职教学策划是以职业实践、职业教具、职教学生、职教教材等四项调研实践为依据,是从实践出发而谋划的。

3. 综合性

任何一种策划的方法都是统一各个方面的因素,运用综合方法进行的。高职教学策划综合的因素有3个方面:一是职业分析综合;二是课程分析综合;三是教学分析综合。

(二)教学策划的基本原则

高职实施教学策划的基本原则是:坚持1种理论,树立2个观点,反映3项特点。

1. 坚持"实践"理论

人的正确思想是从哪里来的呢?是从天上掉下来的吗?不是。是人头脑里固有的吗？不是。人的正确思想是从实践中来的：坚持从感知切入，以务实为导向，提升到理性认识；坚持主体实践，周而复始，螺旋上升；坚持辩证唯物主义的认识论。

2. 树立"主体与形成"2个观点

树立以客观学生为本的思想，教学从学生出发，树立师生互动、以学生为主体的主体观。树立知识、技术、素质三者结合的思想，树立教学循序渐进、逐步拓展深化、培养务实人才的过程形成观。

3. 反映"目标、务实与综合"3项特点

反映高职培养技术应用型人才的目标，为达到目标进行策划；反映以四项调研实践为依据，以务实为导向进行谋划；反映职业、课程、教学3个方面的分析综合。

四、教学策划的调研实践

（一）调研职业实践

1. 走访职业市场

职业有近2千种，根据专业选择，走访职业岗位。高职专业涵盖的职业大体有如下4种类型：一是分工明确责任型，如高科技流水线上的熟练操作人员；二是自主综合型，如小组团队自主生产、营销产品的人员；三是技能高移型，如数控机床的产品加工并编程的人员；四是技术手段多样型，如现代科技产品的维修工，他们不仅如"老马识途"，要靠感觉经验，还需要使用现代科技工具，如使用计算机等。

2. 职业工作实践

调研职业岗位工作相关的人、物、事：一是职业岗位工作要做什么事。包含过程、程序、技术工艺、技能，以及劳动涵盖的知识体系与知识点。二是职业岗位工作要做的事，涉及哪些东西，如何使用。包含机器设备、劳动工具、使用材料、劳动产品。三是职业岗位工作做事要涉及哪些人员，如何才能把事做好，其状况与经验是什么。包含行业产品的技术标准、操作规范、行为规则、职业道德、实践经验。

（二）调研职教教材

1. 吃透课程教材

调研高职同一课程的不同教材，从地位作用、体系结构、目标任务三方面吃透全国统一或省级统一的高职课程教材。一是课程在专业教学中的地位是什么，作用是什么。二是课程内容体系是什么，知识结构是什么。三是课程教学目标是什么，教学任务是什么。

2. 研究增删取舍

调研职业实践，研究增删取舍，其原因：一是滞后性。统一编写的课程教材周期性较长，或多或少滞后于职业市场的发展，或多或少滞后于职业工作实践的发展。二是地方性。高职普遍使用全国教材。我国地域广大，自然、经济、风俗等情况差别也大，高职一般适应地方经济发展,带有地方色彩,有其特殊的内容。三是高职课程教材未必都是精品,需要广大教师进一步完善。

(三)调研职教学生

1. 了解高职学生特点

研究教育对象的特点是实施针对性教学的切入点。高职学生特点是什么?根据某学院调查,其学生群体的特点:一是应试理论知识与能力相对较差;二是评价自我的心理、知识与方法不太足;三是技术技能学习、实践能力和素质方面有潜能与优势。各个高职院校学生群体状况不尽相同,应提倡走出系科办公室,到学生中去。

2. 把握班级学生水平

同一专业不同班级的学生群体水平也是有差异的。学生群体水平是教学的出发点,应把握学生群体水平,包括:一是知识基础;二是接受能力、学习能力、思维能力的状况。

(四)调研职业教具

职业教具是指职业教学中用到的可替代、类似或可说明职业岗位上使用的设备、机具、材料的教具。走访系科内、学院内外寻找、了解、研究如何运用职业教具,在教学中感性切入,将理论与实际结合。

五、教学策划的分析综合

(一)职业分析综合

调研职业实践后进行选择、体现、结构方面的分析综合,具体是:

1. 走访职业岗位,高职专业涵盖的职业大体有4种类型,所学专业课程属于哪一类型?或者兼而有之?

2. 调研职业工作岗位相关的人、事、物三方面内容中,在课程中具体体现哪些方面?如体体现?

3. 以走访职业市场、调研职业实践为基础,以高职教材为参考,充分以职业教具为导向切入点,为理论与实际的结合点,明确非学科的务实的课程知识、技术结构或其思路。

(二)课程分析综合

调研高职课程教材后从高职课程特性对其进行分析综合。高职精品课程主要特性是综合、应用、差异、开发。

1. 综合。高职精品课程,应根据不同职业的工作内容、要求对课程进行知识间分析整合、理论分析整合、技术分析整合等。

2. 应用。高职精品课程,应与普通高校课程相区别,这是两种不同类型的高校课程,它们应向两类型各自的优势方向发展。高职精品课程在教学计划、教学内容、教学处置或实施上,应充分反映其技术应用的特性。

3. 差异。明确高职生源在知识、能力、道德方面有较大差异,毕业学校有普校与职校的差异,因此作为有特色的职业教育内容的高职精品课程,应因教育对象差异而具有层次性、多样性、针对性。

4. 开发。高职精品课程,按"有教无类、人人有才"的教育观,重视高职生学习主体个性特点,人性化地挖掘个体潜能,在开发学生非智力因素,研发教育对象的主观精神世界内容上有职业教育的特色。编制的课程计划在时空上也留有余地。

(三)教学分析综合

调研职教学生后,制订课程教学计划,编写课前实施教案。

1. 制订课程计划

根据明确的课程实际知识、技术结构或其思路,制订课程计划,具体步骤是:第一,谋划主要项目内容或其思路,综合制订课程教学计划。第二,课程的内容与过程、认知与践行,以务实为导向,分析综合,使二者合一,确定教学目的与教学任务。

2. 编写实施教案

从高职教学内容的知识、技术、能力、素质 4 要素编写教案内容。对高职"有价值取向"4 要素的认识与分析至关重要,具体是:

第一,知识。教育类型与层次不同,知识定位不一样。高职知识定位是务实、必须、够用,是"事是什么""如何做事""如何做人"。

第二,技术。技术是掌握能做某件事的技能,也是能做一系列事、一个系统的事的能力。高职技术定位是技术应用,包含物化的各种生产建设管理服务的工具、材料、设备,及其使用;包含内化的生产建设管理服务的工艺、方法、制度;包含物化和内化的知识体系。

第三,能力。能力是完成活动的必要条件,直接影响活动和行为的效率和效果。能力是成功地完成某种活动所必需的个性心理特征,外象为人的各种本领。以心理活动为基础,高职培养能力目标定位是职业能力,包括认知能力、情绪能力、职业实践能力。

第四,素质。素质是内化的综合品质,是内隐的稳定特征,包括政治思想素质、道德品质素质、科学文化素质、身体心理素质。高职显性与隐性课程都有培养素质的具体目标定位。高职课程素质目标定位是道德素质、职业素质、做人素质。

六、教学策划的实施与处置 —— 优化以务实为导向的教学

职教发展三十年,各地区都积累了丰富的宝贵经验。笔者认为,这些成功的教学实践与经验是:教无定法,教学有法,必有优法。优化以务实为导向的教学,提高了职业教育课堂效率和教学质量。如项目教学、角色扮演、案例教学等。笔者把其归类为四大项。

1. 师生互动。谈话交流法、点评总结法、讨论启发法、头脑风暴法,师生在教学中互动,坚持以学生为主体,遵循学生认识过程的规律。

2. 感知切入。方式有实物直观、演示实验、模像直观、案例教学。在教学中从感知切入，并提升到一定的理性高度。坚持辩证的感性—理性—感性—理性的认识论。

3. 主体践行。方式有模拟教学、参观访问、生产实习、项目教学、学生实验。在教学中学生是践行主体，坚持实践—认识—实践—再认识的实践论。

4. 过程阶段。有四段教学法、程序教学法、演练六项程序法。在教学中针对学生认识事物、掌握应用知识、形成技能的学习规律，坚持学行结合、逐步深化分段进行。

综上所述，高职教学策划以培养技术应用型人才为目标，调研职业实践、职业教具、职教教材、职教学生，进行职业分析综合、课程分析综合、教学分析综合，谋划制订课程计划，编写上课教案，实施优化以务实为导向的教学。具体概括内容如下表所示。

教学类型	1. 教材型；2. 学生型；3. 策划型
策划特点	1. 目标性；2. 务实性；3. 综合性
策划原则	1. 坚持实践理论；2. 树立主体观与形成观；3. 反映策划3项特点
调研实践	1. 职业实践；2. 职业教具；3. 职教教材；4. 职教学生
分析综合	1. 职业；2. 课程；3. 教学
实施优化	1. 师生互动；2. 感知切入；3. 主体践行；4. 过程阶段

注：

本文发表在2008年第20期《职教论坛》上，题为《论高职教育的教学策划》。

第十三章 评价篇

第一节 课堂教学评价

本文是笔者在南京财经高等职业技术学校(原南京市财经学校)调研督导一年后,2006年6月27日在全体教职员工大会上,代表督导组所作的发言。此报告校内外影响较大,南京工业学院(原南京机电技术学院)督导室黄朴主任、王陵琦老师曾来南京财经高等职业技术学校向笔者索要督导报告内容。报告内容是:第一,督导简况、宗旨、程序;第二,课堂教学基本情况;第三,课堂教学情况小结;第四,好课研究——如何上好课;第五,教学建议——坚持职业教育的教学观,培养高素质高技能人才。

一、督导简况、宗旨、程序

(一) 简况

在学校校长、书记的指导下,在吴校长直接参与并具体指导下,2006年上半年笔者、张铎校长与督导组戴主任、钱老师一道"推门听课",调研了63位教师的课。

(二) 宗旨

1. 督导:课堂教学;2. 交流:反馈,与课堂教学授课人交流;3. 导向:提高课堂教学质量和教学水平。

(三) 程序

1. 通知:当天听课,当天通知;2. 听课:不作月计划、周安排,随机听课;3. 交流:听完课反馈,及时与授课人直接沟通研究;4. 研究:今天报告"好课研究",与在座各位研究"如何上好课?"

二、课堂教学基本情况

(一) 基本观点

一两节课不能反映一位教师的全面教学情况。听了63位教师的课,在总体上能掌握南京财校教师的实际教学水平和状况。

（二）基本情况

1. "推门听课"的概况：听课 40 节，好课和比较好的课 20 节，占 50%；一般的课 17 节，占 43%；稍差的课 3 节，占 7%。2. 被"推门听课"的教师：被推门听课的教师中，这次上得好或比较好的有孙国梁、朱辉、刘会萍、张新梅、盖金曙、陈云、蒋莉、周琴、钱云红、李宝玉、杭建、冯东梅、曹璟、庞晓敏、栾兆蕾、生家锋、张镭镭、周会林、唐瑞原、薛美红等。3. 被"推门听课"的教研组：被推门听课的教研组总体表现比较好的是单招组、政治组、财会二组，以及语文组和数学组。

（三）基本统计

第一，人数统计，第二，占比统计。

1. 评价教师课堂教学（人数统计）如表 13.1 所示。

表 13.1　课堂教学评价（人教统计）

序号	A级指标	B级指标	学期	人数	评价 优秀	优良	一般	稍差
1	教学目标与内容	讲清授课的目的、意义及解决的问题	第一学期	23	11	8	2	2
			第二学期	40	12	22	6	0
2		讲课内容正确无误，基本按进度授课	第一学期	23	13	5	3	2
			第二学期	40	17	19	4	0
3		根据培养目标和课程性质处理教材，突出重点，解决难点	第一学期	23	11	9	2	1
			第二学期	40	15	11	13	1
4		讲授知识和技能的信息量、密度和容量适中，深广度符合大纲要求，符合学生接受水平	第一学期	23	11	8	0	4
			第二学期	40	13	18	8	1
5	教学基本技能（能力）	严格要求，教书育人，善于组织教学，有教学动态管理的调控能力	第一学期	23	5	11	3	4
			第二学期	40	8	14	16	2
6		语言准确规范，使用普通话，语速适中，注意仪表仪态	第一学期	23	3	13	6	1
			第二学期	40	12	22	5	1
7		讲课熟练生动，教态自然亲切，启发思维，培养能力	第一学期	23	5	12	5	1
			第二学期	40	14	20	5	1
8		板书工整，布局合理，条理清晰	第一学期	23	3	9	9	2
			第二学期	40	7	25	7	1
9		根据教学需要使用实物、模型、挂图等教具，以及课件等多媒体现代教学技术	第一学期	23	10	9	4	0
			第二学期	40	13	13	13	1
10	教学过程与方法	课堂教学时间安排有序，教学环节分配合理、结构清晰	第一学期	23	4	14	5	0
			第二学期	40	8	25	6	1
11		发挥主导激励作用，调动主体积极性，探究教法，多样自如，师生互动	第一学期	23	7	7	6	3
			第二学期	40	10	20	9	1
12	教学反馈与效果	答问和作业正确率高	第一学期	23	3	10	8	2
			第二学期	40	8	19	12	1
13		学生学习兴趣浓厚，有创新精神	第一学期	23	2	13	5	3
			第二学期	40	5	23	11	1
14		好、中、差三类学生学习各有所获	第一学期	23	1	14	3	5
			第二学期	40	7	22	11	0

2. 评价教师课堂教学(占比统计)如表 13.2 所示。

表 13.2 课堂教学评价(占比评价)

序号	A级指标	B级指标	学期	评价 好和比较好的课	评价 一般和稍差的课
1	教学目标与内容	讲清授课的目的、意义及解决的问题	第一学期	81%	19%
			第二学期	85%	15%
2		讲课内容正确无误,基本按进度授课	第一学期	76%	24%
			第二学期	90%	10%
3		根据培养目标和课程性质处理教材,突出重点,解决难点	第一学期	86%	14%
			第二学期	65%	35%
4		讲授知识和技能的信息量、密度和容量适中,深广度符合大纲要求,符合学生接受水平	第一学期	81%	15%
			第二学期	77%	23%
5	教学基本技能(能力)	严格要求,教书育人,善于组织教学,有教学动态管理的调控能力	第一学期	66%	34%
			第二学期	55%	45%
6		语言准确规范,使用普通话,语速适中,注意仪表仪态	第一学期	66%	34%
			第二学期	85%	15%
7		讲课熟练生动,教态自然亲切,启发思维,培养能力	第一学期	71%	29%
			第二学期	85%	15%
8		板书工整,布局合理,条理清晰,配合讲课	第一学期	48%	52%
			第二学期	80%	20%
9		根据教学需要使用实物、模型、挂图等教具,以及课件等多媒体现代教学技术	第一学期	81%	19%
			第二学期	65%	35%
10	教学过程与方法	课堂教学时间安排有序,教学环节分配合理、结构清晰	第一学期	76%	24%
			第二学期	82%	18%
11		发挥主导激励作用,调动主体积极性,探究教法,多样自如,师生互动	第一学期	57%	43%
			第二学期	75%	25%
12	教学反馈与效果	答问和作业正确率高	第一学期	52%	48%
			第二学期	67%	33%
13		学生学习兴趣浓厚,有创新精神	第一学期	62%	38%
			第二学期	70%	30%
14		好、中、差三类学生学习各有所获	第一学期	62%	38%
			第二学期	73%	27%

三、课堂教学情况小结

（一）七成以上的教师具备优良教学素质

1. 课堂教学讲授内容正确、得当,反映出了较扎实的学科基础

第一,课堂教学目标比较明确;第二,课堂教学科学内容和思想内容正确;第三,能比较好地处理讲解应用知识、传授技能、训练技能与培养能力、提高素质之间的关系;第四,教材、课堂教学的重点和难点的处理比较恰当;第五,课堂教学容量适中、深广度把握较好。

2. 具备职业教师的基本技能,反映出较强的教学能力

第一,进行组织教学,管理教育学生;第二,语言规范,使用普通话,语速适中,注意职业教师仪表仪态;第三,讲课有条理,教态自然,表达能力较强,注意启发学生思维,培养能力;第四,能比较好地使用课件配合讲课、组织教材体系。

3. 课堂实践教学过程基本符合职业教育教学原则

第一,课堂教学时间安排有序,教学过程和结构合理,基本符合职教教学原则;第二,发挥教师主导作用,注意调动学生学习的主动性和积极性,注重师生互动;第三,根据教学目标、内容、对象选择较好的教法,符合职校生认识事物特点,多采用形象、直观、由具体到一般的教法。

(二) 三成以下的教师课堂教学存在不足

1. 对课程目标内容的职业性、实践性认识不足、研究不够

第一,课堂教学目标不明确、不具体;第二,课堂教学内容实践和行动不到位,反复练习不够,对教学内容实践性研究不够;第三,课程教学内容实用性、运用性方面不足,对该课程在专业培养目标中的地位作用认识不清楚;第四,据培养目标和课程性质处理教材时,整合增删不够,突出重点不够。另外,对本门学科课程的课程体系认识不足,表现在课堂教学目标不太明确和具体,对教学目标研究不够。备教材除了要备教材内容的知识点技能点、重点难点、教学过程、教学方法外,备教学目标、要求、学法等是职业教育教学特别强调的备课内容,这方面认识也不太够。

2. 授课教学不到位,熟练掌握和运用教学基本技能不够,教学能力缺乏

第一,严格要求学生不够,不注意进行组织教学,主导调控动态管理不够。第二,单纯完成教学任务,不注意启发学生思维、学生活动,调动学生学习积极性和主动性。对"教是为了学"没有足够认识,服务学生意识不强,人性化教育观点不强。第三,不注意发掘学生潜能,发展学生优势,把严要求和人性化教育对立起来,对其辩证关系认识不足,研究学生不够。第四,现代教育技术手段使用不够,课件应用不充分。第五,板书不规范,字小、字差、潦草。

3. 教学工作过程实施不完整,准确把握课型不够

第一,反馈是工作的一项必要的环节,授课教学工作实施不够;第二,综合训练课与考试分不清,效果不好;第三,对课堂教学的教育技术、板书认识不到位。

四、好课研究——如何上好课

好课研究导向:第一,好课研究要从具体课堂教学实践进行总结,总结为一般原则进行学习。第二,好课还要具体,如如何讲说明文?如何讲古汉语和古诗文?如何上好英语课?如何讲数学空间概念?如何上好音乐课?如何运用课件讲环保?如何学法用法?如何边讲边练边评?如何进行专业综合模拟实训?如何讲练结合上好专业复习课?如

何综合模拟考级上好练习课？如何上好计算机课，并联系实际？如何上好计算机课，讲程序、讲方法？如何上好汉字录入课？如何讲解专业概念？如何构建专业课课程教材体系上好复习课？如何分析讲解数学公式？第三，好课还要有榜样。下面具体介绍不同专业或学科的63位中的17位老师，他们是如何上好课的，便于借鉴。当然只介绍教师上课好的一面，目的在于研究如何上好课，起积极导向作用。为了开展教研组活动，采用组的形式分类研究。

9个教研组17位教师的好课列表如表13.3所示。

表13.3　教研组好课列表

序号	组名	姓名	好课内容
1	语文组	马原	如何讲说明文
	语文组	姜茜	如何讲古诗文
2	英语组	张新梅	如何上好英语课
3	数学组	陈尧	如何讲数学空间概念
4	体艺组	钱云红	如何上好音乐课
5	政史地组	李洋	如何运用课件讲环保
	政史地组	冯冬梅	如何上好法律课
6	财会专业类一组	曹璟	如何上好专业课？
	财会专业类一组	李蓉	如何进行财会专业综合模拟实训
7	财会专业类二组	庞晓敏	如何上好专业复习课
	财会专业类二组	栾兆蔷	如何上好珠算练习课
8	计算机组	生家锋	如何上好计算机课
	计算机组	张镭镭	如何上好计算机课
	计算机组	黄娟	如何上好汉字录入课
9	单招组	冯欣	如何讲解财会专业概念
	单招组	周会林	如何上好专业复习课
	单招组	薛美红	如何讲解分析数学公式

（一）语文组

1. 如何讲说明文

马原老师为了上好中专三年级语文"神奇的极光"一课，想了许多办法，备课很认真。"神奇的极光"是科学小品，属说明文体裁。学生对极光缺乏认识，为了使科学小品上得生动有趣，马老师在备课上花了大量的时间，动了许多的脑筋。她收集了许多资料和信息，课前详尽制作了课件，用16个色彩斑斓的图，准确地贴合了语文课的特点和内容，说明极光出现的纬度、形状、亮度、色彩，并用电视机发射极发射的电子束类比太阳风，荧光屏类比磁层,阐述极光产生的原理和科学的概念。没有这些生动形象的图,没有课件配合,很难把"极光"叙述得很明白,说得很明白,说明文体裁的语文课也就很难上好。

2. 如何讲古诗文

语文教学难点"格律诗"是如何上的?姜茜老师带高职三年级大学语文课程的"格律诗"。此处是一个难点。教师上课很投入,讲解透辟,学生对"格律诗"的平仄规则有兴趣,学得也很轻松。上课全过程是:

第一步,精讲。格律诗的含义、范围,以及做格律诗的难度和其优美的艺术性——戴着镣铐跳舞。第二步,举例。以格律诗代表作讲解,杜甫的《登高》七律"风急天高猿啸哀,渚清沙白鸟飞回。无边落木萧萧下,不尽长江滚滚来。万里悲秋常作客,百年多病独登台。"第三步,朗读。学生齐声朗读这首诗。第四步,对比。近体诗的平仄和现代语音的四声之间的关系。第五步,联系。总结关系,在关系中认识。四声的阴、阳等于格律诗的平,四声的上、去等于格律诗的仄。第六步,体验。学生体验发声,找感觉。短而急促的入声是格律诗的仄。让学生们说南京土话,去找入声的感觉。第七步,练习。学生初步练习。学生上黑板练习标出"独在异乡为异客,每逢佳节倍思亲"的平仄声。第八步,记忆。总结规则,便于记忆。平仄规则五条:"124句押韵。同句之内,平仄相同。同联之内,平仄相对。同联之间,平仄相粘。135句不论,246句分明。"第九步,再练习。大量举例,多形式练习。列举《山中》《南游感兴》《旅夜书怀》《春望》等多首的格律诗,采用学生一人读诗一人讲平仄声,在黑板上写平仄声,在黑板上纠正错误,集体朗读诗,集体朗读平仄声等多种形式,回答格律诗上平仄声的问题。第十步,总结。总结格律诗规则。在练习中讲解了五条规则也运用了五条规则,学生在练习过程中也逐步掌握五条规则。因此,学生就掌握了总结的格律诗规则。第十一步,作业。布置作业,板书说明和要求。"请以季节为主题写一首绝句。要求平仄押韵,有感情,有意境。明天交作业。"这位老师课上得好,主导得好,善于调动学生思维积极性,师生配合好。事后学生反映,他们喜欢上语文课。上课效果好,学生作业的五言、七言律诗做得也不错。

(二)英语组

如何上好英语课?张新梅老师的教学经验是:要重点备学生;讲练结合,要以练以学为主。第一,课堂教学精心设计,重点备学生。张新梅老师英语功底好,熟悉教材,教学认真扎实。她根据课堂教学目标,从教学内容、家庭作业、课堂提问、师生互动练习等多方面进行了教学设计。备好了教学内容、教法、过程等,更重要的是也备好了学生,备好了学法。第二,讲练结合,以练以学为主。"教是为了学",极其重视学生对教学活动的参与。善于调动和驾驭学生,控制课堂秩序,使绝大多数的学生都能参与教师主导的活动,学生学习积极性高,学习效果也很好。

(三)数学组

如何讲数学空间概念?陈尧老师教授高职一年级数学"空间几何体"课程。其教学经验是:第一点,循序渐进,启发式教学。通过让学生复习初中学过的正方体、长方体、球体、圆柱体、圆锥体、三棱柱、三棱锥,老师进行错误分类,引入本节"空间几何体"课题。注意学生的原有水平和知识点,循序渐进。讲解内容时,能采用提问方法,不断启发、调动学生思考问题。第二点,发挥主导作用,进行主体学习。教师积极投入、发挥主导作用,从棱柱—棱锥—棱台一步一步深入讲解,分析棱柱、棱锥、棱台的共性,抓特点。在课堂师生互动教学过程中,带动了学生的学习活动。从第一个几何体棱柱的本质,启发与提问学生,注意学生的反应,然后由教师总结定义;从第二个几何体棱锥的定义和性质,启发与提问学生,要求学生"学会总结";从第三个几何体棱台的定义和性质,启发与提问学生,学生对其的理解明显比对第一、第二个几何体的理解要深刻得多,学生能立即回答"相似"。第三点,充分发挥教具作用,板书设计合理整洁。用直观教具复习、回忆初中几何体内容,教师通过提出几何体错误的形式分类引入本节课题,用几何体直观教具提出问题,启发学生,师生共同分析几何体特点,抓住几何形体的本质特征。重点内容和一般内容分布于不同的板面,文字板书设计合理、整洁。

(四)体艺组

如何上好音乐课?钱云红老师的教学经验是:要明确讲音乐知识和提高素养的两个目标,讲解要和感受结合,要以学生体验、练习为主。第一,教学目标明确两条:讲解合唱知识;提高音乐素养。根据音乐课的目标,除了精讲一些音乐知识外,重点放在学生的感受、体验、练习上,着力提高学生的音乐素养。第二,讲解与感受结合,以学生体验、练习为主。讲解条理清楚,讲解合唱含义、形式、分类、队形。用生动具体的课件音像,让学生去感受重唱、双重唱、齐唱、同声合唱、混声合唱,以及体验合唱队形,全体学生合唱歌曲《同一首歌》。

(五)政史地组

1. 如何运用课件讲环保

李洋老师的高职一年级法律课程"环境保护法"课课堂教学生动具体,学生有学习兴趣。教学经验是:第一步,运用课件,展示目标。一上课就用课件把"教学目标和内容"明确、具体地展示给学生。第二步,运用课件,激发动机。运用反差对比,从具体图形到建立环境保护意识,从环境污染的类型出发,逐步深化,引起学生兴趣。环保和粉尘等空气污染反差对比用了6个图,废物污染反差对比用了3个图,噪声污染反差对比用了2个图,破坏水土质反差对比用了2个图,共用13个图说明了环境问题的含义、表现、危害。生动具体的图片,使学生认识污染的严重性,激发了学习动机。第三步,运用课件,使学生认识飞跃。具体—抽象—再具体—深化认识的教学过程符合学生认识事物的特点。13个图解决了认识上的具体到一般的第一次飞跃。第二轮又用课件展示空气污染、工业污染、噪声污染、沙漠化等5个图,英国、日本两个严重污染事件,20世纪50年代到90年代的顺口溜,3个"森林、水资源匮乏、长江黄河"漫画,污染造成经济2 830亿元损失等多种类型的丰富资料,让学生进一步理性认识污染的严重性,实现了深化认识上的飞跃。

2. 如何上好法律课

冯冬梅老师的教学经验是:教学目标要实际,教学任务要具体,教学内容要生动。学法用法,在"用"字上下功夫。第一,教学目的实际:学法用法。第二,教学任务具体:理解7条具体公民权利。第三,教学内容生动:①生动讲解7条公民权利,即公民的平等权、选举和被选举权、言论自由权、宗教信仰自由权、人身自由权、社会经济权、受教育权利、接受经济救济的权利等教学内容。冯老师不是从理论上引入条条杠杠,而是通过一幅一幅生动的图像和具体的数字来阐明这些政治概念内容。理论与实际的结合非常紧密,每一种权力都用2种或3种的图像来说明,总计15幅静动结合的图,给学生留下了深刻印象,使学生理解了7条公民权利内容。②以表演形式,学法用法。讲第四条"人身自由权"时由学生来体验,请了两位同学上台表演母子间的一段对话,形象化用法,教学过程生动活泼。

(六) 财会专业类一组

1. 如何上好专业课

曹璟老师的教学经验是:专业课的重点内容要精心设计,要精讲多练,要反馈评价,要边讲边练边评。第一,课程重点内容:精讲多练、反馈评价。①"提取现金、发放工资、代扣个人税、支付个人税"等课程重点内容,首先用例题复习"提取现金与发放工资"的借方和贷方。②师生共同练习102题到105题,讲讲练练。其过程是:教师通过102题到105题,精讲"代扣个人所得税和现金支付个人所得税"后,学生再有目的地练习做分录,教师巡回指导,抽查个别学生练习做分录的内容,用投影仪向全班同学展示并分析,反馈学习情况,进行评价与规范。第二,课程重点内容:精心设计、安排实施。从"提取现金到支付个人所得税"教学过程,教师板书设计很精细。一堂课几黑板字,中途也擦了许多字,最后留下来的板书是"提取现金、发放工资、代扣个人所得税、现金支付个人所得税的借方和贷方"的板书,把重点核心知识的板书留下来了。课程重点内容,利用板书的精心设计,妥善安排实施。最后教师总结,学生理解了知识,加强了记忆。

2. 如何进行财会专业综合模拟实训

李蓉老师负责会计做账职业模拟课程,会模课程每星期4节课,1学期80节课授完的教学,进行了试验性的改革,集中为1星期33节课,2个星期66节课授完。集中教学,课堂程序教学有五步过程:第一步,科学分组。各小组的工具、设备分发准备;对学生进行科学(性别、学习水平、学习态度搭配等)的分组;能力强、有威信、会管理的学生担任组长。第二步,精讲与示范。由教师主导,讲解不能多,要精讲、讲要点、讲本质;教师要示范,示范要采取现代化教育技术手段,正确无误地展示、按程序规范操作。第三步,布置作业与学生职业模拟操作。关于布置作业,要有明确的教学目标,要有规范的模拟操作程序,要有具体的教学要求,要有联系操作的职业道德教育;学生职业操作要求有安全操作、规范操作、程序操作。第四步,巡回指导。首先,学生能力有差异,模拟操作进度有快有慢,巡回指导中个别启发;其次,发现错误,个别指导;再次,收集普遍存在的问题,及时总结,凡是因错误而无法进行正确操作时,或者是普遍存在问题需要指正时,都需要及时总结。第五步,学生总结。

(七) 财会专业类二组

1. 如何上好专业复习课

庞晓敏老师的教学经验是:要用实际教学目标来激发学生的学习动机;讲练要紧密结合,充分发挥教师主导作用;要严格要求自己,为上好课奠定基础。第一,用实际教学目标来激励学习动机。①教学目标是:提高会计理论知识水平,掌握知识结构,重点综合练习分录"供产销"内容。②激励学习动机是:综合练习分录"供产销"内容也是考证前的复习,把握考题题型与占分比例(单选15分,多选20分,判断10分,综合55分),讲究考试策略,重点把握单选(多选题历来得分率低)、判断、综合。综合部分有计算5分,会计分录50分(25题,1题2分),共55分。因此,保证了分录,考证一半在握。第二,讲练紧密结合,充分发挥主导作用。①坚持一个观点:首先要坚持"学生综合练习的教学过程仍然需要练讲紧密结合,仍然要充分体现教师主导作用"的观点。②坚持目标要求:用3分钟时间明确学生综合练习的目的。在此基础上用5分钟时间重点精讲会计分录的供产销,要求学生反复练习,达熟练程度的要求。③发挥主导作用:学生综合练习的复习过程中,教师导向,进行了五次练讲密切配合。第一次练讲9分钟——学生做习题五第1、2、3题,关于"生产成本的材料和工资"问题,3位学生在黑板上练,学生练4分钟后,由另一位学生评判其给出的结果,老师导向"评析应包括内容和格式"。老师画龙点睛:"掌握14%这一点,做对第3题,就掌握了生产成本的会计分录。"第二次练讲7分钟——学生做习题五第4题、5题关于"制造总费用"问题,学生在黑板上练了4分钟,老师讲"关键、分配率、1 000元、考试正确答案是唯一的,0.33小数点应保留到多少"的问题,要求学生要会要快,在认知层次熟练掌握。第三次作业总结归纳6分钟——老师导向动态管理,学生不要在下面做第二套作业,要对第一套作业习题五进行总结,举一反三。老师先归纳小结"成本费用的分录和制造费用的注意点,即归集和分配率的注意点",学生通过做作业综合练习后,回答解决难点,谈收获体会,掌握了"①工资、②工时、③小数点的取舍、④注意标准问题"四方面的知识。第四次讲与学重点和难点6分钟——老师用了4分钟时间,重点讲解分析第二套作业习题六中反映的供销的重点和难点,重点是"待摊费用和预提费用",难点是"运费"。学生学习重点难点时,积极思考并讲了"扣税7%、运输费和运杂费"的时候,教师及时予以肯定,面带微笑地说"回答得很好"。教师积极导向评价,鼓舞了学生的学习。第五次练讲小结7分钟——学生做习题六的第1、2两题,学生板演"物资采购和验收率"后,教师很细心地严格要求"内容和字要写清楚"。最后要结束综合练习时,教师归纳提醒"计算和分录"时要注意的地方,并留给学生一点时间提问题复习。第三,教师语言、仪态教态、教学能力、教学态度,为上好课奠定基础。①语速适中,不快不慢,没有废话,普通话标准。②衣着整洁,教态端庄,严而不狠,可敬可近,宽严有度。③组织内容,讲练紧密,井井有条,管理控制,秩序井然。

2. 如何上好珠算练习课

栾兆蕾老师的教学经验是:练习内容要明确,练习任务要具体,练习要有目标与标准。第一,教学内容明确:珠算综合练习和测试。第二,教学任务具体:在进一步熟练掌握珠算除法的基础上,进行加减乘除,国家四级珠算标准的模拟训练。第三,练习目标与标准明确具体:①目标是:达国家珠算四级。②标准是:在20分钟内完成加减乘除珠算运算,三项共300分,每一项(加、减、乘、除)都达80分以上者为四级。第四,教学过程:步骤清楚。①首先讲解:复习除法的运算步骤,用事先制作好的课件展示出来;②然后举例:举两个例子,对照展示的步骤进行清楚讲解;③规范练习:学生亲自按照步骤练习一遍,学生接受效果较好;④分析评价:对学生上讲台板演的结果,进行分析评价,指出除法应注意的地方;⑤模拟测试:最后发下两张模拟试卷进行测试,学生做完后教师讲评。

(八)计算机组

1. 如何上好计算机课

生家锋老师的教学经验是:要教书育人,教学目标、内容、要求都要非常明白,讲练要结合。以"运用Excel软件撰写就职信"课堂教学(2005年11月底)为例。第一,教书育人。①经验育人:教师面对学生对计算机的学习,谈自己体会时说:"以前我轻视它(指学习Excel电子表格软件),一年后我重视了,因为它很有用。"一席话拉近了师生的距离,也说明了学习今天这个课的重要性。②要求育人:课上完了,离下课仅几秒钟,教师也不忘记严格要求学生"把凳子放在桌子下,计算机关机",培养学生良好的职业习惯。第二,目标、内容要求明白:①教学内容。"如何运用Excel电子表格软件撰写就职信"。②教学目标。撰写就职信不是为了完成作业,也不是为了老师,不仅仅是为了完成一件事,而是为了帮助自己学习"如何运用Excel电子表格软件撰写就职信,善于分析我们中专技能水平的强项、社会经验等方面的强项,提高撰写就职信的质量,提高就业的命中率。"③教学要求。在封面、内容、个人简历三项提出了具体要求(略),要写出自己的特点、特色、特长。第三,讲练结合:老师示范操作讲解电子表格撰写作业内容——学生上机独立操作作业——老师再操作再讲解——学生再复习再操作——老师再提出4个新内容的训练作业——学生再独立操作完成——老师再重复讲解4个内容,重点解决1/3和103的输入方法。教师讲和学生练紧密结合,讲讲练练,反复进行。

2. 再看生家峰老师是如何上好计算机课的

生家锋老师的教学经验是:要激发学生兴趣,技术设备要与市场行情结合,指导学生将"项目方案设计"联系市场实际,培养学生运用综合知识的能力。第一,用安装实物引入课题,激发了学生兴趣。用计算机部件,一块"内存"板提问:"如何正确接入主机?"由学生上台进行实际操作,由于此女生接插安装动作生硬,老师还幽默一下:"要温柔一点,就像对自己一样要好一点。"很快把学生的注意力集中起来,激发了学生兴趣,学生进入积极状态,也激发了要了解"内存的性能和安装"的动机,然后引入课题"内存的指标性能"就很自然了。第二,技术设备、部件的知识紧密与市场行情相结合,专业技术理论与市场实际相结合。在激发学生学习动机的基础上,对教材"内存工作性能十方面"的内容进行了提炼,要求学生重点掌握三方面。在精讲内存的速率概念、数据带宽概念、工作电压概念等指标性能时,总与现实的市场信息联系起来,听起来不枯燥,使学生觉得这些概念实际有用,不是单纯在黑板上讲设备、讲部件。另外,还打出一个图片"内存条上的元件",让学生对内存有一个实际的整体了解,形成一个现实的技术设备形象认识。最后,提出"去市场买内存注意事项是什么?"的问题,把学习推向践行的高级阶段。第三,指导学生联系市场行业实际进行项目方案设计。综合上两节课学习内容,加上这一节课所讲的速率、数据带宽、工作电压等内存的指标性能,布置了一道作业题,要求学生写一个报告:"用2 000元,根据第一、二节和本节课学到的有关CPU、主板、内存的性能知识,以及市场信息价格,选择一个最佳组合的方案,写成一个购置计算机设备报告。"

3. 如何上好计算机课

张镭镭老师的教学经验是:要讲程序、讲方法,要积极主导,反馈练习结果。第一,讲程序、讲方法:①教材重点把握好。计算机应用课程重点是程序、方法,重点不在理论,在应用。②掌握程序、掌握方法,在"体验知识"的学习中,发挥了主导作用。有目标任务、有要求程序、有步骤讲演,缩短学生掌握程序、掌握方法的时间。第二,积极主导,讲练结合,练习结果反馈:①积极主导。讲应用软件,讲电子表格"Excel",重点讲操作程序、讲操作方法。教师明确,首先讲综合知识和技能点6点,其次讲有关数字和字符的操作方法8点,共14点;总结操作程序和操作方法7点。②讲练结合。教师主导精讲"举一",学生主体练习"反三"。教师每讲一方面内容,学生立即练习巩固,14个问题讲练配合,最后再总结课堂学习的7条内容,是一堂讲程序、讲方法的讲练结合的专业课。③练习结果,反馈评价。主体学习"反三"训练效果如何?发挥学生王进作用,科代表记录结果,反馈学习效果,教师总体调控课堂学习纪律,完成了一个教学问题的工作循环,效果较好。

4. 如何上好汉字录入课

黄娟老师负责"汉字录入"课,其课堂实训程序是:第一步,组织教学。清点班级的人数,打开电脑,作测试前的准备。第二步,公示目标与标准。实训目标和测试标准。首先,学生进行选择路径C—测试文章—中文测试—童话寓言和朱特与两个哥哥的故事;然后,布置训练作业,内容是"童话寓言和朱特和两个哥哥的故事"。速度标准是每分钟50个字为及格,60个字为良好,70个字为优秀,准确率在95%以上,时间为10分钟。第三步,巡回指导。巡回指导不漏掉任何一个学生,来回巡回2次。不仅巡回观察,也进行指导。第四步,激励机制。检查每一位学生操作结果,统计公布结果,建立学习的激励机制。最高速度每分钟 90 个字,此学生有成就感;最低速度每分钟 19 个字。23 位同学合格,合格率大于 69％。第五步,问题总结。发现普遍问题并进行总结,老师说:"有几个字大家普遍不会打。"分析了"勒、迈、辛、遭、养"五个字的五笔字根,此五字的字根应该是 AFL、DNP、UYGH、GMAP、UDYJ 的道理。第六步,反复循环,高要求。第二次反复循环实训教学的五个程序,提出更高的要求。受到第一次教学实训程序的激励,反复训练时学生的心态发生了变化,一个不甘落后的紧张练习开始了,速度慢的要追赶,速度快的要更快。练习结果证明,学生打字的速度和准确率明显提高。

(九) 单招组

1. 如何讲解财会专业概念

冯欣老师负责基础会计课的"借贷记账法的主要内容和定义",用"归纳法"讲授,从具体到一般,容易被学生接受,语速适中、教态自然,师生互动效果比较好。其教学经验和过程如下:第一步,复习引入。复习上节内容,引入本节教学内容"借贷记账法的主要内容和定义"。第二步,师生互动。教师讲解,学生互动。简单介绍借贷的历史发展后,分别讲授了借贷主要内容。说明了借贷记账的 5 个类别,总结了"借和贷双方,增加与减少"的规律,讲授了 10 个字"有借必有贷,借贷必相同"的记账规则。教师启发,学生整体配合呼应。第三步,学生练习。教师出题,学生练习。举 2 例时,一例学生回答清楚,一例学生上台板演正确。后又讲了设置双重性账户、计算平衡等主要内容。第四步,由具体到抽象。讲完"借贷记账法的主要内容"再讲解"什么是借贷?"水到渠成。最后又举了一个例子来巩固所学的内容。

2. 如何上好专业复习课

周会林老师的教学经验是:目标任务、重点难点、时间安排,都要具体明确简洁地告知学生,激发学生学习的动机;教师要主导,面对学生边讲边练,以学生为主体,师生互动,导引评价分析,充分调动学生积极的思维活动;复习要提炼教材内容,构建知识结构,建立实用知识体系,要精心制作多媒体课件配合复习。讲课内容是第十章"所有者权益"。第一,教学目标任务、重点难点、时间安排,都具体、明确、简洁地告知给学生,激发学生学习的动机。比如,简洁地讲解财务会计课程复习的内容,第十章"所有者权益"的目标任务与内容,重点三项与难点二项处理方法,第十章复习总体时间安排两节半课。以上这些内容用很少时间告知学生,完成了学生学习动机的目标激励。第二,面对学生,教师主导,边讲边练,以学生为主体,师生互动,导引评价分析,充分调动学生积极的思维活动。比如"一般企业实收资本的核算"内容,教师讲完后学生立即练习 2 题,教师再讲解一些重点细节,边复习又边练习了 2 题。"股份有限公司股本的核算"内容,教师讲完了概念,学生回答练习,3 题练习中最后 1 题,一位学生上黑板做错了,由另一位学生纠正,并分析错误之处,教师写明错误所在,并明确将 3 个步骤写在黑板上。教师熟练掌握教材,运用自如,教态自然,循序渐进指导学法,整堂课几乎全体学生都围绕着教学内容进行积极思维和学习,复习效果很好。第三,复习不是重复,是提炼教材内容,构建知识结构,建立实用知识体系。精心制作多媒体课件,完美配合复习内容。这一堂课复习了四部分,以课件配合,边讲边练,讲练结合。课件文字:字体为宋体加粗,字的大小、紫色背景等形式都能充分地考虑到了知识结构、体系内容,教学效果佳。

3. 如何讲解分析数学公式

薛美红的教学经验是:除教学目的要明确外,教学过程的逻辑步骤必须细致分析,要发挥课件为掌握公式和原理提供工具和方法的作用。第一,教学目的明确,培养学生分析能力和应用知识的能力,把握内容深浅度,讲解细致透彻,一步一步,逐步深入,提高逻辑性。第一步,首先讲"定比分点、内分点、外分点"的概念;第二步,讲"线段定比分点坐标公式"的推导;第三步,总结,讲"定比分点、中点坐标公式"。最后进行五个方面的练习。第二,课件准备充分,课件配合了讲解的重点内容,梳理了内容,节约了时间,为理解、掌握概念和原理起到了工具和方法的作用。第一步,开始就用字幕打出这堂课学习的"目的、重点、难点和方法";第二步,用字幕打出讲解内容"线段的定比分点","复习引入"内容;第三步,提出四个问题,再进行"要点精讲"。最后进行五个方面的练习。

五、教学建议——坚持职业教育的教学观,培养高素质高技能人才

坚持职业教育的教学观是指坚持职业教育的学习、目标、实践、系统、统一、形成等六个方面的观点。

(一)坚持"差异、动机、接受"的学习观

1. 学习观是指影响群体学生学习三个一般因素的观点,即差异性、学习动机、可接受性。教学应掌握职教学生的学习态度、学习习惯、实际学习水平和学习能力,发掘潜能发挥优势;应掌握教学内容的深广度、教学方法、教学组织形式,使之符合职教学生的特点;应将教学技术手段和教学内容相衔接,进行精心策划,将教学难度调整到学生可接受程度。

2. 从职教学习观出发,应做到3点:第一,把握影响群体学生学习的差异性,把握职教学生品德、情商、智商水平在学习中的作用,适应学生的学习速度、认知方式、形象思维和逻辑思维能力的差异。第二,把握影响群体学生学习的学习动机,善于激励学习动机、产生学习动力。第三,把握影响群体学生学习的可接受性,把握、利用、发挥职教学生优势,从实际起点出发,发掘潜能。

(二)坚持"公示与实施、控制与评价"的目标观

1. 目标观是指公示与实施、控制与评价,正确、具体、明确的教学目标和教学任务的目标和任务是指导实施与控制教学,是教学效果评价的依据。评价教学效果唯一客观标

准是目标达成的数量和质量。

2. 从职教目标观出发,应做到3点:第一,专业培养目标、课程教学目标、课程单元教学目标、课时教学目标是一个纵横联系的目标系统网。4个层次目标都为出口最终人才规格目标服务,掌握各个层次的教学目标在人才培养中的位置、地位、作用,是科学地组织教学活动的必要条件。第二,依据目标细化任务,进行教学设计。确定为实现不同的教学目标所需的特殊条件,选择最优教学方法与技术,教有优法。第三,实施课时和单元目标的5步教学循环程序,即学习目标→实施→检查→评价→反馈→学习目标。控制这个教学循环工作过程,是提高教学质量的最佳方法。完成目标,实施教学循环要多次反复进行。

(三)坚持"内容、方法、安排"的实践观

1. 实践观是根据"做人、做事、合作、生存和发展"等教学内容、教学方法、教学安排中的要求,让受教育者践行的观点。

2. 从职教实践观出发,应做到3点:第一,在处理理论知识、技术技能的教学内容上,做到相互结合,以应用知识、技能训练为重,补充区域教材和校本教材。具体来说,首先是理论与技术,知识与应用结合。理论、知识要结合生产、建设、服务、管理等第一线的职业技术、应用实际内容,以职业技术、应用知识为重。其次是知识和技能训练结合,手脑并用,以技能训练为重,培养实践能力。再次,要有区域教材和校本教材。职教的技术实践性因区域经济发展的差异较大,校际的差别也很大,须补充区域教材和校本教材。第二,在处理认识与实践关系的方法上,坚持马列主义认识论和方法论,实践是认识的源泉,以实践为重。在学习做人、学习做事、学习与人沟通合作、学会生活时,不仅要懂道理,更重要的是要去行,去做,去实践,在行动中提高本领,提高实践能力。第三,在教学内容的安排上,职业实践要落实,要使全体学生都有机会践行。职业实践是指校内外生产、建设、服务、管理基地的与专业有关的生产实习、教学实习、教学实训等实践内容。职业实践落实要六定,即定指导教师、定内容、定标准、定要求、定时间、定场所。

(四)坚持"导向、联系、综合"的系统观

1. 系统观是导向学习联系职业岗位群工作任务、工作项目的实际,导向其综合知识、技术、道德要求而建立系统的观点。学习的系统性是由职业工作需要综合知识、技能、能力、素质的系统性决定的。讲系统不仅仅是讲学科系统,不仅仅是讲纵向深入的逻辑系统;讲系统观点是讲综合实际系统,是横向联系的系统。

2. 从职教系统观出发,应做到3点:第一,课程间联系。弄清每门课程在整个课程结构中,在专业总体目标要求中应有的地位、作用与课程间关系。第二,专业培养方案是实际系统综合的。编写课程方案和课程内容的根据是职业岗位群的工作任务和工作项目。第三,培养学生职业系统能力。职业系统能力从职业工作上来考虑有六个环节,即获取必要资料信息→制订可行工作计划→做出行动决策→实施工作计划→在工作中控制保证质量→评价工作成就等,也就是要培养学生的收集信息能力、计划能力、决策能力、实施能力、控制能力、评价能力,以形成职业岗位群要求的系统、综合、完整的职业技术实践能力。

(五)坚持"教学内容、教学方法、品质教育"的统一观

1. 统一观是指在教学方向和教学艺术上科学直观地把传授知识技能、品质教育和培养能力有机结合,统一起来的观点。科学教学指教学内容、教学过程要符合事物客观规律与思维规律,要适合学生身心发展特点;直观指采用、利用各种实物、模型、标本、图表、图形、多媒体等直观媒体,协助掌握概念、原理、定律等知识;品质教育指教学内容、教学过程、教学方法中蕴含的培养学生做人为人思想,社会责任感,敬业精神及与他人交流、竞争、合作中的品质,职业道德和职业道德修养,对学生进行人生观与世界观、荣辱观、职业观与价值取向的教育。

2. 从职教统一观出发,应做到2点:第一,把教学内容、方法、品质中三者融为一体,从职业工作的范围环境、岗位任务、知识技能、能力素质、经验态度出发,考虑教学内容、方法、品质教育三者的联系和有机结合。第二,传授知识,培养能力,也要培养做人。以学生为本,做到传授知识、训练技能和培养能力、品德相统一。

(六)坚持"认知、态度、践行、引评、内化"的形成观

高素质高技能的形成需要根据职教特点和规律,做大量的工作。对于教育教学来说,教育教学过程要从"认知→态度→践行→引评→内化"五个环节方面优化。

1. 认知。认知是指认知事物、认知规律、认知职业、认知社会。概括说认知包括两方面:第一,"事是什么、如何做事与做人"的认知信息;第二,"认知方法与技能"的认知策略。

2. 态度。态度是个人对事、对他人的认知反映、情感倾向与心理状态,并决定个人行为。教学要教育与培养学生对事对人的正确态度。第一,与同学、教师、家长、朋友、亲戚等任何人交往,应有的正确态度;第二,对课程、专业、学习、制度、纪律,应有的正确态度;第三,对将要从事的职业岗位的工作人群应有的正确态度。

3. 践行。第一,践行是指去行动、实践,就是"做"。第二,践行重要是因职教培养目标决定了这是学生最重要的学习内容。不论认知信息,还是认知策略,不能停留在认识阶段。职教学生必须在正确态度指导下,进一步从"做"去提升和深化认知水平。第三,践行主体是每一位学生,要以学生为本,让学生在实践、行动即"做"的过程中形成经验知识、习惯品质和技能。"做"的内容很丰富,如在校园、到企业、去社会进行实践等。在实践教学环节,潜性课程的很多活动、训练,都是有目的地培养学生做事、做人。"做"不是一次完成的,要经过反复多次,才形成技能,或内化为自我稳定心理状态,形成品质。第四,践行内容不同,形成内容不同。有关心智、动作方面的训练,形成了技能;有关道德方面的内容,形成了个人的习惯和品德。学生多次反复践行于校园、企业、社会,其目的在

于形成经验知识、习惯品质、心智技能与动作技能。

4. 引评。第一,引评是指对已经完成或者正在进行的事或行为的引导有一个理性和情感的向上的价值取向和结论。引评不仅是导向,且是评价。引评不仅是对结果与过程的评价,还有教育引导。第二,引评形式与内容多样,有自我引评、他人引评,有内容引评、对象引评等。以学生为本,通过多种形式和渠道对学生通过认知学习得到的点滴长进,态度学习上的闪光亮点,实践学习上的变化进步,一点一滴地加以肯定和否定(导向和评价)。一步一步地长进,可以形成好的素质。教师引评不仅仅是对事、对物、对概念、对原理、对知识、对技能本身的内容评价,还要对学生的掌握知识、掌握技能、做事态度三方面,进行对象引评。对知识有了解、理解、掌握、应用、综合、分析、评价等层次,有评价是对掌握程度的内容评价,这种评价属于认知范畴。简单讲,引评不仅仅是对"事",还要对"人"。第三,引评可区别好差、优劣、长短,有利于避差、避劣、避短;有利于扬好、扬优、扬长;有利于导向和评价。引评是激励,是提高学生主观能动性,增强学生自信、自尊、自强、自立的教育方法,也是形成稳定的长久保持的状态所必须进行的教育。因此,引评更是一种教育手段。对于职教学生形成高素质高技能人才的教育引评必不可少。

5. 内化。第一,内化是指将外界客观事物与内心主观体验,自省转化为稳定心理的过程。第二,高素质高技能是指将外界客观事物与内心主观体验,内化为做事的本领与稳定状态,而具有的综合品质。可以说,没有内化过程,也就没有高素质高技能人才。培养、形成"高素质高技能"品质是一个累积过程,是一个不断内化的过程。第三,自律内化。以学生为本,除了进行认知学习和教育、态度学习和教育、实践学习和教育、导向与评价教育外,还要不断地教育学生自觉地将外界客观事物与内心主观体验,自省内化为状态稳定的优良品质、创新意识、职业素质,以及内化为做事的本领,转化为认知能力、情绪能力、社会能力,成为高素质高技能人才。

第二节 毕业操作考试

我国传统考试的形式是笔试。小学升初中、初中升高中、高中升大学都是通过笔试。职业高中如何考试?两年来,我们进行了考试改革,"大动干戈"地进行了毕业操作技术考试。本文就此谈谈认识和做法,说明职高毕业考试与传统考试的区别。

一、组织领导上:有联办单位参加的考试委员会(传统做法是分管教学校长和教导处负责领导、组织安排学校各类型考试)

职业高中能否巩固和发展,联办单位是重要因素。办学不能光是学校一头热,也要企业单位热起来。联办单位不仅可以提供实习场所和经费,还能参加和领导教学。搞考试改革,学生毕业操作考试需要成立一个组织机构——考试委员会,也必须有联办单位参加。一方面,学校、企业须共同确定毕业考试的"大政"方针,掌握毕业生的水平,为分配、定级、录用作准备(这要求国家劳动部门确立相应的劳动人事制度);另一方面,学校专业、课程设置、规模等重大办学和教学问题又经常受企业经济发展、人才需求的制约。因此有联办单位参加的考试委员会有利于职业高中的发展。

南京建教中心考试委员会于1986年2月成立,委员会领导毕业考试全部工作,该项工作每年6月结束。它已工作了两届。考试委员会由十一名委员组成。联办单位五名,有公司经理、教育处长等,正、副主任委员由校长和经理担任。考试委员会工作内容主要是:①确定考试长设工作组织:办公室,下设考试组和人事秘书组。②毕业考试的总体部署。③听取办公室汇报(学生动态、命题原则、材料准备等)和审阅命题内容。④审阅毕业考试成绩,然后由联办单位劳资处和人秘组协商分配方案。

二、在命题人员上:有联办单位生产第一线人员参加的考核命题组(传统做法是由毕业班任课教师或教学经验丰富的老教师命题)

职高培养的是技术工人层次的人才,不是干部。企业单位最欢迎的是走上生产工作岗位就能独立完成职业生产任务的毕业生。由生产第一线人员参加命题,有利于毕业考题接近生产实际,另一方面毕业考题又是平时教学的"指挥棒",它可使教学充满活力,向经济生产发展靠拢,面向四化。

毕业考核组除实训指导教师外,还有生产第一线的老师傅、工程技术人员。他们相互交流,取长补短。如谢德仁工程师介绍了他主持的40天操作技术考核,使大家进一步了解二级到七级工晋级的实际标准。七级工老师傅李玉文提出钢筋工雨篷操作的工地实际做法。

考核组工作范围,除传统做法中的负责确定命题原则、命题内容、评分标准外,还要确定考试材料、工具仪器、考试组织安排、考场纪律等。

三、在命题和评分上:以动为主,动静结合(传统做法是以静为主)

操作技术考试,主要是考技能,考动手能力。技能是完成职业任务的实际操作方式,动手能力是指完成这种操作方式的能力。两者既有区别又有联系。考核技能和能力,"以动为主,动静结合"体现在考试的全过程与评分标准上。

1. 考试全过程,简单地说就是,每一考生在操作考试开始时得到一份试卷,内有图纸、评分标准、工具材料等内容。考生按图纸进行规范操作,要按给出材料选配料,正确使用工具、仪器、设备,安全文明作业,在规定的时间和考区范围内完成一定量和质的操作任务。考生自进入考场后基本上在不停地动手。

2. 评分不完全是在学生操作完毕后进行,还结合考生操作过程。

评分教师观看考生是否规范操作,就可进行动态分项结分。评分标准是规范操作和职业训练要求的体现,必须制定好。

下面介绍木工试卷部分内容,以示评分标准。

序号	项目	满分	考核内容	考核要求和评分细目	得分
(一)	正确使用工具	9分	拔钢路、锉锯齿(5分)	①姿势正确,边缘均匀,锉出口无白头,锯板不翘裂。②拔蛇肚或老鼠尾巴式	
			磨刨刀、四分凿各一把(4分)	①姿势正确。②磨出口、角度正,双面板,不元口、不卷口	
(二)	锯、刨、凿基本功	24分	纵向锯割10×10×100方木(一条中线)(8分)	①姿势正确,面底线直 ②对接处偏差小于5 mm	
			刨削两根木料4×9×100(8分)	①姿势正确,眼板直,不凸不凹。②正反留半线,不缺口,眼长5 cm,半眼深5 cm	
			用四分凿,打通眼,一半眼(8分)		
(三)	选识配料	4分	选识常用木材(4分)	选材、识别木材五根,选错一根扣0.8分	
(四)	按图纸制作(有门、窗、屋架、节点等各种类型八题,图纸和题目制作内容,此略)安全文明作业	47分	动态操作姿势(7分)	锯、刨、凿全过程,各项2、2、3分,共7分	
			规范画线(10分)	尺寸正确,线条清楚,不产线、漏线、涂线	
			作业质量(30分)	刨料、凿眼、锯森木集、成品平整度、成品垂直度、综合印象各项5分	
(五)	安全文明作业	6分		①不出事故3分;②工具放置正确1分;③工作结束,工作台及地面保持清洁2分	
(六)	口试	6分	内容略	操作过程完成后,抽签回答口试题	
(七)	操作时间	10分	(一)(二)(三)题210分钟,(四)题材130分钟	未在规定时间内完成者,每迟10分钟扣1分	

从以上命题和评分可以看出:第一,操作技术考试重考技能和能力。(一)项正确使用工具和(二)项锯、刨、凿基本功属于基本技能型,(四)项按图制作门、窗、屋架节点属于能力型。技能和能力题,共占总分的80%。第二,教师评分以动为主,避免了不规范操作,经过修补而达到静态规范要求。除作业质量30分、选识配料4分、口试10分外,占总分的56%,要评分教师在操作过程中进行,动态分占一半以上。第三,重识图和安全文明作业。

(四)项 47 分以看懂图纸为前提,否则操作考试就不及格。安全文明作业也要算分,这是现代化生产要求劳动者必备的素质。因此,它们体现了职业训练的要求。

四、在复习方式上:在教室外,学生实习重复所学技能训练(传统做法是在教室内,教师上复习课系统概括所学知识)

考生操作考试前的复习准备不只是靠书本,而是主要靠操作场所、材料、设备和工具这些条件的提供。光靠学校是不行的,也要靠联办单位。最有效的办法是考前安排二三个月的生产实习,把学生分散在工地、车间进行实践。

南京建教中心两届毕业考生考前复习是这样进行的:开学初(最后一学期)进行考前政治思想动员,讨论学习,明确考试的目的意义、内容要求、日程安排。三月初考生全部下工地实习两个月。五月份(或六月初)回校进行操作考试。虽然生产实习制约了复习基本技能的系统内容,但是为学生操作练习提供了时间、场地。毕业操作考试对学生最后一学期实习产生了压力,起了促进推动作用,收到了好的效果。

如八三(四)班在"东风"工地实习的学生,结合砌筑专业操作内容,把工地当"考场"。认真且有目的地生产。一方面操作受到训练,另一方面又产生了经济效益,考生也很受公司欢迎。南京市建筑二公司评定质量时说,学生参加生产,一半以上质量已达三级半工操作水平,最差的个别学生质量也已达二级工水平。有的实习内容与自己的薄弱环节不一致,有的学生就利用业余时间,在家里练习,也有的学生抽时间参加低一年级实训进行操作复习。总而言之,毕业考前复习与生产实习相结合,有利于满足操作复习的特殊性要求。

五、在考试物资准备上

工具、材料等物资准备要足够提前。(传统笔试中,命题完毕到正式考试之间的时间不长。考试内容确定到印刷封存到正式考试之间只有两三天,提前量小。)

操作技术考试就大大地不同了,从命题完毕到印刷封存,考试的准备工作才开始,还有工具、材料等物资准备的大量工作,必须有足够的提前量,一般要有二三个月准备期。

考核组根据命题内容,计算每一考生所需工具和材料。具体做法:如砌粉命题内容是"组合砖砌清水墙,中间留有长 120 cm、宽 120 cm、深口 360 cm,排砖形式,梅花顶砌法 1∶3 石灰砂浆砌筑,两大面原砂匀平缝。……见图(此略)"。根据这个内容,再计算每一考生所需工具八件(石刀、抹灰尺、线锤、托线板、水平尺、卷尺、托灰板、拖条)和材料三样(标准红砖 208 块、石灰膏 0.04 m^3、黄沙 148.8 kg)。

个人量有了,根据专业考生数,计算总量清单,报请考试委员会审批。再责成实习工场采购、准备。由于采购各类材料都需要时间,加上运输以及材料工具分配要落实到每一张工作台、每一考生,因此操作考试中,材料工具的物资准备是一项很费时间的工作,必须保证足够的提前量。

六、在监考上

监考教师负责监考与评分(传统做法中监考老师就只负责监考)

传统笔试监考的任务不包含评定考试成绩工作,而操作考试的监考教师同时也是评分教师。一个专业的考场有主考教师和动态评分教师。动态评分教师一般负责考生(5~7名)动态评定。主考教师负责一个专业的静态作业评定,并审定动态分。考前动态评分教师必须统一标准,避免严松不一。为避免责任不清,每一考生的每一项动态评定成绩,都有评分教师签名。评考教师来源有二:一是原校内生产实训指导教师;二是联办单位的老师傅。

我们在操作考试期间,邀请建工局和公司的负责人,各劳资处负责人以及工程技术人员和老工人观看,扩大影响,加强宣传,为考生分配打下直观基础。联办单位某施工队许艺山队长,观看学生操作考试后说:"你们这个70分,在我们公司晋级可以得90多分,你们这种严格实训方法好。"建工局劳资处贾处长说:"我们不担心你们学生的技术水平,而是担心留不住了。"

七、在考场纪律上

有安全操作规定等多项新的内容,与传统笔试考场纪律有质的区别。南京建教中心规定了八条纪律,介绍如下:

(一)考生必须按规定考场入场,对照场地、姓名、范围进行技术考试。

(二)技术考试所需的手工工具,必须在考试前准备好。

(三)为了安全顺利进行操作,考生必须穿工作服或相当于工作服的衣服,要穿有利操作的鞋子。

(四)一旦进入考场,材料、工具、场地的分配,操作等事项都要严格服从操作评分教师、主考教师和总负责人的指导和调度,中途不得离开考场。如需喝水、大小便等而离开者,要得到操作评分教师的允许,否则以违反考场纪律酌情扣分。

(五)遵守考场纪律,保持安静,独立操作。不得请其他学生帮助,不得有任何操作的作弊行为。

(六)要严格规范进行操作,积极认真考试,但不要手忙脚乱,急于求成,出安全事故。

(七)在操作过程中产生问题而不能进行下去时,可以得到操作评分教师的帮助,但这一部分的操作分数将扣除。教师不当面打分,考生也不要问分,不得说情拉关系,向教师要分。

(八)操作考试完成后,把考卷交给操作评分教师,继续进行场地、工具清理等技术考试内容,并按规定时间完成。

操作考试分上、下午。考虑学生体力消耗较大,中间有一次加餐。

职业高中的毕业操作考试包括组织领导、命题人员、命题和评分、复习方式、考试物资准备、监考、考场纪律七个方面,与传统考试有质的区别。研究这些特殊性,有利于职业高中的教学改革与巩固发展。

注:

本文是全国第一所中德合作项目——南京建教中心1983年、1984年两年全市提前招生第一届与第二届毕业生的两次考试的总结,作者许高炎作为考委会常务负责人之一,根据实践经验于1987年6月25日撰写了这篇总结文章,作为本校职业高中常规性毕业考试的实践指导,后被南京市教育学会评为当年唯一的一篇职教论文二等奖。

第三节　职教数学教材

1998年8月14日由高等教育出版社数学室主任胡乃炯主持召开了审定国家教委规划教材——职业高中数学第二册会议。笔者许高炎作为审稿会的负责人,谈了以下几点认识。

1. 以纲为本,紧扣教学大纲进行了改革。贯彻了国家教委教职〔1998〕1号文件精神,以能力为本位的教学指导思想,并能根据大纲的"注意基础,突出应用,增加弹性,精选内容"原则来确定教材内容。

2. 教材内容比较精当。精当在对数学基础性的把握上,编写了高中数学的数量关系和空间形式的主要基础,包含了最基本的数学知识和数学方法;精当在对数学工具性的把握上,为科技进步、经济发展、社会生活搭了一座数学知识桥,成为专业课学习的工具。这座数学知识桥,是指从数的研究此岸,逐步拓宽延伸到标量、向量,再发展就是从理化量到工程技术量,再延伸就到达专业课的彼岸。我认为,各门文化课都应考虑各自知识桥作为工具的内容,为专业课打下基础。

3. 教材的数学体系既有改革力度,有新意,又严密完整。数理逻辑、向量处理、几何问题等是改革了传统教材的全新内容,但是仍保证了数学语言、数量关系、空间形式三部分内容的完整统一,甚至更加严密。

4. 教材条理清楚,重视能力培养,寓能力培养于教材知识中。编者高屋建瓴,把握了高中数学的实质和内在联系,在编写每章节数学知识的同时,注意为什么要学这些知识,注重从具体实例到抽象概括,注重数学能力培养,数学主要四种能力的培养在各个知识点中都有体现。如排列组合,编者概括为"计数"的实质,是认识的飞跃。"加法原理"编者改为"分类原理","乘法原理"编者改为"分步原理"。表面上看,是改了两个字,实质上是从计算方法上、从做法上到从分析上、从能力上进行的改革,是对数学原理改革的一大飞跃。

5. 面对客观实际。注意教材使用对象主要是职高生,兼顾少数对口升高职和普高学生,有相当大的弹性,内容深浅把握适度,编写深入浅出,文字浅显易懂,具有普适性。

6. 教材也不是十分完美,不会没有一点考虑不周或疏漏之处,这有待于编者和数学教学第一线的教师一起,在教学实践中不断完善。

注:

本文发表在 1999 年第 4 期《数学通报》第 17 页,题目是《谈对职业高中数学第二册教材(高中版)的几点认识》。职业高中数学第二册教材,由北京大学数学力学系丘维声教授主编。

附: **职教课程教材质量评估结构**

项目	指标(母项)		指标内容(子项)	权重
面向二十一世纪课程综合化教材质量指标	宽	内容规定性	宽专业基础的有关知能面宽	4
			宽专业有关的基本常识面宽	4
		表达直观性	宽专业有关的知能图像和图形多	3
			宽专业有关的知能表格和形象生动语言多	3
		课程衔接性	横向相关课程左右联系	3
			纵向相关课程上下联系	3
	浅	内容准确性	宽专业基础知能点的概念引入感性直观,概念定义明白、准确、浅出	4
			宽专业理论的原理、定律表达既反映本质又简单、通俗易懂	4
		专业理论性	专业理论数学推理少,浅显的定性逻辑推理多	4
			与培养目标有关的专业理论定量是从定性到定量,定性和定量相结合	4
			专业基本理论的阐述不使用高等数学	4
	用	教学适用性	针对职教教学现状,有利于职教教师备课上课考核	5
			符合职教学生实际层次和水平,符合学生认知和掌握技能的规律,有利于学生身心健康	5
			有利于学生掌握知能点和规律,发展智力,培养动手能力和分析理解职业实际问题能力	5
		实用系统性	知能结构是实用体系结构	5
			从宽职业实际到专业理论,又将专业理论应用于宽专业职业实际的体系	5
			知能点、公式、定理、例题、习题、图例等结构系统符合实际	5
		职业实践性	知识和技能与实际职业岗位结合	5
			重职业技能训练	5
		职业思想性	职业思想观点正确	5
			职业道德寓于专业知识、技术、技能中	5
	新	时代先进性	技术、材料、规范反映新时代的先进性	4
			介绍新技术体系的基本常识,介绍设备、工具、仪器等物化的新技术,介绍操作工艺程序、手段方法等抽象新技术知识	3
			介绍新材料的性质、用途和作用,介绍新规范	3
4 项	10 个母项指标		24 个子项指标	100

注：

《职教课程教材质量评估结构》一文是笔者 1994 年 12 月在由教育部职教司召开的教材发展改革研讨会上的发言稿。

第四节 教学评价体系

一、职业教育教学评价体系结构

序号	一级指标（6项）	二级指标	主要内容	标准 A	B	C	D
1	办学与教学思想	定位与思路	人才培养目标的思路与定位				
2			教学中心地位				
3		产学研结合	以学生为本				
4			产学研结合观念与组织				
5			产学研结合成效				
6	教师队伍	结构	专业教师结构				
7			兼职教师结构				
8		质量	师资队伍质量				
9			师资队伍建设与发展				
10	教学建设与改革	专业	专业设置				
11			专业教学计划				
12		课程	课程建设与改革				
13			教材建设与改革				
14		职业能力	实践训练条件与体系				
15			实践训练实施与考核				
16	教学服务与管理	管理队伍	管理队伍结构、建设与发展				
17		教育质量	教育质量标准、评价与监控				
18		学生主体	职业生涯准备				
19			身心健康服务				
20			生活服务				

(续表)

序号	一级指标 （6项）	二级指标	主要内容	标准			
				A	B	C	D
21	教学效果	质量	职业能力培养与质量				
22			基本素质与职业素质教育与质量				
23		社会声誉	新生报到率与毕业生就业率				
24			社会评价				
25	特色与创新	特色与创新	特色与创新				

二、职业教育教学评价体系内涵

序号	教学评价体系	内涵
1	人才培养目标的思路与定位	1. 学校教育事业"十一五"与"十二五"发展规划能适应地方经济需求，并主动为社会经济服务，还能引领职业技术应用实践方面的改革与发展 2. 学校人才培养目标定位准确，培养技术应用类型的不同方面（生产、建设、服务、管理第一线）与不同层次（高素质高技能或有素质有技能）的人才 3. 学校有高职教育研究机构、专职人员、研究成果，有明确高职性质、地位、作用的认识，有明确的高职人才观、质量观、教学观、课程观
2	教学中心地位	1. 学校教育事业发展规划突出教学工作的中心地位 2. 学校教育事业发展规划的政策落实，向教师、向教学倾倒 3. 学校教学工作与其他工作能正确处理与和谐协调发展
3	以学生为本	1. 学校对本校高职类的学生群体特征有明确的认识 2. 学校在教育、教学、管理、服务等方面有明确的以学生为本的观念 3. 在教育、教学、管理、服务等方面站在学生的角度与立场，以学生为主体培养人才运行
4	产学研结合观念与组织	1. 产学研结合在学校教育事业发展规划的反映，是高职办学的"基础、条件、必经之路"观念的反映 2. 产学研结合体制的组织落实，产学研结合指导委员会与各专业指导委员会的机构落实
5	产学研结合成效	1. 产学研结合的机制与运行情况，学校与企业、行业、科研单位等合作双赢发展情况 2. 产学研结合程度从"产教"结合，到"产学"结合，到"产学研"结合，不断深化合作，双赢发展
6	专业教师结构	1. 师生比、教师周学时达《高职高专院校人才培养工作水平评估方案（试行）》优秀 2. 青年研究生、高级职称、专业课双师型比例达《高职高专院校人才培养工作水平评估方案（试行）》优秀

(续表)

序号	教学评价体系	内涵
7	兼职教师结构	中高级职称比例、占专业课与实践课的比例达《高职高专院校人才培养工作水平评估方案(试行)》优秀
8	师资队伍质量	1. 为学生师表,师德高尚 2. 以学生为本,遵守高职教学原则,教学水平不断提高,教学效果好 3. 教改意识、质量意识、课程意识强,教学科研水平不断提高
9	师资队伍建设与发展	1. 师资队伍建设规划行之有效,措施得力。教师结构逐步合理,质量逐年提高,整体素质逐步提高 2. 有系统的有利于提高教师队伍质量的机制与政策,效果显著 3. 有专业教学带头人或实践教学带头人,产学研结合成果在同类院校或相关行业有影响,并形成产学研结合的骨干队伍
10	专业设置	1. 主动适应、服务于地方经济社会的发展 2. 专业设置适时按市场需求调整,善于处理好教育的滞后性、周期性与市场需求的快速变化的矛盾 3. 引领个别新型职业的发展需求
11	专业教学计划	1. 专业培养目标定位准确,专业人才质量标准明确具体 2. 专业人才培养模式在教育、教学、管理、服务等方面体现了以学生为本的指导思想,体现了以职业素质、职业能力为目标的全面重点发展的特色内容 3. 专业计划的课程设置结构合理,课程设置体系与专业培养目标定位匹配
12	课程建设与改革	1. 课程建设与改革有总体规划,有具体实施计划与配套措施 2. 课程教学内容建设要符合高职教育的专业培养目标定位要求,要符合高职教育的职业性、实践性、社会性本质的特色要求 3. 课程教学内容改革逐年推进,改革成果符合高职教育本质要求,与时俱进地体现了技术应用发展的先进性、职业发展的实践性
13	教材建设与改革	1. 逐年精选,近三年出版的高职教材占40% 2. 逐年精选,近两年出版的地方教材与高质量的校本教材共占50% 3. 实训与实验指导教师要逐年采用自编实践讲义或指导书,占10%
14	实践训练条件与体系	1. 多数专业都建立了运行效果好、效率高的具有职业氛围、设备先进、设施配套的实训基地。重点专业都设立了国家职业技能鉴定站。 2. 多数专业都建立了运行良好的具有保障机制、双联和谐的校外实训基地。 3. 多数专业都构建了教育教学的实践体系。实践体系与理论体系匹配,有机结合。

(续表)

序号	教学评价体系	内涵
15	实践训练实施与考核	1. 专业指导委员会有效指导实践训练教学的实施,院系实践训练运行高效有序,安排科学合理。根据各个专业培养目标的具体要求,学生践行训练时间为半年到一年 2. 职业选项平台(专门化)中的必修与限选实践课开出率百分之百,有符合职业岗位(群)要求的实践课指导书与技术应用指导教师 3. 建立了与本专业培养目标要求相匹配的职业技能考核鉴定制度。学生全部参加与本专业职业技能考核鉴定制度内的技能考核和职业资格考核
16	管理队伍结构建设与发展	1. 管理机构健全,结构合理,院系管理体制运转和谐畅通,适应教育管理改革 2. 建设与发展适应"学分制"现代化计算机网络系统教育管理队伍,建设与发展适应"产学研结合"办学机制的办学教学管理队伍 3. 管理规章制度健全、严谨,执行严格,逐步适应"学分制"教学与课程制的改革,逐步适应"产学研结合"办学机制的办学教学改革
17	教育质量标准评价与监控	1. 各个教育教学环节与过程都建立了明确具体的质量标准,围绕环节与过程,有相关人员的工作规范与评价监控质量的要求,且执行效果好 2. 建立了完善的教育教学质量监控闭合体系,进行全过程、全系统、全指标的质量监控,开展教育教学督导、评教评学、信息反馈等有效活动,效果显著 3. 每年一次新生入学质量调研,毕业生跟踪调研,进行信息系统分析,优化培养方案,调整质量标准与评价标准
18	职业生涯准备	1. 各个专业都开设职业生涯规划课,都有职业生涯准备的全程指导教育计划、组织与实施 2. 结合"产学研结合"活动的开展,定期组织到企业有目的、有计划、有准备的职业生涯调研活动,就业指导服务效果显著
19	身心健康服务	1. 做好身心健康服务,学生全部积极参与文体活动,大多数学生身体普通健康 2. 做好身心健康服务,建立学生心理健康咨询服务中心,定期对学生开展心理教育,开展大学生心理调研,开设心理讲座 3. 做好身心健康服务,积极开展发展学生良好个性的活动,使其适应当代社会职业的发展
20	生活服务	1. 有严格的作息制度,按时合理膳食,起居生活有规律、讲科学 2. 餐厅、宿舍整洁卫生,学生生活服务亲切周到

(续表)

序号	教学评价体系	内涵
21	职业能力培养与质量	1. 做好教学服务工作,学生能全部参加与本专业职业技能考核鉴定制度内的技能考核和职业资格考核的工作,通过率百分之百。通过教学服务,大多数学生职业能力强,具有高技能水平,评价效果好 2. 做好教学服务工作,学生能全部参加与本专业有关的产学研活动,提高职业能力。通过教学服务工作,大多数学生能很好地掌握必要的技术应用知识与职业知识,成为技术应用型专门人才
22	基本素质与职业素质教育与质量	1. 以培养高素质的现代社会职业人为核心,各个专业全程进行基本素质与职业素质教育。围绕职业素质教育核心,有组织、有计划开展产学研专业活动、职业活动与社会活动,同时进行人文素质、民族传统、时代精神、科学精神教育 2. 校园文明已形成氛围,大多数学生具有良好的伦理道德、社会公德、职业道德 3. 校园文化环境有序卫生、健康向上、朝气优美,广泛开展多种形式文体科技活动,学生身心普遍健康,并已形成良好的行为习惯 4. 学生潜能得到充分发挥,发展个性,大多数学生具有实践能力与创新意识
23	新生报到与毕业生就业率	1. 近三年新生平均报到率超过百分之九十 2. 近三年毕业生平均就业率超过百分之九十
24	社会评价	1. 近三年用人单位对毕业生综合评价的称职率超过百分之九十 2. 近三年用人单位有反映毕业生在技术应用领域某些方面有所创新,具有一定的引领作用 3. 近三年"产学研结合"企校双赢发展
25	特色与创新	没有框框限制,根据报批具体材料,定夺是否是创新与特色内容

三、职业教育教学评价体系标准

序号	教学评价体系	标准 A	标准 C
1	人才培养目标的思路与定位	1. 学校教育事业"十一五"与"十二五"发展规划能适应地方经济需求,并主动为社会经济服务,还能引领职业技术应用实践方面的改革与发展 2. 学校人才培养目标定位准确,培养技术应用类型的不同方面与不同层次的人才 3. 学校有高职教育研究机构、专职人员、研究成果,有明确的高职性质、地位、作用的认识,有明确的高职人才观、质量观、教学观、课程观	1. 学校教育事业"十一五"与"十二五"发展规划能适应地方经济需求,为社会经济服务 2. 学校人才培养目标定位明确,培养技术应用类型的人才 3. 学校有高职教育研究机构、专职人员与研究成果

(续表)

序号	教学评价体系	标准 A	标准 C
2	教学中心地位	1. 学校教育事业发展规划突出教学工作的中心地位 2. 学校教育事业发展规划的政策落实,向教师、向教学倾斜 3. 学校教学工作与其他工作能正确处理与和谐协调发展	1. 学校教育事业发展规划突出教学工作的中心地位 2. 学校教育事业发展规划的政策落实,向教师、向教学倾斜 3. 学校教学工作与其他工作能协调发展
3	以学生为本	1. 学校对本校高职类的学生群体特征有明确的认识 2. 学校在教育、教学、管理、服务等方面有明确的以学生为本的观念 3. 在教育、教学、管理、服务等方面站在学生的角度与立场,以学生为主体培养人才	1. 学校对本校高职类的学生群体特征有认识 2. 学校有以学生为本的观念 3. 在教育、教学、管理、服务等方面,以学生为主体培养人才
4	产学研结合观念与组织	1. 产学研结合在学校教育事业发展规划的反映,是高职办学的"基础、条件,必经之路"观念的反映 2. 产学研结合体制的组织落实,产学研结合指导委员会与各专业指导委员会的机构落实	1. 产学研结合是高职办学的"必经之路"观念的反映 2. 有产学研结合指导委员会与各专业指导委员会
5	产学研结合成效	1. 产学研结合的良好机制与正常运行,学校与企业、行业、科研单位等合作双赢发展 2. 产学研结合程度为"产学研"结合并不断深化、合作双赢发展	1. 产学研结合正常运行,学校与企业、行业、科研单位等合作发展 2. 产学研结合程度为"产教"结合或"产学"结合,合作发展
6	专业教师结构	1. 生师比、教师周学时达《高职高专院校人才培养工作水平评估方案(试行)》优秀 2. 青年研究生、高级职称、专业课双师型比例达《高职高专院校人才培养工作水平评估方案(试行)》优秀	1. 生师比、教师周学时达《高职高专院校人才培养工作水平评估方案(试行)》及格 2. 青年研究生、高级职称、专业课双师型比例达《高职高专院校人才培养工作水平评估方案(试行)》及格
7	兼职教师结构	中高级职称比例、占专业课与实践课的比例达《高职高专院校人才培养工作水平评估方案(试行)》优秀	中高级职称比例、占专业课与实践课的比例达《高职高专院校人才培养工作水平评估方案(试行)》及格

(续表)

序号	教学评价体系	标准	
		A	C
8	师资队伍质量	1. 为学生师表,师德高尚 2. 以学生为本,符合高职教学原则,教学水平不断提高,教学效果好 3. 教改意识、质量意识、课程意识强,教学科研水平不断提高	1. 为学生师表,师德高尚 2. 符合高职教学原则,教学水平不断提高,教学效果良好 3. 有教改意识、质量意识、课程意识,教学科研水平不断提高
9	师资队伍建设与发展	1. 师资队伍建设规划行之有效,措施得力。教师结构逐步合理,质量逐年提高,整体素质逐步发展 2. 有系统的有利于提高教师队伍质量的机制与政策,效果显著 3. 有专业教学带头人或实践教学带头人,产学研结合成果在同类院校或相关行业有影响,并形成产学研结合的骨干队伍	1. 有师资队伍建设规划,有措施。教师结构逐步合理,质量逐年提高,整体素质逐步发展 2. 有提高教师队伍质量的政策,有效果 3. 有专业教学带头人或实践教学带头人
10	专业设置	1. 主动适应、服务于地方经济社会的发展 2. 专业设置适时按市场需求调整,善于处理好教育的滞后性、周期性与市场需求的快速变化的矛盾 3. 引领个别新型职业的发展需求	1. 适应、服务于地方经济社会的发展 2. 专业设置能按市场需求调整
11	专业教学计划	1. 专业培养目标定位准确,专业人才质量标准明确具体 2. 专业人才培养模式在教育、教学、管理、服务等方面体现了以学生为本的指导思想,体现了以职业素质、职业能力为目标的全面重点发展的特色内容 3. 专业计划的课程设置结构合理,课程设置体系与专业培养目标定位匹配	1. 专业培养目标定位明确,专业人才质量标准明确 2. 专业人才培养模式,体现了以职业素质、职业能力为目标的全面重点发展的特色内容 3. 课程设置合理,课程设置体系与专业培养目标定位匹配
12	课程建设与改革	1. 课程建设与改革有总体规划,有具体实施计划与配套措施 2. 课程教学内容建设符合高职教育的专业培养目标定位要求,符合高职教育的职业性、实践性、社会性本质的特色要求 3. 课程教学内容改革逐年推进,改革成果符合高职教育本质要求,与时俱进地体现了技术应用发展的先进性、职业发展的实践性	1. 课程建设与改革有总体规划 2. 课程教学内容建设符合高职教育的专业培养目标定位要求 3. 课程教学内容改革逐年推进

(续表)

序号	教学评价体系	标准 A	标准 C
13	教材建设与改革	1. 逐年精选,近三年出版的高职教材占40% 2. 逐年精选,近两年出版的地方教材与高质量的校本教材共占50% 3. 实训与实验指导教师要逐年采用自编实践讲义或指导书,占10%	1. 逐年精选,近三年出版的高职教材占70% 2. 逐年精选,近两年出版的地方教材,与高质量的校本教材共占30% 3. 有实训与实验指导教师自编实践讲义或指导书
14	实践训练条件与体系	1. 多数专业都建立了运行效果好、效率高的具有职业氛围、设备先进、设施配套的实训基地。重点专业都设立了国家职业技能鉴定站 2. 多数专业都建立了运行良好的具有保障机制、双联和谐的校外实训基地 3. 多数专业都构建了教育教学的实践体系。实践体系与理论体系匹配,有机结合	1. 部分专业建立了运行效果良好效率较高的实训基地。重点专业都设立了国家职业技能鉴定站 2. 部分专业建立了校外实训基地 3. 部分专业构建了教育教学的实践体系
15	实践训练实施与考核	1. 专业指导委员会有效指导实践训练教学的实施,院系实践训练运行高效有序,安排科学合理。根据各个专业培养目标的具体要求,学生践行训练时间为半年到一年 2. 职业选项平台(专门化)中的必修与限选实践课开出率百分之百,有符合职业岗位(群)要求的实践课指导书与技术应用指导教师 3. 建立了与本专业培养目标要求相匹配的职业技能考核鉴定制度。学生全部参加与本专业职业技能考核鉴定制度内的技能考核和职业资格考核	1. 专业指导委员会指导实践训练教学的实施,根据各个专业培养目标的具体要求,学生践行训练时间为半年到一年 2. 实践课开出率百分之百,有符合要求的实践课指导书与技术应用指导教师 3. 建立了职业技能考核鉴定制度。学生参加职业技能考核和职业资格考核

(续表)

序号	教学评价体系	标准 A	标准 C
16	管理队伍结构建设与发展	1. 管理机构健全,结构合理,院系管理体制运转和谐畅通,适应教育管理改革 2. 建设与发展适应"学分制"现代化计算机网络系统教育管理队伍,建设与发展适应"产学研结合"办学机制的办学教学管理队伍 3. 管理规章制度健全,严谨,执行严格,逐步适应"学分制"教学与课程制的改革,逐步适应"产学研结合"办学机制的办学教学改革	1. 管理机构健全,院系管理体制运转畅通 2. 建设适应"学分制"教育管理队伍,建设适应"产学研结合"办学机制的办学教学管理队伍 3. 管理规章制度健全
17	教育质量标准评价与监控	1. 各个教育教学环节与过程都建立了明确具体的质量标准,围绕环节与过程,都有相关人员的工作规范与评价监控质量的要求,且执行效果好 2. 建立了完善的教育教学质量监控闭合体系,进行全过程、全系统、全指标的质量监控,开展教育教学督导、评教评学、信息反馈等有效活动,效果显著 3. 每年一次新生入学质量调研,毕业生跟踪调研,进行信息系统分析,优化培养方案,调整质量标准与评价标准	1. 教育教学环节与过程有质量标准,有相关人员的工作规范,且执行效果良好 2. 有教育教学质量监控,开展教育教学督导、评教评学、信息反馈等活动,效果良好 3. 每年一次新生入学质量调研,毕业生跟踪调研,调整培养方案
18	职业生涯准备	1. 各个专业都开设职业生涯规划课,都有职业生涯准备的全程指导教育计划、组织与实施 2. 结合"产学研结合"活动的开展,定期组织到企业有目的、有计划、有准备的职业生涯调研活动,就业指导服务效果显著	1. 开设职业生涯规划课,有职业生涯准备的指导教育计划 2. 结合"产学研结合"活动的开展,组织到企业进行职业生涯调研活动,就业指导服务效果良好
19	身心健康服务	1. 做好身心健康服务,学生全部积极参加文体活动,大多数学生身体健康 2. 做好身心健康服务,建立学生心理健康咨询服务中心,定期对学生开展心理教育,开展大学生心理调研,开设心理讲座 3. 做好身心健康服务,积极开展发展学生良好个性的活动,适应当代社会职业的发展	1. 进行身心健康服务,学生积极参与文体活动,学生身体普遍健康 2. 进行身心健康服务,建立学生心理健康咨询服务中心,对学生开展心理教育 3. 进行身心健康服务,开展发展学生良好个性的活动,适应当代社会职业的发展

(续表)

序号	教学评价体系	标准 A	标准 C
20	生活服务	1. 有严格的作息制度,按时合理膳食,起居生活有规律、讲科学 2. 餐厅、宿舍整洁卫生,学生生活服务热情周到	1. 有作息制度,起居生活有规律 2. 餐厅、宿舍整洁卫生,学生生活服务周到
21	职业能力培养与质量	1. 做好教学服务工作,学生能全部参加与本专业职业技能考核鉴定制度内的技能考核和职业资格考核,通过率百分之百。通过教学服务,大多数学生职业能力强,具有高技能水平,评价效果好 2. 做好教学服务工作,学生能全部参加与本专业有关的产学研活动,提高职业能力。通过教学服务工作,大多数学生能很好地掌握必要的技术应用知识与职业知识,成为技术应用型专门人才	1. 进行教学服务工作,学生能参加职业技能考核职业资格考核,通过率百分之八十。通过教学服务,学生职业能力强,具有高技能水平,评价效果较好 2. 进行教学服务工作,学生能参加产学研活动,提高职业能力。通过教学服务工作,学生能掌握必要的技术应用知识与职业知识,成为技术应用型专门人才
22	基本素质与职业素质教育与质量	1. 以培养高素质的现代社会职业人为核心,各个专业全程进行基本素质与职业素质教育。围绕职业素质教育核心,有组织、有计划开展产学研专业活动、职业活动与社会活动,同时进行人文素质、民族传统、时代精神、科学精神教育 2. 校园文明已形成氛围,大多数学生具有良好的伦理道德、社会公德、职业道德 3. 校园文化环境有序卫生、健康向上、朝气优美,广泛开展多种形式文体科技活动,学生身心普遍健康,并已形成良好的行为习惯 4. 学生潜能得到充分发挥,发展个性,大多数学生具有实践能力与创新意识	1. 各个专业进行基本素质与职业素质教育。开展产学研专业活动、职业活动与社会活动,进行人文素质、民族传统、时代精神、科学精神教育 2. 校园文明已形成氛围,多数学生具有良好的伦理道德、社会公德、职业道德 3. 校园文化环境有序卫生、健康向上、朝气优美,开展文体科技活动,学生身心普遍健康,并已形成良好的行为习惯 4. 学生潜能得到发挥,学生具有实践能力与创新意识

(续表)

序号	教学评价体系	标准	
		A	C
23	新生报到与毕业生就业率	1. 近三年新生平均报到率超过百分之九十 2. 近三年毕业生平均就业率超过百分之九十	1. 近三年新生平均报到率超过百分之八十 2. 近三年毕业生平均就业率超过百分之八十
24	社会评价	1. 近三年用人单位对毕业生综合评价的称职率超过百分之九十 2. 近三年用人单位有反映毕业生在技术应用领域某些方面有所创新,具有一定的引领作用 3. 近三年"产学研结合"企校双赢发展	1. 近三年用人单位对毕业生综合评价的称职率超过百分之七十 2. 近三年"产学研结合"企校发展
25	特色与创新	没有框框限制,根据报批具体材料,定夺是否是创新与特色内容	

注:

本文是《职业教育教学评价体系和标准的研究》课题中的部分内容,课题负责人是钟山学院职教研究所所长高耘,由研究员许高炎执笔。课题分8个部分:课题研究的背景、范围、观点、目标与原则、过程与方法;课题研究成果之一、成果之二、成果之三。2006年11月报中国职业技术教育学会参加优秀课题评选。本文内容是构建职教教学评价体系的结构、内涵与标准。该文提出了构建职业教育教学评价体系的结构、内涵、标准的具体内容。主要有3个方面,第一是评价体系的结构,结构包括三个方面:一级指标、二级指标、主要内容。第二是评价体系的内涵,阐述了主要内容的内涵64条。第三是区分等级标准,分A、B、C、D四个等级,A为优秀,B为良好,C为及格,D为不合格。表格给出了A与C标准。若在A、C间为B,若比C还低,则为D。

第十四章 管理篇

第一节 教管模式研究

一、研究导言

（一）研究的范围与定位、目标与原则

1. 范围与定位

我们研究的范围：研究区域是江苏省经济、科技、文教发展发达或较发达地区，以苏中、苏南为主，兼顾苏北中等职业教育，以研究职业中专、职业高中为基础，以普通中专、技工学校、成人中专为参照，淡化其几类学校教育的界线，统称中等职业学校教育；以研究中等职业学校教育为主、职业培训教育为次的中等职业教育。

教学法管理模式是指在教学管理的实践基础上，在理论指导下，对教学管理要素通过信息流、能量流、物质流联系起来的空间序、时间序、运动序作简要表达（或者说对教学管理的结构要素，要素的位置、关系以及运转作简要表达，或者说对教学管理的内容、方式、评价作简要表达）。模式源于实践高于实践，是理论与实践的中介，可直接指导教学管理实践。

教学管理是教学管理者依据一定的理论，运用各种教学管理手段，通过计划、组织、指挥、协调各个受分工制约的不同个体的工作、活动，创造出一种比个体力量的总和要大得多的力量，从而达到预定的教学管理目标。这个教学管理目标包括两方面：一个是完成了工作任务，提高了教学质量，以事为中心，以能力为本，重制度、重原则、重解决问题；另一个是培养了人，提高了人的素质，以人为本，重情商、重个性发展。教学管理的要素包括涉及教学的财物、时空、人事、信息、知识、技能等方面。

2. 目标与原则

我们研究的目标是调查职业教育教学管理现状，影响教学管理的各个相关因素和环节，研究如何达到最佳状态，实行最佳结合，进行最佳运转，达到教学管理目标的最优效能。在此基础上，提出省、市、县、校四级教学管理模式，推动教学管理的现代化、科学化、规范化，指导教学管理实践。

我们研究的原则有五。第一,方向性原则。研究沿"深化教改,全面推进职业教育素质教育"这个整体方向去考虑,从自主性、民主性、开放性、现代性、个性化这五个趋势去思考。第二,区域性和层级性原则。以南京、苏州、无锡、常州、镇江、盐城等地区为区域横向层面。从区域现状着手,以区域教学管理实践为基础,以省、市、县、校四个层级纵向深入进行研究。第三,应用性原则。以个案研究为基础,应用性研究为主。研究的主要问题是实践中影响管理成效的制约因素,需要解决的实际问题,研究成果具有可操作性。第四,普遍性原则。在升华个案时,提出具有同样环境和条件的省级、市级、县级、学校级教学管理模式的普遍性结论。第五,创造性原则。中职教学管理有好经验,但教学管理理论十分匮乏,套用普教教学管理的理论与做法,制约了中职教改的进程。我们的研究,要有探索勇气和创新精神,在新思想、新观念、新理论的指导下,进行大胆实践的科学研究,力争形成我们自己中职教学管理的理论。

(二) 研究的过程与方法、成果与阐述

1. 过程与方法

我们的研究过程分为五个阶段。第一,准备与建组阶段。主要是研究课题的基本思路,拟定讨论开题报告,成立 02－08 课题组和六个子课题组,明确成员与分工,布置任务,统一思想,统一步调。第二,课题全面启动阶段。主要是制定子课题研究方案,召开子课题成员会议,开展子课题研究,收集研究资料,展开相关性调查,整理分析材料。第三阶段,成果总结阶段。主要是构建"模式",初步形成阶段性成果,撰写子课题研究总结报告。第四,交流实证阶段。召开"子课程研究报告交流会",对各子课题的研究成果进行必要的实证研究,修改子课题报告。第五,课题总结阶段。撰写总课题报告,召开"课题总结会",编辑研究报告集,上报 02－08 课题。

我们研究的方法有三类。第一,收集类。采用了文献资料法、问卷法、观察法、谈话法、测量法等五种方法,采集了大量第一手教学管理研究资料。第二,整理分析类。采用了数理统计法、比较法、历史法、案例分析法等四种方法,归纳分析了研究资料,进行了去粗取精,由表及里,由此及彼,去伪存真的加工。第三,综合研究类。运用了哲学辩证方法、逻辑方法、系统方法等进行综合研究,提出教学管理系统对象的要素、特点、关系、状态、过程等,构建教学管理不可分割的整体性和不可逆的社会性的动态模式。

2. 成果与阐述

(1) 调查了区域中职教学管理的现状:

调研了区域 20 年来职教发展的"起步、发展、调整"三个阶段。后 10 年区域职教内涵发展是,以质量和效益为核心的办学事业目标转变,制定区域七项教学管理规范,加强采取评估、检查、奖惩措施,六大专业、百校启动专业现代化工程与建立八个师资培训基地,加强师资队伍建设,建立适合区域中职教学实践的模式等五项变化;从"现状与职教内涵发展目标六个方面差距、职教专业现代化和教学管理的新内容、职教进入市场竞争机制的体制变化"三方面——目标、内容、体制,综合分析了构建新的教学管理模式的必要性。

(2) 分析了影响中职教学管理的下列因素:

影响中职教学管理的逻辑起点,是在系统外的,是职教的特定社会功能,反映在与政治、文化、科技、经济的联系上,从而形成职教教学管理的大背景。影响中职教学管理的内部薄弱环节是七个不到位:不适应新培养目标需求,职教教学整体工作不到位;职教观念陈旧,面向 21 世纪认识不到位;办学教学条件较差,资金投入不到位;职教特色体现不够,实践教学训练不到位;教学管理机构不完善,统筹力度不到位;职教教学评估体系未制订,教学管理激励机制未形成,手段不到位;教育部门、系统内部,政策不到位。影响中职教学管理的内外因素,为构建区域中职教学管理模式提供了选择和实用的可能性。

(3) 研究了影响构建的下列科学性认识和误区:

研究了"职业教育与普通教育的教学管理""教育管理与教学管理""教学管理结构与教学管理模式"三组概念的区别,提高了构建区域中职教学管理模式的准确性、科学性。研究了教学管理与教学改革、教学研究、教学质量的相关性、统一性和差异性,这种辩证认识,有利于走出构建教学管理模式的误区。

(4) 阐述了构建区域中职教学管理模式的理论依据和背景、系统、层级、灵活、激励、效能等六条构建原则,并构建了区域教学管理体制和网络管理系统。

(5) 阐述了省级教学管理的 6 条目标任务、20 条职责要求、结构形式、功能内容、结构原则以及省级教学管理机构的领导决策、分工实施、招待行动、修正偏差、反馈评价的封闭管理工作过程和管理的具体办法。

(6) 提出了区域层级间和横向间的教学管理的具体内容,省、市、县、校不同层级的教学管理模式。

(7) 提出了区域教学管理"行政领导牵头,任务组合模块,分工反馈达标"的模式,并进行了阐释。

(8) 从管理体制、柔性管理、控制和激励等方面,说明构建区域教学管理模式是创新的。

(9) 对县、校不同层级的教学管理个案进行了简单释义。

(三) 职教背景研究与现状阐述

分析职教与社会经济、科学文化的内外背景,作为我们研究区域中职教学管理的逻辑起点,进而阐述职教发展历程,与教学管理的现状。在认识教学管理与教学改革、教学研究、教学质量间辩证关系的基础上,反思教学管理不力而影响教学质量与效益的现实,并明确普教与职教的教学管理、教育管理与教学管理、结构和模式的概念,为提出构建模式奠定了现实意义的基础。

1. 职教背景

研究职教的教学管理模式,仅仅在系统内是不够的,必须到系统外,必须研究系统背景、内外联系和趋势,这样才能高屋建瓴。教育、科技、经济一体化是现代社会的发展趋势。科教对经济的作用大小取决于是否三结合以及科、教、经结合的程度。

职业教育是教育系统的一个重要子系统,教育是社会系统的一个子系统。职业教育是为了实现受教育者的社会化,而由施、受教育者以一定的中介方式,组成的具有特定社会功能的一个重要系统。职业教育的特定社会功能,反映在与政治、文化、科技、经济的联系上,从而形成职教教学管理的大背景。

(1) 职教与政治的联系:

政治对职业教育制约、影响,主要通过政府和个别领导行为来实现。政府通过政策、管理等手段,确定职业教育发展的方向、规模、教育思想和内容。这表现在三方面:决定职业教育的方针;确定职业教育发展的投资方向;通过计划、立法、分配、指导、服务、监督、评估等手段,对职教各方面进行管理,达到对职教系统的有效控制。职业教育功能是培养有政治素质的人才,这些人才对促进政治意识社会化有重大作用,发挥着保障社会政治进步的功能。职教和政治的联系是,政治制约影响职教,职教保障社会政治进步。

(2) 职教与文化的联系:

社会文化是人类社会的产物,是生存、发展的基础和条件。社会物质文化是人类改造自然活动的成果,是人类生存、生活的物质条件;社会制度文化是维护正常生活秩序,约束着人们对各种行为的选择;社会精神文化是人类社会生活的一种价值导引,是人类社会生存和发展的一种潜在的约束力。三种社会文化,是人类创造的一切物质与精神成就的总和。它是职教的实际背景,影响着人们对职教的价值取向,对职教和教育类型的选择。现代社会文化的发展必然深刻影响职教发展,对人才素质也提出了更高要求。但是,我国两千多年的封建文化教育,"入仕做官""崇尚义理""轻视末技""巫医乐师百工之流,君子不齿"等社会文化积淀,至今仍影响着对职教和教育类型的选择,影响和制约着中国职教的发展。可见,社会文化对职教的影响是长期的、深刻的、潜移默化的。

教育是文化的产物,教育是文化的传递,它们相伴而生。教育具有保存、选择、整理、创造社会文化的功能。职教是通过确定教育内容的过程来对社会文化进行整理、选择的,是通过吸收国内外先进的文化成就来丰富、创新教学内容,通过教学过程传授下一代或客观存在受教育者,来实现传递社会文化功能的。职教和文化的联系是,社会文化对职教的影响是长期深刻的,职教目的、内容、制度无不被打上社会文化烙印,职教具有传递、选择、整理、创造社会文化的功能。

(3) 职教与经济的联系

职教是教育与经济的结合部,是经济阶段性发展的产物。经济水平制约、推动职教发展。经济结构影响着职教结构。

产业结构的变化和就业结构的变化影响着职教发展,影响着专业结构、课程结构。就业竞争是推动职教发展的动力。技术结构(在各经济部门中的先进、中间、落后技术的构成状况)的状态和变化,始终制约、影响着职教层次结构的状态和变化。随着经济发展,人才结构模式从金字塔形向椭圆形发展。职教的层次结构应与技术结构的发展同步,与其要求一致。职教培养经济需求的各类劳动人才,决定了劳动力质量,为经济持续稳定发展提供背景和基础,影响推动经济发展。

劳动力市场是职教和经济联系的中介。劳动力供求关系,以择优原则来配置就业机会。人才需求的价格信号反映劳动力供求状况,从而实现职教资源合理配置和有效利用,并制约职教发展规模和速度,推动职教内外团体协调发展。市场是企业活动的场所,也是职教活动的场所。企业是市场经济的主体,价值规律是基本规律。职教应建立以市场自发调节为主、行政手段宏观调节为辅的自主办学机制,独立法人为基础的新的动力运行机制。职教动力运行机制受市场经济规律制约。职教对市场中劳动力需求层次、质量、规格、数量作出灵敏、快速的反应,提高自我发展能力和办学效益。职教主动适应社会经济需求。职教市场是连接职教系统与经济系统的纽带,是沟通教育与职业的通道。

地域的人力资源状况影响职教布局。其年龄结构制约职教发展规模和速度。发展职教是促进人力资源有效使用、合理配置的有效手段,发展各类职教,有利于人力资源整体效益发挥。因此,人力资源开发的现实途径是大力发展职教。

(4) 职教与科技的联系

职教是科技进步的产物。科技进步刺激人们对职教的兴趣。科技发展,产业升级,劳动者知能结构发生变化,职教就会出现高层次、高移化趋势。科技发展,产业结构、就业结构发生相应变化,新职业、新产业涌现,职教必须更新教学内容,并向终身教育发展。科技发展,促进职教教学手段不断改善。职教为科技进步培养了需要人才,促进了科技进步。职教肩负把科技进步转化为直接生产力的职能。

2. 现状阐述(职业教育发展、教学工作回顾、构建教学管理模式必要性)

(1) 区域职教发展:20年来,区域(江苏省)职教发展大致可划分为三个阶段。第一阶段,20世纪80年代末90年代初,职教与普教并举。重点抓职教实践教学,修订教学计划,增加实践教学学时,加强实践教学,形成职教自身的特点。规范教学管理。第二阶段,"八五"期间和"九五"的前期,职教事业高速发展期。邓小平发表南方谈话,经济腾飞。职教高速扩张,采取措施,积极调整,向内涵发展方式转变。职教内部为适应我国向市场经济转轨,必须继续深化教学改革,发生一系列变化:人才培养规格由单一学历证转变为毕业证和多种技能证双证并举,调整了培养目标、专业设置、课程结构等,提高毕业生在劳动力市场、就业市场的竞争力。第三阶段,"九五"计划中期开始。区域经济形势发生了重要的阶段性变化,职教与经济建设同步进行了调整。这种调整是以现代化为指导思想的积极的调整。重点是启动了职教现代化工程以专业建设的现代化带动职业教育的现代化。1996年江阴召开了区域职业教育教学工作会议,标志职教进入以内涵发展为主的新阶段。至今,这个阶段还未结束。

(2) 区域职教教学:前10年如果是区域职教事业的发展期,那么后10年可以说是职教内涵的发展期。其间区域中职教学有五项发展和变化。

第一,目标转变:调整了办学事业目标,抓住了"质量和效益"的核心。主要体现在两个方面,一是从1980年主要是重点职业学校办学条件的合格转到20世纪90年代办学水平的提高,其实质是以质量为核心的调整。二是重点职业学校办学功能从示范窗口功能转到辐射、管理、服务功能上,其实质是以效益为核心的调整。

第二,管理规范:抓质量,抓效益,从管理入手。加强常规管理,首先制定规范。中专制定了教学环境、教学、后勤、学生四项管理规范。职高制定了职高教学工作、职高教师、职高教学管理三项管理规范。这些规范对涉及中职教学的各个方面都提出了明确、具体、规范化要求。

第三,落实措施:管理规范是文件,是制度。为了落实管理规范,区域行政采取了评估、检查、奖惩等一系列措施,形成区域社会制度文化。区域行政强化了三项薄弱环节管理:一是文化课统考,加强职高文化课教学。二是整顿中专校外班,控制其数量。三是促进实践课程实施到位。

第四,两项建设:一项是专业现代化建设工程,区域六个大专业类,100所学校试点启动。其建设工程主要包括六方面内容:一是社会需求和专业设置;二是素质教育和培养目标;三是职业岗位分析,教学开发,改革课程,教材建设;四是产教结合,教学模式建立;五是条件装备和教学手段;六是"双师型"教师培养,产学研结合,师资培训。经过四年试点,目标已达到。第二项是师资队伍建设。做了三件事:一是建设8个职教师资培训基地;二是职教校长规范化培训,区域校长全部轮训一遍;三是职教教师学历达标率提高,1996年职高教师学历达标率为29%,1999年为42%。

第五,教学模式:建立了适合区域中职教学实践的模式。区域坚持马列主义,坚持教育与生产劳动相结合是培养学生的唯一方法原则,建立了"产教结合"指导中职教学实践的模式,实施理论与实践紧密结合,教育与生产劳动紧密结合。模式物化的形式有"教学工厂""贸易公司"等。"产教结合"教学模式体现了教学过程中学生的主体作用,学生学习行为的导入,从传统教学过程以听为主,改革为听、看、做三者结合。

(3) 构建区域教学管理模式的必要性

面向21世纪,面向"十五"计划,深化教学改革,推进素质教育,构建区域中职教学管理模式的必要性有三点。

第一,区域内涵发展期的目标未完全达到,需要一个适合区域特点的教学管理模式,来进行教学工作、管理工作的可操作性指导。其目标差距是:一是部分学校和教育行政部门对区域内涵发展期的目标认识未到位,未将教学工作、教学改革、教学质量和效益放在中心位置,对社会市场需求变化不能灵敏、快速地反应。二是教学管理相对比较松散,有的学校没有规范教学文件,或者未按文件实施,对教师没有明确严格要求,整个教学控制力度不大,教学质量难以保证。三是教师的教学水平、综合能力和实践能力亟待提高。四是实验实习基地建设和设备投入不足,投入结构不尽合理。五是现代技术应用不广泛,或停留在浅层次上。六是片面强调知识系统,与生产实际结合不紧密,创新精神和创业能力培养不够,职业技能训练和实践能力培养比较薄弱。以上六个方面,需要构建一个管理模式,来指导改进。

第二,加入WTO对区域中职教学发展的影响。这意味着我国的经济进入全球化的系统。在经济全球化的推动下,生产要素在国际间的流动增强,信息化、生物化加快。科技不仅成为第一生产力,而且科技进步成为动力,知识经济渗透第一、第二、第三产业,以高科技为核心,并使其变成发挥高增效的综合经济。知识经济对劳动者素质要求高,表现在劳动者要有创新精神和实践能力。对经济发达区域的职教来讲,培养创业型的高素质劳动者,才能适应知识经济的挑战。因此,对区域中职专业现代化建设和教学管理赋予新任务、新要求、新内涵。加入WTO后的这些变化,也需改变传统的管理模式,构建一个新的管理模式去主动适应。

第三,在科教经一体化社会发展趋势的大背景下,区域职教必须进入职教市场和就业、劳动力市场竞争。职教教学管理模式构建的出发点和归宿是培养人。我国职教又是处在一个体制转型,尚未完全建立时期,也就是资金、劳力、物质、土地等资源配置方式在变化,由计划指令为主,转向以市场自发调节为主时期。因此,如何深化教改,练好内功,提高质量,增强适应,使自己在市场竞争中不仅获得自下而上的基础,而且获得发展的条件。所以,在未来新一轮市场竞争中,淘汰传统教学管理模式,构建适合市场机制的职教教学管理模式就尤为必要了。

我们从内涵发展期目标有六个方面未完全达到,需构建模式指导;加入WTO后,对职教专业现代化建设和教学管理赋予新内容,也须主动适应构建新模式;体制变化,职教进入市场竞争机制,也需一个适应体制变化的教学管理模式去指导职教教学工作的三个方面——目标、内容、体制,说明了构建新的教学管理模式的必要性。

二、研究职教理论与现实

(一)研究辩证的关系

前面从"目标、内容、体制"三个方面讲构建是必要的,但如何构建?如果不走出构建的误区,不提高对教学管理与相关量的辩证认识,是构建不好的。比如有的人认为,"强化教学管理妨碍深化教学改革","改革不要管理",等等,说明认识有误区,把统一的相关量对立起来了。

1. 统一性:教管、教改、教研、质量与效益

教学管理与教学改革、教学研究、教学质量的关系,是统一的。一方面,职业教育的

大背景是我国社会的政治经济、科技文化的现状和发展。面向 21 世纪职业教育的目标是培养有高素质,有创新精神和实践能力,有综合职业能力的社会人。深化教学改革,加强教学研究,创新教学管理制度和运行机制,其出发点和归宿都是提高教学质量和效益,培养综合能力强的职业人,高素质的社会人。以上说明,教改、教研、教管是统一的,不是矛盾对立的,统一在"质量和效益"上,统一在培养人上。

另一方面,统一性还表现在它们的相互联系上。我们知道,教学改革不是教学革命,但其本质是破旧立新,教改过程是渐进量变过程,不是突变。深化教学改革,必须进行教学实践和教学研究。破教学什么旧,为什么要破,立教学什么新,如何破旧,如何立新,其过程是什么,都需要调研,需要科研。教科研的积极成果或理论结论,又可进一步指导、推动、深化教改,还可进一步作为教学管理的规范、条例,提供建立教学管理模式的实践和理论依据。教学管理是采用一定的手段,组织一定的教学力量,实现其一定的教学目标。教学管理保证了教学改革、教学研究的顺利有序有效进行,深化深入进行。以上说明,教改、教研、教管是相互联系的,在一定条件下,是相互依存可转化的,是统一的。

2. 教学改革

中专、技工学校,从 20 世纪 50 年代借鉴苏联教学模式创建,至今已有 50 年历史。职高在改革开放后大力发展,至今已有 20 年历史。面向 21 世纪初叶,"十五"计划的实施,我区域中职(含普通中专、职业高中、职业中专、成人中专等)深化教学改革也有其特指的内容,即:

(1)培养目标和发展的定位。第一点,培养目标的定位。职业教育要全面贯彻党的教育方针,坚持职业教育为地方经济建设和社会发展服务,坚持教育与生产劳动相结合,坚持理论与实践相结合,面向全体学生,以学生为本,全面提高学生的素质和综合职业能力,培养职业人。第二点,发展的定位。面向 21 世纪的经济全球化,生产要素流动大大加快,步入知识经济时代,职教发展要定位在创业上,培养社会人。

(2)教学工作的定位。教学活动和生产、服务、技术开发和推广应用等紧密结合起来,着重培养学生的创业精神和实践能力,特别要加强德育、创业教育、文化基础教育和实践教学。加快现代化专业建设步伐,要有大的突破,上新水平,上新台阶。要办出特色,探索职教的教学模式;要改革课程,构建职教的课程体系;要突破职教教学工作的重点和难点;要提高师资水平和能力,加强师资队伍建设。

(3)管理规范的定位。试行三制("注册入学制""学分制""弹性学制"),创新教学管理制度,建立深化教改的管理体制和运行机制,构建教学管理模式。

3. 教学研究

职教教研与普教教研有一个质的区别,在于职教教研是广义的教研。中职的教研,在相当一段时间内,要研究专业结构、布局与建设,要研究专业计划、大纲等教学内容,要研究实践教学过程和教学模式,要研究评估检测标准,要研究课程模式,要研究综合课程、模块课程和实践课程的课程结构,要研究现代教育技术和信息化手段,要研究深化教改如何构建适合两个市场(职教市场和劳动力市场)的教学管理新模式。以上这些要研究的内容普教教研是不涉及的,因此可以说职教教研空间是很大的,职教教研应是应用科学的研究。教研成果应是对教学各方面的规律性认识,根据这种理性的认识,拟定管理若干条文,从而产生一个理论依据。以建章立法抓规范,深化教改和管理工作也就可以得到保障和落实。

4. 教学管理

教育上有句时髦口号:"向管理要质量!"无数事实说明,一所学校教学质量的高低,在很大程度上取决于这所学校的管理水平。职教办学教学条件相同时,教学质量取决于管理水平。我们提出如下等式:办学教学条件×管理=教学质量。从微观上看,就是课堂教学质量高低也与教学管理水平有关。试问职教实践课堂教学,连动态的组织管理都做不好,目的导向与教学设计再好,如何来培养学生的实践能力,提高教学质量?对一所学校来说,教学管理应做好下面三方面的工作:一是对教学工作的指挥与导向,组织与安排;二是对教学工作进行定期和不定期的检测与检评,调整偏差,为一个目标不断地协调;三是深广度结合,深入的典型分析与广泛的全员、全面、全过程的统计相结合,表彰总结,使教学工作步入科学合理的运行轨道,有序有效地进行。

5. 教学质量

大力发展职教事业,特别要重视提高职教教学质量。质量的提高要靠深化教改,要靠教学应用理论导向,要靠教学评估标准等可操作管理手段,要靠新教学管理模式指导、组织、管理,更要靠社会、政府和广大职教同仁对质量的重视和努力。以上五点说明了教学管理与教学改革、教学研究、教学质量的相关性,它们是统一的,但它们也有其质的差异性。这种辩证关系的认识,有利于走出构建教学管理模式的误区。

(二) 研究职教现状

目前,社会上反映中职教学管理不严,比较松散,教学质量不太高,这不能不引起我们的高度重视和积极反思,我们反思有七个薄弱环节或者说不到位之处。(只分析内部,不分析外部)

1. 不适应培养目标需求,职教教学整体工作不到位。20年来,我区域中职的改革和发展取得了很大成就。随着市场经济体制的逐步建立、科技进步、产业结构调整与升级、职教市场与劳动力市场的需求变化,中职教学整体工作现状不能完全适应培养高素质、有创业精神和实践能力,有综合职业能力人才的社会人。

2. 职教观念陈旧,面向21世纪认识不到位。职教观念、教学模式相对落后,片面强调知识系统性,与生产生活实际结合不紧密,对创新精神和创业能力培养认识不足,对以学生为本、以能力为中心的教学思想认识不到位。

3. 办学教学条件较差,资金投入不到位。实习基地和实验室建设和设备投入不足,教学硬件投入不足,现代教育技术和信息化应用不广泛。实践能力的培养和职业技能的训练比较薄弱,缺少物质条件,难以使学生形成熟练的职业技能和适应职业变化的能力。

4. 职教特色体现不够,实践教学训练不到位。实践教学是指实习和实践性教学环节两个方面。实习包括教学实习和综合实习,它有明确的、以技能技术为主的教学目标和教学过程,是一门实践课程。实践性教学环节是一门理论课程的实践环节,它用以验证、阐述一个已经被证明的、公认的规律、定理、结论。它包括演示实验、学生实验、课程练习、大型作业、社会调查等。实践教学,特别是实习,作为一门教学课程对其重视程度还很不够,教学工作不到位,训练不到位。只注意计划实习时间,不看学生掌握技术规律的训练过程,不看效果,也没有技能训练前段、中段、终段过程标准。

5. 教学管理机构不完善,统筹力度不到位。区域教学研究和教学管理机构未形成网络系统,省对市教研机构的制约力度弱,县区职教教研机构不完善,学校教学管理比较松散。因此,教学管理的力度不够,统筹的力度不到位。

6. 职教教学评估标准未制定,教学管理激励机制未形成,手段不到位。评估是测评,它可以协调、制约教学,是教学管理的重要手段。在此意义上说,评估是管理。但是,不论哪一级的教学,教师评估都不到位。它包括两方面:一方面是未按符合职教特色的评估标准来制订,另一方面管理的激励机制和手段也很脆弱。评估标准分职教教学和教师两个重要方面。教学指教学思想、教学内容、教学过程等全方位的评估标准;教师指以绩效为目的、素质为条件、职责为保证的三方面的评估标准。这些评估标准是控制、检测、激励、导向的基础。

7. 个别教育部门和地区,政策不到位。几千年的文明史,有精华也有糟粕。学而优则仕,鄙薄职业技术由来已久,至今社会文化的惯性仍驱使人们轻视一些事物。以上七点"不到位"现状反思,对于构建区域教学管理模式具有针对性与实用性。

三、建模基本概念与理论

(一)建模明确概念

明确普教与职教的教学管理、教育管理、结构与模式等这些基本概念,使构建教学管理模式具有准确性与科学性。

1. 普教与职教的教学管理。管理内容不同,其机构与形式不一样,人员结构也不一样。首先,职教的教学管理内容丰富,哪里有教学工作,哪里就有教学研究,哪里就有教学改革,哪里就有教学管理。教学工作、教学研究、教学改革、教学管理涉及六个方面,即专业设置与建设、专业教学计划与课程设置(课程结构与课程模式)、课程教学内容(基础课程、专业技术课程、职业技能课程、模块课程、隐性课程)、理论教学与实践教学过程(教学模式)、理论考核与实践考核(技术等级证书)、教学与教师评估。其次,教学机构因管理内容而设,学校有实训处,有专业办等,省、市、县(区)教学管理机构也别于普教。最后,机构的人员结构、素质、目标、任务、要求、职责、权利也因管理内容不同而不同。

2. 教育与教学管理。教育偏重在实践过程、物质文明与精神文明环境、师德表率、潜移默化上育人,教学偏重在教学内容上育人。教育与教学在本质上是一致的。虽然,教学是传授知识与技能,但教学目标是有能力做事,而教育目标是正当做人。因此,在管理上它们偏重内容不同,管理过程不同。本质上教育管理与教学管理都是在培养人才。

3. 结构与模式。研究教学管理模式,首先要研究教学管理结构。教学管理结构是一个三维立体结构。管理的计划、组织、指挥、协调与控制等属于一维线性管理结构。教学计划管理工作、理论教学与实践教学管理工作、教学设施管理工作、音体美卫管理工作、教科研管理工作属于另一线性结构,合起来成为二维平面结构。管理工作和教学工作离不开人,人既是教学管理的对象,又是教学管理的主体。人在整个教学管理工作过程中是最重要的因素,二维平面结构加上"人为本"这一维,形成一个三维立体管理结构。在建立教学管理结构的基础上,使管理职教、工作部门、人员特点这三维以及各种要素都可以在"空间结构"中,找到自己相应的位置。

研究教学管理模式,在研究教学管理结构的基础上,还要研究各种要素在空间三维结构中的关系,它们的区别与联系,通过信息流、物质流、能量流使它们联系起来,实行最佳结合,进行最佳运转,形成一定的体制与机制,构建教学管理模式。

(二)建模理论依据与系统原则

1. 研究理论依据

理论依据有:马列主义、毛泽东思想、邓小平理论、"三个代表"重要思想、科学发展观、习近平新时代中国特色社会主义思想;系统论、控制论、信息论;现代教育理论、教育教学规律;价值规律、管理定理、数理方法;党中央、国务院、教育部方针、政策导向、决策意见。

2. 研究建模原则

第一,背景原则:区域教学管理体制是在社会政治、社会文化、经济发展、科技进步的大背景下,是在区域职教发展的基础上构建的。第二,系统原则:区域教学管理体制是把一个区域作为一个整体,上下一致作为一个系统来构建的。第三,层级原则:整体系统不仅仅有横向平行关系、左右关系,而且还有纵向层级管理、上下管理。层级不同,职能不同。上层级职能不能扩大为下层级的职能,下层级的职能不能越级到上层级职能上。第四,灵活原则:教学管理与教学改革、教学研究、教学质量的关系是动态变化的,是灵活的。另外,省办、市处、县科、校室等职能部门抓教学工作也应给被管理者留有余地,增加灵活性,提高积极性。第五,激励原则:构建模式应以人为本。应采用激励的方式方法,调动各个层级管理者和被管理者发挥各自作用。第六,效能原则:研究教学管理的因素、环节、状态、结构等几个方面时,构建中应遵循教学管理目标的最优效能原则。

四、建模管理系统

（一）构建省区域教学管理系统

省教育厅厅长室					
省职业教育社会办学办公室				省行业有关部门	
课程教材室	计划指导室	信息档案室	教育局域网	省专业与产学研指导委员会	
				省职业技术教育研究院	
				省职业技术教育学会	
				省职业技术学校委员会（省教学中心组）	基础课程中心组
					技术课程中心组
					技能课程中心组
					隐性课程中心组

说明：

（1）省职社办内设课程教材室、计划指导室、信息档案室、教育局域网，为不建制组织，但须有职能，有专项负责人。其职能偏重教学行政宏观管理。

（2）省职业技术教育研究院为事业单位，须建在省教育厅所在地。其职能偏重教学业务宏观管理和教学研究。

（3）省职业技术教育学会为社会团体，须建在省教育厅所在地。其职能偏重区域宏观职业教育科学研究。

（4）省职业技术学校委员会，由学校校长组成。其职能偏重学校办学教学工作，附设省教学中心组，负责四大类课程中心组工作。

（5）省专业与产学研指导委员会，由省职社办与行业商议组建。其职能是指导省内产学研工作与专业工作。

（二）构建市区域教学管理系统

市教育局长室					
市职业教育社会办学办公室				市行业有关部门	
课程教材室	计划指导室	信息档案室	教育局域网	市专业与产学研指导委员会	
				市职业技术教育研究所	
				市职业技术教育学会	
				市职业技术学校委员会（市教学中心组）	基础课程中心组
					技术课程中心组
					技能课程中心组
					隐性课程中心组

说明：与省区域教学管理设置一样，并对接。

（三）构建县区域（或区或县级市）横向教学管理系统

区县教育局职社科	区县职业技术教育研究室
	区县教学中心组

说明：

1. 县职社科内有专项负责人，其职责是教学指导，偏重教学行政宏观管理。

2. 县职业技术教育教学研究室为事业单位，建制在县教育局附近。其职能偏重教学业务宏观管理和教科研。

3. 区县教学中心组负责四大类课程指导工作。

（四）构建学校教学管理系统（三处四科五室）

行业有关部门	校企联合办学委员会				
校长室					
教导处、学生处、实训处					
设备室	教材室	计划室	信息室	课委会	基础课程教研科
					技术课程教研科
					技能课程教研科
					隐性课程教研科

说明：

1. 学校规模大，专业多，可按上表建制。

2. 各职能部门，明确职责，定人上岗。

3. 建立校园教育教学信息网管理室，职能是管理校内教育教学，采集校内各种信息。

4. 成立科委会，教导处加强对四个课程教研科内容考核的指导、存档，提高成绩学分的价值。

5. 在教导处、学生处、实训处等三个处管理职能指导下，设基础课程教研科、技术课程教研科、技能课程教研科等四个教研科，并下设计划室、教材室、设备室、信息室、课委会等五个管理室。

（五）构建区域纵横教学管理系统

省区域教学管理纵横系统表格图

省教育厅厅长室					市教育局长室								
省职社办				省行业部门	市职社处				市行业部门	区县职社科			
课程教材室	计划指导室	信息档案室	教育局域网	省职业技术教育研究院	课程教材室	计划指导室	信息档案室	教育局域网	市职业技术教育研究所	区县职教室（教学中心）			
				省专业与产学研指导委员会					市专业与产学研指导委员会	基础课程中心组	技术课程中心组	技能课程中心组	隐性课程中心组
				省职业技术教育学会					市职业技术教育学会				
				省职业技术学校委员会（省教学中心组）	基础课程中心组					市职业技术学校委员会（市教学中心组）	基础课程中心组			
					技术课程中心组						技术课程中心组			
					技能课程中心组						技能课程中心组			
					隐性课程中心组						隐性课程中心组			

职业技术学校：

行业有关部门					校企联合办学委员会
校长室					
教导处、学生处、实训处					
设备室	教材室	计划室	信息室	课委会	基础课程教研科
					技术课程教研科
					技能课程教研科
					隐性课程教研科

五、建模管理内容：目标任务、职责要求、结构功能

省职社办、省职教院、省专指委、省职校委、省职技学会等五个机构统称省级组织。省职社办负责组建省职校校委会，与省有关行业部门组建省专业指导委员会。在职社办内下设课程教材室、计划指导室、信息档案室、教育局域网。省职校委员会组建四大课程中心组，形成以教学为中心的职教体系。省级教学管理"目标任务""职责要求"根据职教教学改革的方针政策，以及区域经济社会发展、科学进步目标而确定，具体如下。

（一）目标任务

1. 学习哲学、现代教育理论等，提高科研能力和水平。"十五"期间有区域"教学理论""课程理论"等专著问世。这是教学管理的科学基础。

2. 为教育行政领导宏观决策服务。每年提供一份区域教育教学重大改革调研报告，以及草拟教育行政部门委托的宏观决策文件。这是教学管理的依据和标准。

3. 为基层职业学校服务。每年为一所学校提供关于这所学校专业现代化建设部分的咨询意见，以及其他咨询、实验、研究等服务项目。这是教学管理落地的具体体现。

4. 提高职校教师素质。每年举办一次重点专业建设的"短期师资培训班"，五年内达500人次（平均区域内每一个重点专业有六位教师受过培训），以及通过讲座等形式，提高职教教师水平。这是抓教学管理目标的关键所在。

5. 提高职教教学质量。五年内区域职教教学质量要逐年大面积提高，具体有三个目标：职校毕业生就业和转业能力逐年增强；学校教学不仅符合专业培养目标对人才的要求，而且这个符合度中，学生所占比例逐年增加；课堂教学不仅符合课程教学大纲中教学目标、内容、要求，而且这个符合度中，学生所占比例逐年增加。衡量职教教学质量的三方面都不可偏废。这是教学管理的出发点和归宿。

6. 提高科研人员素质，加强组织内部物质文明和精神文明建设，加强科学应用性研究，加强信息交流，加强教学管理，达到和完成"高水平，勤服务，三提高，四加强"的教学管理六条目标与任务。

(二) 职责要求

1. 教学指导包括四方面：一是指导中等职业学校的专业设置；二是指导所属中等职业学校的专业结构布局，提高专业教育资源利用率和整体效益，提出行政部门宏观统筹的意见；三是指导实施部颁《中等职业学校专业目录》（中华人民共和国教育部编）重点专业的指导性教学计划；四指导中等职业学校的文化基础课程和专业课程的教学。

2. 教学管理包括七方面：一是制定与部颁《关于中等职业学校专业设置管理的原则意见》相应的中等职业学校专业设置的管理办法或实施意见；二是制定部分专业评估标准的细则，确定现代化重点专业建设的示范学校；三是制定非重点建设专业的指导性教学计划和课程教学大纲；四是制定新一轮教学计划的原则意见；五是审核中等职业学校设置的部颁《中等职业学校专业目标》（中华人民共和国教育部编）内的专业，报省行政部门审批；六是审核中等职业学校设置的部颁《中等职业学校专业目标》（中华人民共和国教育部编）外的专门化；七是审核中等职业学校设置的部颁《目录》外的专业，经省行政部门审批试办，报教育部备案。

3. 教学评价包括两方面：一是制定有利于培养学生全面素质和综合职业能力的教学质量评价体系；二是监督、检查中等职业学校的文化基础课程和专业课程的教学质量。

4. 师资培训包括八方面：一是组织举办全省中等职业学校教师短期培训班，组织开办现代职业教育讲座；二是组织开展实验，改革教学组织，改革管理制度；三是组织开展实验，改革中职教学课程，构建适应地方经济建设、社会进步和个人发展的课程体系；四是组织开展实验，研究新教法、新手段，以及新教学组织形式；五是组织开发工作，制订有区域特色的非重点专业的指导性教学计划,并报教育部备案;六是组织开发工作,编写有地方特色的专业课程和教材,并负责规划和审定;七是组织开发工作,建设中等职业教育教学信息网络化工程,发展现代远程职业教育。

（三）结构功能

以上目标任务与职责要求如何完成? 除了有人、法、信息三个要素外,还有很重要的一个要素,就是管理机构的结构,以及与结构相适应的功能。笔者认为省级管理机构的结构是任务组合与"榫头"模块型。具体结构与功能概述如下:

1. 省级组织结构分两个层面,领导层面与执行层面。领导层面结构属目标任务组合型。省教育厅职社办行政领导根据目标任务,组合"职研院""职学会""职校会""专委会"等性质各异的单位(模块)领导为领导层面。

2. 领导层面结构职能有九项,即:行政领导牵头、领导成员共议、决策目标、任务分工、计划方案、激励方法、分段督查协调、分段信息反馈、终端成果评价。

3. 执行层面结构属"榫头"模块型。被管理者,即执行层面是一个一个性质各异、职能不同的单位(独立模块)。独立模块有"榫头",单位间通过"榫头"联系。这一部分需要主动平等沟通、协调。

4. 某一任务完成,这个组织结构也就发生变化,由新的目标任务组成新的组织结构内容,但其结构形式仍是任务组合与榫头模块型。（各个独立单位:"职社办""职研院""职学会""职校会""专委会"等,平时各自按常规职责工作）

5. 省级组织结构形式如下表所示。

省职社办（职研院、职学会、职校会、专委会）				
领导	领导	领导	领导	任务组合型:领导层面
执行	执行	执行	执行	"榫头"模块型:执行层面
职研院	职学会	职校会	专委会	

六、建模构建原则、管理过程与流程图

（一）构建原则:构建以上结构,有如下 5 点原则

1. 目标一致,合力原则:第一层面系统是有明确目标、具体任务的。系统内各领导成员为实现统一目标,通力合作,形成合力。

2. 行政牵头,分工原则:第一层面系统由行政领导牵头,因任务不同而由第二层面子系统的领导组合而成,共议决策目标,牵头领导进行任务分工。分工内容有五:一是计划方案;二是激励方法;三是分阶段督查协调;四是分段信息反馈;五是终端成果评价。分工到位,分工到每一成员。

3. 权责统一,激励原则:合法权利不在关系,而在地位,在职务。有了职位,才有权,

有了职位,才有责。因此第一层面系统的成员一般应是第二层面子系统的领导(也有特殊情况),以便分工后统一指挥,组织力量,完成任务。第一层虽是领导,也应有激励,可以采取一次性的,也可采用间断或周期性的办法。

4. 快速反应,稳定原则:政治多元,经济全球,科技发展,我国经济体制转型,经济机制变动,产业升级,知识经济渗透,在21世纪这样的大背景下,职教内涵发展,出现了许多新课题,就业劳动力市场、职教市场等都出现了一些新情况,因此我们构建的职教教学管理机构都是开放的,吸纳大量信息后,必须快速构建目标任务组合与榫头模块型的管理模式去适应。为解决宏观上的目标任务,这些机构会由开放转向闭合,进行一段时间相对稳定的工作。

5. 职普结构,区分原则:省级普教系统有传统的管理机构,如普教教育科学研究所、普教教学研究室等事业单位,它们的职能是很清楚的,工作完全独立。它们的目标任务都是早已界定好的。可直接转化为生产力的职教系统,以及其管理机构,是面向市场,面向就业、劳动力市场的,是开放吸纳大量信息的。因此要适应许多新情况,新变化,其任务也有许多是新的,甚至是紧急的。这样,才出现了如前所叙,不同于普教系统的教学管理模式。构建这种结构,必须与普教系统加以区别。以上省级教学管理阐述的"结构功能"和"结构原则"也适用于市级教学管理。

(二) 管理过程:省级教学管理过程有如下程序

1. 领导决策。下面就第一层面领导决策的含义、要素、结构、过程、特点以及决策者的素养和预测予以扼要说明。决策含义:出主意、定措施、做什么、怎么做四方面。决策要素:问题、目标、方案三要素。决策结构:知识方面、时间方面、逻辑步骤方面三维结构。决策过程:目标依据、情况分析、提出计划、选择方案四步。决策特点:信息流、创造思维过程。决策者素养:广博科学知识、严格科学态度、良好政治素养、虚心好学、创新精神、决断魄力。预测内容:决策重要性、特点、内容、可靠性、方法。

2. 分工实施。下面就分工领导成员第二层面指挥的内容予以扼要说明。领导指挥含义:引导、率领、督促三点。领导指挥体系:除第二层面常规组织机构外,另构建分工任务管理体系,有主系统、支系统、控制系统。领导指挥程序:实施方案排列先后次序,首先是分工任务的重要事务,然后兼顾常规事务。领导指挥方法:信息沟通、参与认同、目标协调、指挥下属、激励措施、心理平衡。领导指挥者素养:组织能力、规划能力、控制能力、人员调配能力、指挥能力五种特有能力与其他一般能力。

3. 执行行动。首先,领导者在第二个层面组织力量,以主系统为主,支系统配合,控制系统工作。执行行动,涉及三大"流":一是人力流,二是财物流,三是分工任务信息流。以信息流为主,人流物流流向明确。其次,领导者把握信息流结构,避免信息开环式结构,这种结构强调领导者个人水平与权威,若执行情况不到位,会出现信息回收不到,开环式流走的情况。领导者把握信息流结构,回流信息,现场指挥,不断高速工作,取得最优效果,如下(三)流程图。另外,执行行动过程中适当明确纪律要求、鼓舞士气等方法,加速信息流,不断沟通和调整,进行协调。因此在执行过程中,须组织力量、须回流信息、须沟通协调。

4. 修正偏差。为达到目标而监控反馈、修正偏差的内容说明如下。监控要素:时间、信息、财物、人才。检查激励:以人为本,检查工作人员任用情况、工作状态、工作质量,采取"领导把关、工作职责、岗位责任、聘用合同、结构工资、考核考评、表扬批语奖励惩罚"等多种激励措施,提高工作效率(单位时间的工作数量)和工作成果质量。修偏条件:一是有确定标准;二是有实际结果与标准结果的偏差信息;三是有修正偏差的措施。修偏过程:一是实际度量;二是结果比较;三是反馈修正。控制办法:一是权力威慑,调动工作能动性。二是组织力量,进行活动控制。三是建章立制,形成良好风气控制。四是检查观察、档案报表、工作总结、汇报考查等信息反馈控制办法。

5. 反馈评价。领导决策进行目标任务管理过程中,对分段和终端成果进行分析、统计、抽样调查时,都要信息反馈,这是现代教学管理最优化的办法。对终端成果进行教育评价,完成了一个目标任务的管理全过程。

(三)流程图:省市级组织系统教学管理流程方框图和要点

教学管理流程方框图

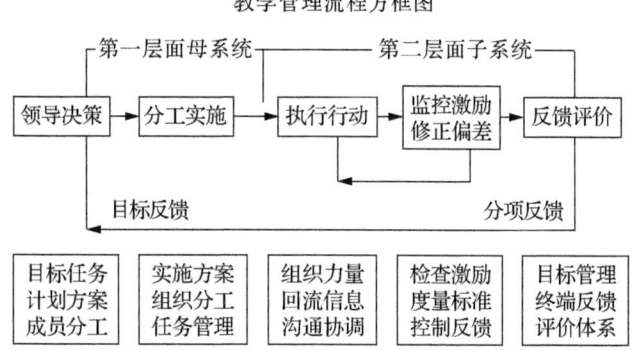

七、省区域教学管理模式

(一)横向管理内容(同一能级不同职位教学管理内容)

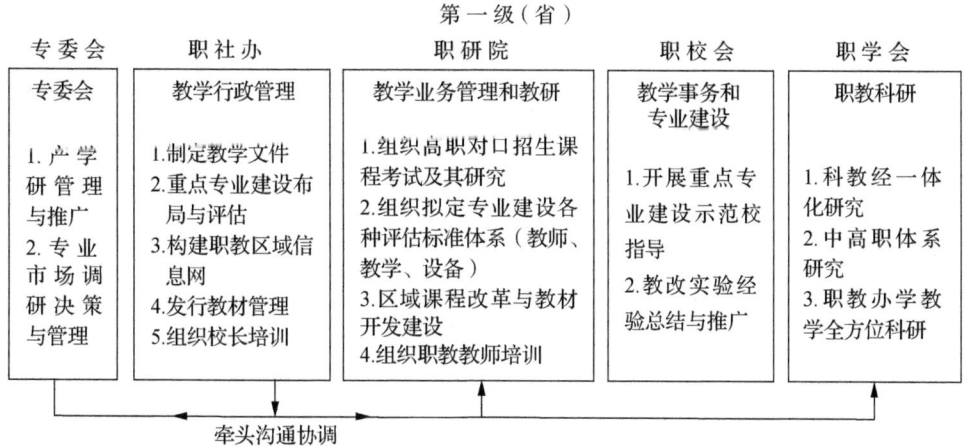

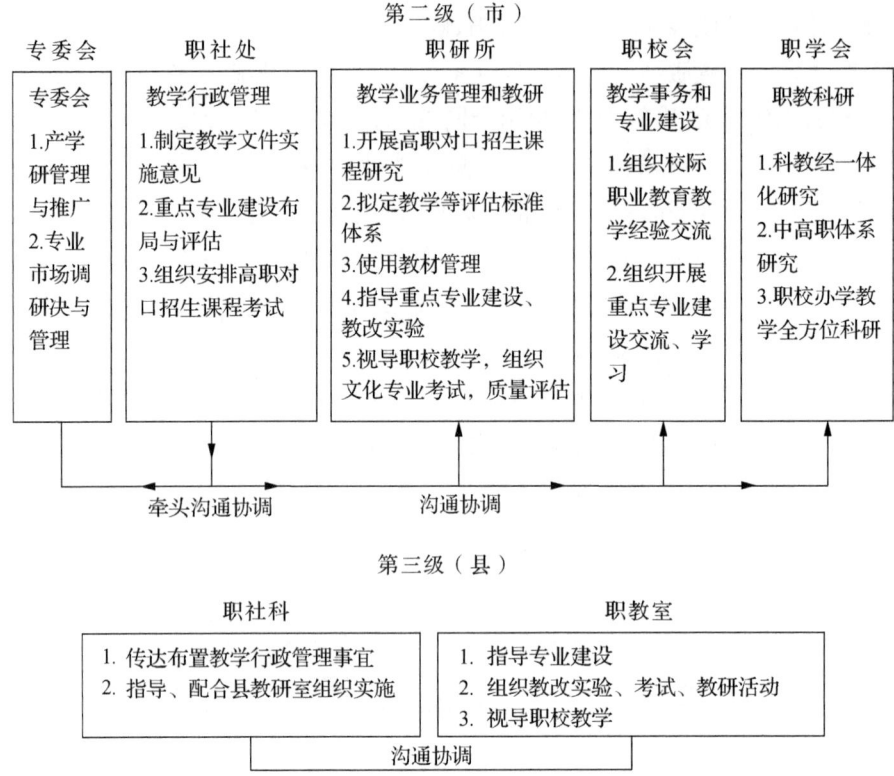

(二)纵向管理内容(上能级对下能级管理内容)

省级管理	省属学校			
(1)	传达部委方针政策,布置、检查、总结教研、教改和教学管理工作			(1)重点专业评估 (2)教改实践经验总结 (3)组织考试,视导技术教学,使用教材管理,质量评估 (4)职教信息管理
(2)	评估市级教学管理机构建设状况			
(3)	构建省市职教信息网			
市级管理	市属学校			
(1)	传达厅局方针政策,布置、视导,总结教研、教改和教学管理工作	(1)	重点专业建设,示范指导	
		(2)	教改实验指导	
		(3)	组织文化专业课考试,视导技术教学,使用教材管理,质量评估	
(2)	指导县区教学管理机构建设	(4)	职教信息网管理	
(3)	管理市县区职教信息网	(5)	开展重点专业建设教研	
		(6)	开展职业和创业指导	

(续表)

省级管理	省属学校
县级管理	县级学校略
(1)	重点专业建设指导
(2)	组织教改实验
(3)	组织考试,视导技术教学,使用教材管理,质量评估
(4)	职教信息网管理
(5)	组织开展重点专业建设教研活动
(6)	开展职业和创业指导

（三）教学管理构建的模式

1. 省级模式

省级教学管理结构是"任务组合榫头模块型"结构。那么省级教学管理模式就是"行政领导牵头,任务组织模块,分工反馈达标"的模式。

第一,"行政领导牵头",是管理源头。这是组合人力、财力、物力,以及物质流、信息流、能量流的源头。

第二,"任务组合模块",是管理结构,也是管理、组织力量的方式方法。管理四要素、四种手段——人、法、信息、结构。任务组合模块是区域教学管理重要的管理手段,也是优化的管理结构和管理办法。

第三,"分工反馈达标",是管理过程,也是管理程序。这是对复杂的管理过程的本质概括。分工是对任务的分解,对工作的职责等一类工作机制的概括;反馈是对控制论、信息论中的最重要的管理闭合过程简洁表述;达标是教学管理的目标,也是构建教学管理模式的目的,为完成省级教学管理系统的六条目标任务所在。

从以上看出,省级"任务组合榫头模块型"教学管理结构,给出了如何管理、如何组织力量的方式方法,是静态的,是空间序。而如何使管理运行起来,如何运行（程序是什么）,这就需要构建模式。构建"行政领导牵头,任务组合模块,分工反馈达标"的省级教学管理模式,有"源头"使管理运行起来,它是动态的,是时间序。模式有动有序,涵盖结构内容。省级模式是20年来区域职教教学管理工作的总结,更重要的是,将成为指导我区域面向21世纪的教学管理实践。省级模式具有可操作性,是职教教学管理理论与实践的中介。

2. 市级模式

第一,南京市级模式。

从市一级机构教学管理来说主要有5项:第一,职教处负责教学行政工作,如指令、规定、计划、指导意见等。第二,职教所负责教学研究、教学指导、教学过程管理、使用教材、教改实验等;教辅资料编写、设备器材标准推荐、组织教学媒体制作、编制教学课件;

科研课题接受、制订、下达；与各机构、行业部门、院校、媒体、团体的信息交流、协作,最新教学经验成果与信息的搜集、整理、发布,职教教学信息的咨询和指导,构建信息网；文化专业实践考核与师资培训等。内设一会一室六科分管各项工作,即职教办公室、文化基础科、专业技术科、教学信息科、考核培训科、科研课题科等。第三,教材设备科,负责中等职业学校教材的供应,以及中职实验实习基地建设设备的安装等建设工作。第四,中职校委会,负责中职办学教学工作,由省、市重点职校校长组成。第五,职教学会,负责职教宏观科学研究,评选科学论文等。第六,从教学管理和教学研究来说,市一级是职社办和职教所,下一级隶属的是区县职教科、职教室和直属与重点职校。第七,普职沟通与生源需求,南京试办综合高中班,招生 2000 人,临时成立了一个综合高中教学研究协作会,负责研究、决策试办学校的办学教学宏观、微观的一项重大问题。这是一项试点,是否成功,有待调研总结。

第二,盐城市教学管理模式与南京相仿。

第三,苏州市中职教学管理模式的构建,提出了现代教育教学的管理思路,从七个方面予以阐述,其模式简要表述是:依据现代教育结构理论和教学管理系统化理论,直面 21 世纪初本地区经济、社会发展对中等职业教育所培养人才的素质要求,尊重接受本地区中等职业教育全体人员全面提高自身综合素质和职业能力的要求,遵循中等职业教育教学管理规律,协调好教、学、管、办四方的关系,充分调动其成员参与教学微观、中观、宏观管理的积极性,为最大限度挖掘出本地区学校、社会的教育资源和提高中等职业教育质量服务,为发展具有苏州地区地方特色的一流中等职业教育事业服务。

第四,镇江市从"具有普通教育教学管理主要特征的、组织严密、动作有序、效率较高的行政化教学管理模式",出发将构建"开放性、人为本、素质化的教学管理新模式"。

3. 县级模式

第一,建湖县"两组"教学管理模式。

建湖县纵向建立了四个能级的教学管理网络系统。从政府到学校这一能级,他们设县区教研中心组和技能考核领导小组,对学校的文化专业课和实践课进行教学视导、评估,以及质量验收。

第二,南京溧水基本采用如上模式。从管理过程来看,他们重点抓计划、课程和质量三项管理。从组织开展管理活动来看,他们重点对教学视导、语数会考、技能考核竞赛、课堂教学评价、论文评审等进行控制与导引。

第三,昆山县级市构建"市场与制度化结合"教学管理模式的假设,其管理结构五要素程序是政府调控→市场动作→过程优化→信息管理→科学评估→政府调控。通过这一模式的循环动作,实现中职教学管理现代化的目标。具体五要素内涵见后子课题。

4. 职校模式

职校教学管理模式的变化:改革 20 年,职校教学管理模式有三种变化。

第一,"六五"期间,职校起步,教学管理模式借用普通高中"分管校长、教务处、教研组"教学管理系统。

第二,"七五"期间、"八五"的初期,职校事业发展,这种"分管校长、教务处、教研组"管理模式已不适应发展需求,管理机构发生了一些变化。中层增加了管理教学实习、生产实习的部门,形成"分管校长、教务处、实训处、教研组"教学管理系统,这种教学管理模式有许多优点。目前,苏州市旅游学校仍采用这种模式。

第三,"八五"中后期、"九五"期间,我国经济持续高速增长,信息产业突起,高科技发展,就业劳动力市场对人才规格需求的迅速变化,这种"分管校长、教务处、实训处、教研组"教学管理已不适应发展需求,管理机构也发生了变化,职校出现了教科室、专业办公室等研究教学和专业教学的中层教学管理部门;为落实生产与劳动相结合、理论与实际相结合,实训处管理部门总结经验,转化成更高一个层次的"产、学、研"教学模式,也有的学校把这种模式落实为一个层管理机构,即产教研办,如苏州市高级工业学校把这种模式引申到教研组,建"产教研"组或"实训教研"组;另外,为快速进行教学信息反馈,指挥、控制、管理教学,以及因"学分制"管理手段的需要,还出现了不同层次的校园信息网络,以及建立相应的不同层次信息管理部门。教学管理模式也出现了多元化趋势。

第一,"莫愁—金陵"教学管理模式:"专业办"模式。

说明:

1. 校长室内的分工,结构图未列出。箭头方向为校长室领导。

①结构图有两级,第一级是校长室,为决策指挥层;第二级是中层机构,为参谋、组织执行层。

②专业办的责权:负责专业建设、与专业相关的教科研工作、专业教学工作管理课程计划的实施、教师思想工作和专业培训、学生工作等;专业办有一定的办事聘任权、部分奖金的分配权、奖惩权。

③"莫愁—金陵"教学管理"专业办"模式,其管理系统是"分管校长—教务处、专业办信息中心—教研组"三个层级,管理程序、动作方式见后子课题(略)。

第二,湖熟职中构建的模式如上,盐城市所属部分学校也基本上是如上模式。

第三,"苏高"教学管理模式——"产学研办"模式。

说明:

1. 校长室是教学管理的决策层,教务处、教科室、产学研办公室是教学管理的执行层,教研组是教学管理的操作层。

2. 教学管理部门的职责内容,教学管理的运行(含决策、评估、制度、学分制)见后子课题(略)。

3. 苏州机械学校构建了"校长室—教务、教科、实训—教研组"教学管理组织结构。

4. 盐都盐南职业高级中学也近似采用"产学研办"模式。

第四,盐城市"射阳农字头"教学管理模式——"三办"模式。

说明：

盐城市"射阳农字头"教学管理模式的执行层是教学办公室、教科研办公室、生产实习办公室,负责执行校长室决策指令,组织实施指导与检查。

八、研究报告提要一览表

序号			具体研究内容
一	研究报告导言	研究范围与定位、目标与原则	范围与定位
			目标与原则
		研究过程与方法、成果与阐述	过程与方法
			成果与阐述
		研究职教背景与现状阐述	职教背景
			现状阐述(职业教育发展、教学工作回顾、构建教学管理模式必要性)
二	研究职教理论与现实	研究辩证关系	统一性：教管、教改、教研、质量与效益
			教学改革
			教学研究
			教学管理
			教学质量
		研究职教现状	不适应培养需求,职教教学整体工作不到位
			职教观念陈旧,面向21世纪认识不到位
			办学教学条件较差,资金投入不到位
			职教特色体现不够,实践教学训练不到位
			教学管理机构不完善,统筹力度不到位
			职教教学评估标准、激励机制未形成
			教育部门、系统内部,政策不到位
三	建模基本概念与理论	建模明确概念	普教与职教的教学管理
			教育与教学管理
			结构与模式
		建模理论依据与系统原则	研究理论依据
			研究建模原则

(续表)

序号			具体研究内容
四	建模管理系统		构建省教学管理系统
			构建市教学管理系统
			构建县(区)教学管理系统
			构建学校教学管理系统
			构建区域纵横教学管理系统
五	建模管理内容	目标任务	学习哲学、现代教育理论等,提高科研能力和水平
			为教育行政领导宏观决策服务
			为基层职业学校服务
			提高职校教师素质
			提高职教教学质量
			提高科研人员素质
		职责要求	教学指导四方面
			教学管理七方面
			教学评价两方面
			师资培训八方面
		结构功能	省级组织结构分两个层面,领导层面与执行层面
			领导层面结构职能有9项(行政领导牵头、领导成员共议、决策目标、任务分工、计划方案、激励方法、分段督查协调、分段信息反馈、终端成果评价)
			执行层面结构属"榫头"模块型
			某一任务完成,这个组织结构也就发生变化,由新的目标任务组成新的组织结构内容,但其结构形式仍是任务组合与"榫头"模块型
			省级组织结构形式
六	建模构建原则、管理过程与流程图	构建原则	目标一致,合力原则
			行政牵头,分工原则
			权责统一,激励原则
			快速反应,稳定原则
			职普结构,区分原则
		管理过程	领导决策
			分工实施
			执行行动
			修正偏差
			反馈评价
		流程图	省市级组织系统教学管理流程图和要点

(续表)

序号			具体研究内容
七	省区域教学管理模式	横向管理内容	横向管理内容是指同一能级不同职位教学管理内容
		纵向管理内容	纵向管理内容是指上能级对下能级管理内容
		教学管理建模	省级模式
			市级模式
			县级模式
			职校模式

注：

此文是教育部 02—08 课题,是面向 21 世纪首批研究与开发项目之一,课题名称是"区域中等职业教育教学管理模式的研究"。《教学管理模式》研究报告,是课题"区域中等职业教育教学管理模式的研究"的综合报告,由课题负责人许高炎执笔撰写。江苏省教育厅周稽裘副厅长为《课题研究报告集》作序,写道:"《区域中等职业教育教学管理模式的研究》是教育部"面向 21 世纪职业教育课程改革和教材建设规划"研究与开发中的一个重要研究课题,参与本课题研究的都是长期工作在我省职业教育战线上并有着丰富与实践经验的职教工作者(注释)。本项研究属于中等职业教育教学管理的应用理论研究,得到了教育部、江苏省教育厅和各市教育部门的高度重视和大力支持……"

此课题涉及江苏省南京、苏州、无锡、常州、镇江、盐城等六大城市,江苏省教育厅职社处、南京市职教研究室、无锡教育局职社处、苏州市教学研究室等 29 个教育单位中,具体撰写有实践指导意义的地区教学管理模式论文的老师有:眭平(课题总负责人)、许高炎(课题总负责人)、李明[第一子课题(南京)负责人]、周春林、黄东、王秀文、姜峻、杭巧、陆阳、张铎、熊洪林、王向东、裴善仁、庞道炎、张顺巧、方德才、陆剑雄、李德胜、焦孝成、王震[第二子课题(苏州)负责人]、周人骅、潘家康、邹丽萍、周建华、徐志诚、吴锦芳、曹志宏、王继保、陆贵林、陶友华、钱东东、钟克、王稼伟[第三子课题(无锡)负责人]、唐文海、陈茆生、陈荣福、张京海、葛金印、许松铭、刘序华、丁剑华、王柏青[第四子课题(常州)负责人]、花向阳、王巍平、杨春柏、杨正平[第五子课题(镇江)负责人]、李宁[第五子课题(镇江)负责人]、赵春声、张向秋、杭竹溪、石玉、吴昌薇、王桃枝、杨新、黄天成、戎书海、荆国南、郝清平[第六子课题(盐城)负责人]、周绍池、戴永根、王道远、陶天宏、张坚、杭永宝、解太林、王寿斌、黄厚能、戴永根、王吉林、杨少春,总计 70 人。

附:

课题研究开题报告

一、研究背景

世纪之交,1999年6月中共中央、国务院召开了全国第三次教育工作会议,出台了两个重要文件。为了贯彻《中共中央、国务院关于深化教育改革全面推进素质教育的决定》和《面向21世纪教育振兴行动计划》这两个文件(简称《决定》和《行动》),为了贯彻《行动》中涉及职业教育的10个方面,教育部重点抓职业教育两个系统工程:一个是在全国建立职业教育的师资培训基地50个,将耗资2 500万元。另一个是关于《面向21世纪职业教育课程改革和教材建设规划》(简称《规划》),研究与开发项目成果审定工作(教职成司函〔2001〕23号文通知)要耗资2 500万元。教育部职成司为落实《规划》做了两件事:一是组建了机构——《规划》研究与开发项目成果审定委员会,指导实施《规划》(委员会委员45人,其中教育部职成司司长担任主任委员,两位副司长与一位副所长担任副主任委员,江苏省有2名委员);二是确定了《规划》首批研究与开发项目指南以及管理办法。

首批研究与开发项目课题共四类118个。第一类是经济社会发展与劳动者和专门人才的培养,共有10个课题;第二类是中等职业教育教学理论与实践的研究,共有15个课题;第三类是中等职业学校文化基础课程改革方案研究,共有6个课题;第四类重点建设专业教学改革方案研究,共有87个课题。

江苏省教委在"九五"开局之年,召开全省职教教学工作会议,提出"以专业建设的现代化带动职业学校建设的现代化",明确要求国家级重点职中在"九五"期间实现主干专业的现代化,省级重点职中在2005年实现主干专业的现代化,并成功地开展了9个专业现代化建设的试点工作,为全国首批研究与开发课题第四类87个重点建设专业教学改革方案的研究,积累了经验,起了示范前导作用。另外,江苏省还申报了19个课题,其中本课题"区域中等职业教育教学管理模式的研究"是第二类的第八个课题(02—08)。

改革开放20年,江苏职业教育经历了恢复起步、快速发展、调整提高三个阶段,进行了起步兴办、建设骨干职业学校、推进职业教育现代化三次创业,为社会培养了大批专业技术人才、管理人才和高素质劳动者,从根本上改变了中等教育结构单一的局面,从整体上提高了各行各业劳动者的素质,为江苏经济的腾飞和社会的发展做出了积极的贡献。但是,随着社会主义市场经济体制的逐步建立、科学技术的不断进步、产业结构的调整升级以及劳动力市场的需求变化,职业教育的教学工作还不能完全适应培养高素质劳动者的需要。反映在教师的教学水平和实践能力亟待加强;实验、实习基地建设和设备投入不足;现代教育技术和手段在教学中的应用还不够广泛,教学中存在着片面强调知识的系统性、与生产实际结合不够紧密、对创新精神和创业能力的培养重视不够、实践能力的培养和职业技能的训练比较薄弱等问题。

教学管理是"深化教学改革,全面推进素质教育"的保证和催化剂,但是由于职业教育观念、教学模式、教学管理模式相对落后,制约了教改的深化、素质教育的全面推进,因此研究构建一个现代化教学管理模式显得十分必要。一个好的教学管理模式将会进一步深化指导教改实践,推进素质教育。因此,把握前导性深化教学改革的内容是构建现代化教学管理模式的基础。把握江苏省教改会议精神的导向性内容有:培养目标的现代观念;全面素质和综合职业能力的针对性内容;专业现代化建设的新要求;课程改革和教材建设的新提法;产教结合探索的教学模式;信息化工作的全面铺开;教学管理制度的新试点;等等。

职业教育走内涵发展之路,提高办学教学效益和质量的关键在管理。教学管理模式的研究意义还在于它有利于提高办学效益和教学质量,有利于专业建设内涵发展,有利于积极稳步发展职业教育。

二、课题定位和界定

我们研究"区域中等职业教育教学管理模式的研究"课题,首先要对课题题目予以定位和界定。

(一)区域:江苏省经济、文教、科技发展状况发达或较发达地区,以苏中、苏南为主,兼顾苏北。

(二)中等职业教育:普通中专、职业中专、职业高中、技工学校、成人中专等职业学校教育统称为中等职业学校教育。我们以研究职业中专、职业高中为基础,以普通中专、技工学校、成人中专为参照,其成果淡化五类学校教育的界线,统称中等职业学校教育。

(三)教学管理:教学管理是管理者依据理论,运用手段,通过计划、组织、指挥和协调教学活动,创造出系统的力量,达到预定的教学目标。

(四)模式:模式是指在实践基础上,在理论指导下,对研究对象的内容、方式、评价作简要表达。(也可以说在实践基础上,在理论指导下,对研究对象的结构要素、位置、关系以及运转作简要表达。)模式源于实践,高于实践。

三、研究目标

(一)调查职业教育教学管理现状,以及影响教学管理的各个相关因素和环节,研究如何控制在最佳状态,实行最佳结合,进行最佳运转,达到教学管理的最优效能。

(二)提出省、市、县、校四级教学管理模式,推动教学管理的现代化、科学化、规范化,指导教学管理实践。

四、研究原则

(一)方向性原则。研究本课题应从"深化教改,全面推进职业教育素质教育"这个整体方向去考虑,具体教改内容的方向性原则有五条:(1)自主性;(2)民主性;(3)开放性;(4)现代性;(5)个性化。

(二)区域性原则。本课题的六个子课题,是以六个市为区域进行研究,具有区域性特点。研究的模式应坚持从中等职业教育教学管理的现状着手,这是本课题研究的逻辑起点。

(三)应用性原则。本课题的研究性质,以个案研究为基础,应用性研究为主。研究的主要问题是实践中影响管理成效的制约因素、需要解决的实际问题,研究成果要充分考虑其应用性和可操作性。

(四)普遍性原则。以个案研究为基础,进行理论概括时,不局限在个案上,应提出具有同样环境和条件的市级、县级、学校级教学管理模式的普遍性结论。

(五)创造性原则。中等职业教育教学管理的现实中不乏好的经验,但由于中等职业教育教学管理的理论十分匮乏,加上受到传统教育的束缚,也有的套用普通学校教学管理的理论与做法,制约了中等职业教育教学改革的进程。本课题的研究要有创新精神和探索勇气,在新思想、新观念、新理论指导下,进行大胆实践和科学研究,力争形成中等职业教育教学管理的理论。

五、研究方法

研究本课题的方法有如下十种。

(一)文献、资料法:按照一定的原则,广泛收集涉及教学管理的简报、历届计划、总结、报表,然后对这些书面材料进行登记、摘要、编目、评议。

(二)观察法:在一定范围,有计划、有目的、有中心内容地对教学管理现象进行观察。

(三)谈话法:通过个别交谈、访问、座谈的方式向谈话对象收集所需要的教学管理资料或数据。

(四)问卷法:用书面问卷的方式了解被问对象的情况、态度和看法。

(五)测量法:按照测量原理,采取适用的"量表",对教学管理干部或教职工进行测定。

(六)统计法:将搜集到的各种教学管理资料进行统计分类,从而作出对教学管理现象的数量分析。

(七)历史法:以历史唯物主义为指导,对教学管理历史资料进行分析研究。

(八)比较法:对教学管理现象在不同学校、不同地区、不同情况下的不同表现进行比较研究,从而提出教学管理的本质和原则。

(九)案例分析法:以教学管理现象事实为材料,由教学管理者来分析特定的环境和条件,权衡各种解决方案的利弊得失,从中找出理想且可行的方案。

(十)综合法:教学管理的研究对象属于开放的系统,具有整体性和社会性,不可分割性和不可逆性,因此研究教学管理需要综合多种方法进行研究。

六、研究内容

(一)研究模式是研究本课题的核心内容。

(二)研究与模式相关的主要内容是:

1. 分析研究中等职业教育教学管理的现状,以及影响教学管理的因素。

2. 分析研究省、市、县、校不同层级中等职业教育教学管理的内容。

3. 提出如何对省、市、县、校不同层级的中等职业教育教学进行管理,其方式方法是什么,模式是什么。

(三)根据研究原则,课题分为如下六个子课题:

第一子课题:南京市中等职业教育教学管理模式的研究。

1. 分析研究南京中等职业教育教学管理的现状,以及影响教学管理的因素。

2. 分析研究南京市、县、校不同层级中等职业教育教学管理的内容。

3. 提出如何对南京市、县、校不同层级的中等职业教育教学进行管理,其方式方法是什么,模式是什么。

第二子课题:苏州市中等职业教育教学管理模式的研究。

1. 分析研究苏州中等职业教育教学管理的现状,以及影响教学管理的因素。

2. 分析研究苏州市、县、校不同层级中等职业教育教学管理的内容。

3. 提出如何对苏州市、县、校不同层级的中等职业教育教学进行管理,其方式方法是什么,模式是什么。

第三子课题:无锡市中等职业教育教学管理模式的研究。

1. 分析研究无锡中等职业教育教学管理的现状,以及影响教学管理的因素。

2. 分析研究无锡市、县、校不同层级中等职业教育教学管理的内容。

3. 提出如何对无锡市、县、校不同层级的中等职业教育教学进行管理,其方式方法是什么,模式是什么。

第四子课题:常州市中等职业教育教学管理模式的研究。

1. 分析研究常州中等职业教育教学管理的现状,以及影响教学管理的因素。

2. 分析研究常州市、县、校不同层级中等职业教育教学管理的内容。

3. 提出如何对常州市、县、校不同层级的中等职业教育教学进行管理,其方式方法是什么,模式是什么。

第五子课题:镇江市中等职业教育教学管理模式的研究。

1. 分析研究镇江中等职业教育教学管理的现状,以及影响教学管理的因素。

2. 分析研究镇江市、县、校不同层级中等职业教育教学管理的内容。

3. 提出如何对镇江市、县、校不同层级的中等职业教育教学进行管理,其方式方法是什么,模式是什么。

第六子课题:盐城市中等职业教育教学管理模式的研究。

1. 分析研究盐城中等职业教育教学管理的现状,以及影响教学管理的因素。

2. 分析研究盐城市、县、校不同层级中等职业教育教学管理的内容。

3. 提出如何对盐城市、县、校不同层级的中等职业教育教学进行管理,其方式方法是什么,模式是什么。

七、研究组织与分工

（一）总课题组主要成员及分工

睢　平（江苏省教育厅职业教育办公室副处级调研员）⋯⋯⋯⋯⋯ 课题组总负责
许高炎（南京市职业教育教学研究室主任）⋯⋯⋯⋯⋯⋯⋯⋯⋯ 课题组总负责
李　明（南京市职业教育教学研究室主任助理）⋯⋯⋯⋯⋯⋯⋯ 负责第一子课题
王　震（苏州市教学研究室书记）⋯⋯⋯⋯⋯⋯⋯⋯⋯⋯⋯⋯⋯ 负责第二子课题
王稼伟（无锡市教育局职教处处长）⋯⋯⋯⋯⋯⋯⋯⋯⋯⋯⋯⋯ 负责第三子课题
王柏青（常州市职业教育教研室主任）⋯⋯⋯⋯⋯⋯⋯⋯⋯⋯⋯ 负责第四子课题
杨正平（镇江市教研室副主任）⋯⋯⋯⋯⋯⋯⋯⋯⋯⋯⋯⋯⋯⋯ 负责第五子课题
李　宁（镇江市教育局职教处副处长）⋯⋯⋯⋯⋯⋯⋯⋯⋯⋯⋯ 负责第五子课题
郝清平（盐城市教育局职教处主任）⋯⋯⋯⋯⋯⋯⋯⋯⋯⋯⋯⋯ 负责第六子课题

课题组主要成员还有：王秀文、张铎、庞道炎、周春林。

（二）各子课题承担单位及负责人

第一子课题组负责人：李　明。承担单位：南京市职教教研室、溧水教委职教科、南京金陵职教中心、南京市莫愁职业高级中学、江宁湖熟职业高级中学。

第二子课题组负责人：王　震。承担单位：苏州市教研室、昆山市教委职教科、苏州市高级工业学校、苏州市旅游学校、苏州市机械学校。

第三子课题组负责人：王稼伟。承担单位：无锡市教委职教处、宜兴市教委职教科、无锡职业教育中心、江阴职业教育中心、锡山职业高级中学。

第四子课题组负责人：王柏青。承担单位：常州市职教教研室、常州市刘国钧职教中心。

第五子课题组负责人：杨正平、李　宁。承担单位：镇江市教委教研室、镇江市教委职教处、丹阳市教育局、镇江市职教中心校、镇江市旅游学校、丹阳市吴塘职业高级中学。

第六子课题组负责人：郝清平。承担单位：盐城市教委职教科、建湖县教育局职教股、盐城市第一职业高级中学、盐都盐南职业高级中学、射阳县职业高级中学。

八、研究进程及管理办法

（一）研究进程

时间	研究阶段	主要任务	工作要求
1月至2月	前期准备	研究课题的基本思路,研究课题组成员,拟定《开题报告》	上报《开题报告》
3月	组建总课题组	研究讨论《开题报告》,成立总课题组和子课题组,明确总课题组主要成员与分工,布置工作,统一思想,统一步调	1. 完成《开题报告》(修改稿) 2. 召开总课题组会议

(续表)

时间	研究阶段	主要任务	工作要求
4月至5月	子课题启动	制定子课题研究方案,各子课题收集研究资料,开展研究的相关性调查,整理与分析资料	1. 制定子课题研究计划 2. 召开子课题组会议 3. 开展子课题研究
6月	阶段成果	构建模式,初步形成阶段性成果,成果鉴定	1. 基本完成子课题三项任务 2. 召开市、县、校教学管理现状以及构建教学管理模式的初步设想交流会
7月至8月	中期总结	撰写子课题研究总结报告	1. 完成1万~3万字的子课题研究总结报告 2. 8月底,输入微机后交总课题组
9月	研讨报告	交流子课题报告,研究讨论课题报告	召开"子课题报告交流与课题报告研讨会"
10月	成果实证	对各子课题的研究成果进行修改,并进行必要的实证研究	1. 修改子课题报告 2. 实证研究
11月至12月	课题总结	撰写课题研究报告,编辑研究报告集	1. 完成课题研究报告 2. 编辑研究报告集

（二）管理办法

1. 二级管理。总课题组主要成员分工负责有关子课题,负责规划、组织、协调子课题组的研究工作。

2. 子课题承包。本课题研究的实施,实行子课题单位承包负责制。凡承担子课题的单位,要按照《开题报告》(修改稿)方案的要求,如期完成科研任务,并保证研究成果的质量。

九、成果形式:编辑本课题《研究报告集》

江苏省教育厅职教办02—08课题组,眭平课题组(总负责人)、许高炎[课题组总负责(执笔)],2000年3月22日。

第二节 职教教研职能

江苏省教委教职〔1994〕51号文《关于加强职业教研工作的意见》颁布后,各地相继组建职教教研机构,其职能是负责职业教育的教学研究与教学管理(业务)。南京市职业教育教学研究室是1993年7月1日创建的,因此有些经验。如何发挥职教教研部门的作用,我们的体会是:第一,认知职教教研室与普教教研室的异同,是发挥职教教研室职能作用的前提;第二,理清工作思路,是发挥职教教研室职能作用的基础;第三,做好四项工作,是发挥职教教研室职能作用的重要内容。

一、认知职教教研室与普教教研室的异同,是发挥职教教研室职能作用的前提

从教学的逻辑起点、顺序来看,教学研究有六个方面,即:人才的培养目标(专业设置)、教学内容(专业教学方案、课程设置、课程的教学计划、大纲、教材)、教学的组织形式、教学过程、教学的方法与手段等。虽然普职教研都有六个方面,但是内容确是千差万别。

(一)普教的教研工作

根据高中毕业生"高校"去向的目标,普高课程设置是固定的,就是政语数外、理化生史地、音体美劳共十三门,半个世纪基本未变("文革"期间除外)。十三门课程的教学计划、教学大纲和教材虽修改过,但都是微调,未有本质上的大的改动,课程教学内容也基本未变。教学的组织形式,仍以课堂组织教学为主,这种基本教学组织形式也未变。在教学内容和教学组织形式确定的情况下,研究课堂教学过程、教学方法和手段就是完成教学目标的直接技术保证。

南京普教近三年设置课堂教学年(本文笔者既是普教教研室领导又是职教教研室主任),创造了许多实用可行、行之有效的课堂教学模式和方法。新时期以来,南京普教战线与我国广大教育工作者、教育科研人员和第一线中学教师一道对中学课堂教学进行了艰苦而卓有成效的探索,如:课堂教学结构的优化,课堂教学模式与方法,课堂教学的程式与模式化,课堂教学的整体化模式与方法,一般教学方法的模式化,以及十三门课程的具体应用方法,等等。

在教学内容和教学组织形式确定的情况下,普教教研工作的方向和主要内容是课堂教学过程、教学方法和教学手段等内容。那么职教教研工作是不是也应该按照既定的普教教研方向研究呢?任何一个长期从事职教工作的教育工作者都会作出否定的回答。

(二)职教的教研工作

职教教研工作的方向和主要内容,就目前来说应该不完全是课堂的教学过程、教学

方法和教学手段的研究。目前或者说在相当一段时间内,职教教研工作的方向和主要内容应该是人才培养目标(专业设置)教学内容、教学组织形式以及突出职教的两个特点(重职业道德和重实践教学)的研究和管理。如果从教学工作逻辑起点开始,分为六个方面内容的话(目标、内容、形式、过程、方法、手段),那么目标、内容(以及内容决定的形式)是当前职教教研的主要方面,是当前一段时间决定职业教育的教研是否有助于职业教育事业发展和改革的主要方面。当然,这绝不是说对课堂教学过程、教学方法、教学手段的研究不重要。职教事业发展的不同阶段与程度,不同的市、校应有不同的侧重点。目前对某一个具体的学校来说,可能过程、方法、手段的研究是该职校教研的主要内容。目前,对各个学校来说还是要加强对课堂教学的常规管理。从另一方面来讲,深入课堂,不仅研究了过程、方法、手段,也为目标、内容(形式)的研究提供了素材,起着促进作用。但是,从南京地区职教现状,和今后职教的发展和改革上来考虑,总体上职教教研工作的方向和主要内容要放在目标、内容(形式)上,要放在重职业道德和重实践教学的规律性研究以及管理上。

二、厘清工作思路:是发挥职教教研室职能的基础

第一,学习马克思主义理论,坚持党的基本路线,全面贯彻国家教育方针,执行"职教法"。一学理论,是教研工作要把握政治方向。第二,为教育行政部门宏观决策服务,为基层学校服务。两项服务是教研工作的指导思想。第三,提高室员素质,提高教师素质,提高教育教学质量。三个提高,是教研工作的目标。第四,加强室内部各项建设,加强教学研究,加强教学业务管理,加强信息交流。四个加强,是教研工作的重点。教研工作是一种泛指,不能单纯将其看成一项教学研究,一项业务工作,实际它也是一项管理工作和教育工作,也是一项政治工作、思想工作和组织工作。1998年乃至今后相当一段时间,要抓好以下四项工作,即做好两项服务,抓住两个特征,加强教学业务管理,提高教育教学质量,以职业教育的教研来兴职业教育。

三、做好四项工作,是发挥职教教研室职能作用的重要内容

(一)摆正位置,做好"上局下校"服务

1. 为上级行政领导宏观决策服务

专业设置宏观调控,是一个非常复杂而棘手的问题,是必须解决的事关南京地区发展职教和改革的问题。职教研室不能脱离南京地区职业教育事业发展和改革需要解决问题。那么应该如何为教育行政部门进行专业设置宏观调控作宏观决策服务呢?思路是:开放式地调查,有目的地研究,着力进行解决问题的讨论,提交一份地区调研报告,供领导决策。

2. 为基层职业学校服务

第一,为基层职业学校服务应该是多方位的。从教学的逻辑起点来看,教学研究涉及:(1)专业设置的人才的培养目标;(2)教学计划;(3)教学内容;(4)教学的组织形式;(5)教学过程;(6)教学方法和教学手段。教学研究,重点放在专业教学计划和教学内容上。为基层学校服务的主要精力应放在教学内容的指导上。教学内容要研究专业的教学计划,主干课程的教学大纲,国家教委推荐使用的教材。计划、大纲、教材都应该研究,但是首先要研究的是专业教学计划,它是组织学校教学工作的依据。教学计划的核心是课程设置。

第二,为职业学校广大教师服务。推荐与指导学习教学指要和教学实施纲要。根据国家教委的规定,不仅推荐了几百种文化课、专业课教材,以及部分相应的教学大纲,还与各职校的骨干教师、专业教学带头人、兼职教研员,共19个专业(学科)进行了具体教学内容的研究,近几年编写了语文、政治、数学等10本教学指要以及职高体育教学实施纲要;植物与植物生理、电工基础、宾馆英语口语、计算机应用基础等20门专业课程教学实施纲要,这无疑对教师进一步把握大纲和教材等教学内容,起到帮助和具体指导的作用。

(二)认清性质,抓住"职教特色"管理

1. 重点抓住抓好实践教学

普教以课堂教学为主要教学组织形式。职教是课堂教学与实践教学并重,其课堂教学与普教有共性,符合教学一般规律。但是,培养目标不同,特色不同,教学内容的职业性、实践性等特点不同,职教课堂教学也有其个性。研究这些特殊性规律,才能具有针对性和现实性。在今后一段时间要偏重职教课堂教学的特性研究。实践教学是指实习和实践性教学环节两个方面。实习有它明确的,以技能技术为主的教学目标和教学过程,是一门实践课程。它包括了教学实习、生产实习。实践性教学环节是一门理论课程的实践教学环节,它往往验证、阐述一个已经被证明、被公认的规律、定理和结论。它包括了演示实验、学生实验、课程综合练习、大型作业、社会调查等。

2. 重点抓住抓好职业道德教育

针对职业教育的特点,要加强职业道德教育。明确职业道德教育的知识性、差别性、实践性。我们在市教委的直接领导和指导下制定了职业道德教育实施纲要、量化表、教学常规、考核标准等有关职业道德教育教学文件,与教育行政部门联合召开了共四届职业道德教育研讨会,各职校相互交流了职业道德教育经验。其经验的高度,是"纲举目张、高屋建瓴",其经验的准确实用性,是"切中肯綮,对症下药"。

(三)加强"教师骨干与教学方案"建设与管理

江苏省教委1994年发布了苏教职〔1994〕51号文件《关于加强职业教育教研工作的

意见》和附件《江苏省职业教育教学研究工作条例(试行)》。文件中明确了职教室的性质和职能:"职教研究是地方教育行政部门设置的承担职业学校教学研究和教学管理的事业机构。"教学管理应对教学的全员、全过程、全面进行管理。它包括对教学内容、教学过程、教学教研人员、教学行政、教学设施、教学档案、教学信息的管理。教学管理的核心是质量管理。我们这里讲的是教学业务管理。一是配合行政部门和人事部门,抓教师评优工作,推进执行省市管理文件的自觉性;二是受行政部门委托,审定职教实施教学计划。对此,我提几点建议。

1. 加强职校教师队伍建设

教学质量在很大限度上由教师素质决定,因此加强教师队伍建设十分重要。四年以来,在南京市教委领导下,每年与主管处室共同组织实施一次全市考核评选职校优秀教师或专业(学科)教学带头人或优秀教研组的活动。这种评价可以达到四个效果。(1)以考起导:由职教室拟定市教委颁发的"优青""优组""带头人"三种考核指标体系,对全市职教教师的教育教学工作起了导向作用。(2)以考促建:1994年评选了全市16位职校优秀青年教师,1995年评选了全市22位职校专业教学带头人,1996年评选全市33个优秀教研组,1997年评选了全市27名优秀青年教师。1998年将评选第二届专业(学科)教学带头人。这一考核评价过程推动了职校师资队伍建设。(3)以考查管:市级考核有指标、有内容、有标准,学校的管理也就有了对照,对管理就能作出评价。一般说来,职校管理好的,对教师的培养和发展创造了好的客观条件。所以,考核教师(教研组),实际上也检查了学校对教师和教学工作的管理情况。因此,评价也是一种教学管理的手段。(4)以考调积:它有利于增强教师的事业心和工作责任感,激发调动积极性。评优,可以推进教师建设和管理。另一面,对教师的管理,要按照省教委提出的"加强教学管理,规范教学行为,坚持常规管理"执行,要按照《江苏省职业高中教师的教学常规》常抓不懈,认真落实。这个常规详细规范了课堂教学和实践教学的教学过程的教师常规。

2. 加强职校教学内容管理

加强对职校教学内容的管理,一方面要加强对教学计划、教学大纲、教材的管理。另一方面各个职校对制定的实施性教学计划要按规定和程序报审。几年来,职教室受市教委的委托已审订各职校新办专业实施性教学计划近200份。职教室认为,在这方面还存在的问题是:信息流有时受阻,信息量少。有的招生后才报审教学计划。为加强教学业务管理,我提四点建议:(1)学校有特定的教学工作管理范围和内容,有它确定的职能,要理顺学校教学业务管理的体制。(2)对本校教学业务要进行指挥和导向,依据教学计划,精心组织和安排教学业务。(3)对本校教学业务进行定期和不定期的检测和检评,调整执行偏差,比对教育目标不断地协调。(4)对本校教学实践要把握深广度两方面,一是典型教学实践的分析研究和结论,二是全员、全面、全过程的资料统计。做好四方面工作,定期表彰总结,使职校教学步入科学合理的正常运行轨道,有序有效地进行。职教室对教学方案的建设与管理的侧重点，在职业事业的发展不同阶段，有所不同。教学方案广义意为：专业设置、专业各课程间关系（课程结构，空间序）、专业各课程教学安排（课程模式，时空序）、课程内容要点与要求（教学大纲）、课程教学研究等。21世纪，教育部已公布了大多数中等职业教育的专业教学方案，因此重点是如何贯彻执行，加强管理；对课程加强深入研究，提高课程与课堂教学质量。

（四）认准方向，提高"职教质量"建设与管理

什么是职教的教学质量？如果没有标准，也就谈不上提高。应从需求、学校、教师三方面来理解。一是就业和转业能力强。能就业，就业单位欢迎，且能发挥作用。这是出口，这是终端，是从效果看质量。从入口到出口的过程，就是职教内部的教育教学过程，故可将就业效果作为判断质量高低的标准。二是职业教育教学符合专业培养目标中对人才规格要求和职业素质要求的程度，以及学生所占的比例。对于这项工作，要进行定期和不定期检测和检评，调整偏差，不断协调，正确导向，提高质量。三是职业教育教学符合课程教学大纲中教学目标、教学内容、教学要求的程度，以及学生所占的比例。对于这项工作，也要不断进行检测和检评，从基础性、职业性、实践性组织教学内容，把握职教学生的认知和动态规律，改进教学方法，运用现代化教学手段，提高驾驭动态管理的能力，注意培养学生的认知能力、实践能力、情感能力，提高课堂教学和实践教学质量。要提高质量，就要进行职教教学理论和课程理论的研究和指导，要进行符合职教课堂教学特殊性和实践教学规律性的导向，要应用课程模式、教学模式这些中介，进行教改试验，要靠教学质量标准和评估标准的研究，要靠可操作管理手段进行评估和检测，更靠社会、政府和广大职教同仁对质量的重视和实际的努力。

注：本文是1998年1月3日许高炎在南京市职业教育工作会议上的发言稿，有删改。

第三节　教研管理工作

教研室工作总结与计划如下：一是今年完成了教研管理工作十件事；二是总结认知了职教研的工作特点，概括出八个字"做好服务，突出特点"，从七个方面予以说明；三是教研室明年的教研管理工作计划；四是加强内部建设，提高室员素质。

一、今年完成了十件事

（1）制定文秘等八个专业市级指导性教学计划，参与语文、数学、英语、计算机部编教学大纲讨论或起草、拟定，以及教材的编写工作。（2）承办市教委组织的评选专业（学科）优秀教研组的工作，考核了15个区县24所职业学校，33个教研组；4所直属职业中专校，9个教研组；还有直接报批的普通中专校7所，7个教研组，总计35所学校49个教研

组。(3)承办市教委组织的机械钳工、电工电子、商贸营业员、财会珠算、宾馆服务、计算机专业技能竞赛,开展多种学科学习能力竞赛,推进交流、展示,检查职校的实践教学,提高学生的实践能力。(4)组织"就业与创业"教育,江宁职教中心现场会,全面推进"就业与创业"指导教育的开展。与职教处共同承办职道研讨会,加强职业道德教育,使其常态化,具有针对性和实效性。(5)组织宾馆服务专业教师学习插花技艺,组织美术老师、计算机老师、体育老师的好课评比活动,开展多方面的教学调研实验活动,进行阶段性成果总结,提高教师基本素质。(6)组织部分文化课、专业课课程的结业、学期和年段统考,英语必修文化课统一考场、统一监考、统一阅卷,为克服课程开设的随意性,提高教学质量,做了大量艰苦的工作。(7)开展18个教研中心组的活动以及近200次讲座,营造职教教研的氛围。(8)与高等教育出版社教材发展研究所共同承办了教育部"九五"重点科研课题研讨会,推进了"八五"期间"综合课程""模块课程""实践课程"三大职教特色课程成果深化研讨的开展。(9)参与部级、省级共四个重点课题的科研工作。(10)评选了200多篇全市职校推荐教学论文,优秀获奖论文将汇编成册。

二、总结认知了职教研工作特点,概括出八个字"做好服务,突出特点",从七个方面予以说明

职教教研工作特点具体是:摆正三个位置,做好协同服务;问题导向调研,为事业发展服务;调研专业设置,为培养人才服务;"力德知能"内容导向,为教学服务;制订"教学大纲、指要",为教师服务等五服务。另外还要践行"重实践、重职业道德"工作,突出职教的特点。下面我们从七个方面予以说明。

(一)摆正位置

教职〔1994〕51号《关于加强职业教育教研工作的意见》文中和附件《江苏省职业教育教学研究工作条例(试行)》中有三句话说明我们的职能和位置。即:"职教教研室是地方教育行政部门设置的承担职业学校教学研究和教学管理的事业机构","充分发挥教研室在教学领域内的业务指导作用","各级教研室在当地教育行政部门的领导下进行工作,并接受上级教研部门的业务指导"。

这里有三个位置、三个关系:(1)教委和职教教研室的关系是领导与被领导关系,和教委主管处室不仅仅是人事关系不可分割,更主要的是工作关系不可分割,其重要一点就是要及时地为行政部门解决宏观决策的问题做好服务工作。(2)任何一个事业机构(含学校)都不是政府机关。它的内部人员都应摆正位置,提高觉悟,处理好各种关系。(3)职教教研室承担职校的教学研究和教学管理任务,要发挥教学业务指导作用,职校要自觉配合。三个位置摆正,才能处理好三个关系。这里除了在理论上、体制上进行明确理顺外,还要在思想认识上自觉提高觉悟,摆正位置,处理好三个关系,做好服务。

(二) 问题导向

回顾两年前 15 个区县的教育局局长考察了苏州、常州、南通后,在溧阳宾馆二楼开会讨论发言时,个个都很感慨。当时主持会议的时任市人大教科文卫委副主任王恕,对南京职教发展作了小结,他说:"南京职教起步早,1979 年开始,是全省最早的一个市。1983 到 1984 年处于低谷,1984 年,沙局长、办公厅、劳动局、计委一起去广州、福建考察。他们起步晚发展快,我们 1987 年、1988 年又上来了。1988 年、1989 年王恕、高局长、曹局长、综合部门又出去,到大连、沈阳、哈尔滨考察,受到启发。他们布局合理,专业很集中。我们的教学工作又上来了。第三次,这次 1995 年 11 月汪局长带领 15 个区县教育局长到苏常通,大家感觉差距表现在南京职教的小散少低。规模小,布局散,投入少,效益低。他还说:'请许主任搞个调研报告,发到市里四套班子。'后来搞了一个,这个报告在谈差距时说:'我们南京的职教事业发展起步早。大力发展不等于全面铺开,到处设点,甚至 1、2 班也在办学。学校布局散,专业设置重复、失控、分散。体制不顺,相互牵扯。抓重点职校建设不够,规模效益差。职教发展已与普教相当,应该单独规划。职教投入少,师资不足,后劲必然不大。在认识上、统筹力度上、政策上、资金投入上不到位。'报告中还强调了汲取的外地经验中很重要的一条就是发展职教是政府行为。当然也跟教育行政部门'开发'市政府领导有关,跟职校领导'开发'教育行政部门也有些关系。有目标调研,做好职务。经过两年的努力,对照我们职业教育的情况,有了长足的进展,改变了一些状况,取得了些成绩。"

(三) 专业设置

1997 年 12 月 19 日召开了三所部省属中专、一所市属中专、三所技工学校、十二所省市重点职校教学校长的专业设置研讨会,研究讨论两个理论问题,五个实际问题。1998 年上半年牵头召开教育系统外行业和业务部门参加的专业设置研讨会(教委与其他部委局办联合发文成立的六个教学指导委员会)。1998 年下半年召开一次专业设置总结会,提供一份专业设置情况报告。通过调研总结,试图解决两个问题:第一,职校设立和调整专业的决策依据、工作流程是什么?管理的机制是什么?第二,确定地区的专业布局和布局调整的原则是什么?管理的机制是什么?结合南京地区的实际,以国家教委教育科研重点课题"面向 21 世纪的职业学校专业设置"为契机,提出国家教委 1993 年颁布的全国中专专业目录的修订意见,以及提出制订全国职高专业目录的建设性意见。我们认为,在专业设置上,职教教研的重点应放在专业综合化以及专业设置工作流程管理的研究上,为职教行政决策专业布局、调整做好服务。我们不仅要在专业名称上科学规范,而且要在内涵上明确界定。据国家教委有关部门意见,普通高校 504 个本科专业将减半,增加一些综合交叉专业,到今年三月底出台,颁布实行。600 多种研究生专业也将削减一半,518 个中专专业也将修订。随着经济、社会、科技发展,职高专业综合化势在必行。南京市职教专业结构得到优化,南京职教将会上一个台阶。做好专业设置工作,为培养人才做好服务。

（四）服务教学

为基层学校教学和教改第一线教师服务。第一,为基层学校教学和教改第一线教师服务应该是多方位的。就当前和今后相当一段时间来说,其服务的主要精力应放在教学内容的指导上。教学内容的研究和指导,就是要研究专业的教学计划,主干课程的教学大纲,国家教委推荐使用的教材。计划、大纲、教材都应该研究,但是首先要研究专业教学计划,它是组织学校教学工作的依据。教学计划的核心是课程设置。第二,课程设置与课程模式。指导课程设置的中介理论是课程模式。10多年来,我国中等职业学校借鉴了外国的经验,主要有双元制、技能本位、能力本位三种课程模式。我们认为国外的职教课程模式要借鉴,汲取其本质为我服务。但都不能照搬,必须与党的十五大提出的初级阶段的国情和本市市情结合。结合才能发展职业教育,结合才是职教课程结构改革,结合才有生命力。

构建具有中国特色的职教课程结构,应该是在"八五"期间已取得的成果上,继续发展。其具体意向是,从教学目标和教学内容上来看,知识本位片面,技能本位不全面,能力本位也未必能符合初级阶段的国情、市情。我们认为,职业教育也应进行素质教育。因此,其课程结构应是"力德知能"的结构,它是课程目标和教学内容本位,并以这四项结构要素的排列组合的时空序,构建课程模式,为各职校服务。把握了教学理论和教学实践的中介——课程模式,也就从总体上把握了职教教学内容的特色,加深了对课程设置的认识,有利于组织教学,也可使教师不是跟着教材讲,而是立足于教材来把握,立足于素质教育来进行教学。

（五）具体践行服务

职教教研室具体服务是制定课程教学指要和教学实施纲要。不仅要从总体上指导服务,还应从具体课程教学内容上帮助教师把握。根据国家教委的规定,我们不仅推荐了几百种文化课、专业课教材,以及部分相应的教学大纲。与各职校的骨干教师、专业教学带头人、兼职教研员,共19个专业（学科）进行了具体教学内容的研究,近几年制定了职高《语文》（一）、（二）、（三）、（四）册教学指要,中专《语文》教学实施纲要,中等职业学校的《经济·政治》《世界观·人生观》《法律》的教学指要,职高《数学》（一）、（二）册等10本教学指要,"植物和生理""电工基础""宾馆英语口语""计算机应用基础""机械基础""机械制图""有机化学""无机化学""服装缝制工艺""服装结构与制图""原料知识""原料加工技术""中餐烹调技术""营养与食品卫生""食品美术""餐饮服务与管理""客房服务与管理""基础会计""工业企业会计""会计实验教程"等20门专业课程教学实施纲要。在当前,国家教委和省教委对职教教学内容缺乏具体指导的情况下,我们编写了政治文化课10门课程教学指要和20门课程专业教学实施纲要,这无疑对教师进一步把握大纲和教材等教学内容,起到帮助和具体指导的作用。

(六)实践特色

参见本章第三节,三,(二)重点抓住抓好实践教学。

近几年来,我们制定了一些实习教学管理表册,组织职校交流实践教学的经验,汇编了湖熟职中、南化职中、莫愁职校、建筑工程学校、经管职教中心等十四所职校所取得的,在实习管理、利用实习资源、加强基地建设、渗透德育的宝贵经验和成果。近几年来,我们还具体组织、实施了迎春笔会、演讲、听说读写实用能力、小论文、自编法律小报、建筑制图、机械制图、书法、多媒体动画制作等全市性学科学习能力竞赛活动。这些实践活动无疑对推进各职校进一步加强实践教学,对各职校按照行业业务主管部门制定的技术等级标准传授技能、培养能力是有导向作用的。今后,对竞赛的导向还必须进行两方面的研究:在办法上,如何进一步做到普及与提高的结合,整体推动职教实践教学。在标准上,如何进一步与市场经济、社会进步、科技发展接轨,进行导向,使我们职校的实践教学更贴近于当今南京地区的社会经济与科技的实际。实践教学,特别是实习,作为一门课程来研究还不够。今后我们的研究,还要进一步研究学生的动技规律、教学环节与程序、实习教学动态规律。把握规律,服从经济和教育规律,克服无效果的"时间实习"。这是今后突出职业教育特色要着重研究的重要内容。

(七)职业道德

职业教育的要点之一就是培养目标的职业性(教学过程的实践性、办学的社会性),这就决定了它的教学内容必然重职业道德教育(重职业知识、重职业技能、重职业能力)。

职业道德是依职业岗位的工作内容而形成的规范,且制约职业人的行为习惯。一般它包括职业规范、职业纪律、职业理想、职业意识、职业行为,前两项是由特定的职业岗位工作内容而长期形成的客观性内容,后三项主要为客观性内容制约职业人的主观性内容。

依据以上的界定,在进行职业道德教育时要明确三个性。第一,知识性:不同的职业,有不同的职业规范要传授,从事职业活动不仅仅是基本的单纯的实践活动,它必然涉及人与自然、与社会的关系,也要进行知识传授。因此40节的职业道德课堂教学,要予以保证。第二,差别性:专业是根据经济社会科技的发展,对人进行分门别类培养而形成的学业门类。专业(学业门类)与职业(工作门类)应该说是两个有联系但又是不同的概念。所以,进行专业教育不等于就进行了职业教育,更不等于就进行了职业道德教育。因此在教育安排上,还必须有意识地进行有针对性的职业道德教育。第三,实践性:职业道德不是讲讲就养成的,而是通过平时对行为的规范而养成的。职业道德是职业人的行为习惯,与职校学生的行为习惯是不同的。要使职校学生毕业从业后,基本具有职业人的行为习惯,必须对其进行职业道德行为养成教育。行为养成教育是通过活动、实践、训练培养的。因此在职校开展各类活动中要进行有意识地培养、训练,逐步养成职业行为习惯。特别是实习阶段,要特别重视职业道德行为的训练。

三、教研室明年的教研管理工作计划

(一)指导思路

学习马克思主义理论和职教理论,为教育行政部门宏观决策服务,为基层学校服务,提高我室人员素质,提高教师素质,提高教育教学质量,加强我室内部各项建设,加强教育教学与科学研究,加强教学业务管理,加强信息交流。概括起来就是一学理论,两项服务,三个提高,四个加强。教研工作是一种泛指,不能单纯将其看成一项教学研究,它也是一项管理工作和教育工作。从普教和职教教研对照来说明我们职教教研工作的方向和主要内容,形成共识,对教研工作方向和主要内容形成合力,"以职业教育的教研来兴职业教育"。教学研究应对涉及教学的人、物、事、时、空、信息等各方面及其综合辩证进行研究。

(二)目标和措施

面对全国职教的形势和现状,中等职业教育在内容上,应从单一的教育向全面的素质教育和就业创业教育转变;在发展上,由规模型、数量型、外延型向效益型、质量型、内涵型转变。教研室工作要实现三个转变:(1)研究的范围应从中等职教内部扩大到社会、经济、科技领域,扩大到职业教育与社会、经济发展、科技进步的关系领域。(2)研究的内容应从对教学的时、空、信息、人、财、物、知等七方面平均关注或者是从对教学过程、教学方法、教学手段等"事"平均关注转到以教师和学生为主,转到以"人"为本上来。(3)研究的形式应从零散逐步过渡到整体统筹规划。职教教学有宝贵经验,但较零散,尚待整理、深化、升华,需统筹规划,逐步过渡,整理职业教育教学知识,创造知识,创造理论,为基层学校教学实践服务,提高他们教研工作的水平和效率。

1. 为市教委行政部门宏观决策服务,做好四个方面的研究。《南京市 2000—2005 年深化教育改革,全面推进素质教育工作》的指导思想、基本目标、事业发展目标、教师队伍建设目标、全面提高教育质量目标、深化教育改革目标共二十项已确定,作为市教委下属单位,除一般的常规性教研任务外,今年和今后要做好四个方面的研究工作。第一,职教素质教育重点的研究。第二,职教体系改革试点的研究。第三,职教体系内部衔接的研究。第四,职教对象的研究。

2. 配合做好省教育行政部门进行有关科研课题的研究,为指导基层学校教学实践服务。江苏省教委职教办与我室作为项目负责单位,将研究"区域中等职业教育教学管理模式的研究"部级课题,其目标是调查省、市、县校四个层级的教学管理现状,研究职教的理论和实践教学规律,提出四级教学管理模式,为其实践管理进行具体导向。对南京金陵职教中心、江宁湖熟职业中学等三所南京市教委的课程改革实验学校,要做好牵头联系,做好服务。南京课程改革试验全国起步最早,"六五"期间就开始了,1983年实施课程改革试验;"七五"期间将实践课程改革试验经验向全省推广;"八五"期间,率先在全国职教进行课程结构改革,并落实在计划大纲教材内,总结了"综合课程""模块课程""实践课程"三大职教特色课程;"九五"期间不断宣传推广,"宽基础、活模块、人为本、能力型"等模式就是在这样的基础上发展起来的。室工作要重视、宣传和发展南京广大职教工作者创造的成果。

3. 着力提高师资队伍的素质和水平。职校教师更新教学观念,树立创新意识和加强自我实践能力的修养,提高实施素质教育的水平和能力。市级优秀青年教师、专业(学科)教学带头人、优秀专业(学科)教研组的选拔推荐、考核评审工作,要发挥以评促建和"优青优组带头人"更大的作用。

4. 加强信息交流,开展多形式的有关"课程实验、教改试验、课题研究"的讲座,贯彻执行市教委"三个拾"教育改革精神,提高师资水平。拟定的主要讲座内容是:第一,职教系统综合课程的由来以及综合教学内容的课程模式。第二,面向21世纪,课程综合化方向。第三,DUAL教学模式、MES教学模式、CBE教学模式、"宽厚活用"积木模块、"宽基础、活模块"模式、"人为本,能力型"模式的阐释。第四,职教系统的课程结构要素定位,知识、技能、人本、能力的剖析。第五,把握学生的认知规律和动技规律,进行有效理论教学和实践教学。

5. 加强内部建设,提高室员素质:第一,抓组织建设,促职教室的发展。第二,抓制度建设,行职教室的改革。第三,抓思想理论建设,提高思想素质。第四,抓作风建设,提高品德修养。

6. 妥善处理"目标和现状""一般和重点""继承和创新"三对辩证关系,做好常规性的各项工作。

7. 具体工作内容和月安排:(1) 开好开学初两次全市职教系统教务主任工作会议。(2) 做好全市中等职业教育专业(学科)教研中心组和兼职教研员换届工作。(3) 开展全市中等职业教育专业(学科)教研中心组工作和活动,开展多形式、多层次的研讨。(4) 组织全市专业技能竞赛和学科学习能力竞赛。(5) 组织全市中等职业教育部分课程统考。(6) 组织考核评选全市中等职业教育专业(学科)"优青"。(7) 评选全市中等职业教育教学论文。(8) 月安排表:略。

四、加强内部建设,提高室员素质

(一)抓组织制度建设,促职教室的发展

1. 抓组织建设,促职教室的发展

(1) 加强党的领导。

(2) 提高领导班子力量。

(3) 建设中层机构,方便具体事务工作的运转。

(4) 积极、慎重地引进高学历(研究生)及在教学第一线锻炼两年以上的教研员。

2. 抓制度建设,行职教室的改革

(1) 明确室员具体职责。

(2) 健全室各项规章制度,加强统一管理。

(3) 建立考核有关制度。

(二) 抓思想作风建设,提高室员素质

1. 抓思想理论建设,提高室员思想素质

(1) 学习邓小平理论,主要掌握邓小平的哲学理论和教育思想。

(2) 学习、掌握职教理论(职教教育学、职教心理学、职教管理学),了解把握职教各种法律和法规。

(3) 加强学习心得交流,善于汲取职教同仁创建的新理论、新思想、新方法。

2. 抓作风建设,提高室员品德修养

(1) 树立教研室"一个"良好形象。

(2) 明确直属单位"准机关"的"双重"作用:①有时是受市教委直接委托工作的。②有时是因自身的职能而工作的。

(3) 营造教研室"三讲氛围":①讲政治;②讲学习;③讲正气。

注:

本文是1999年年终,许高炎主任代表南京市职教教研室书写的工作总结,上报南京市教育局,内容有删改。

第四节 职教质量管理

本文就中等职业教育的教学研究、教学管理、教学质量的内涵及辩证关系进行阐述。

一、教学研究与教学管理

教学研究应对涉及教学的人、物、事、时、空、信息等各方面进行研究。中等职业教育的教学研究,在相当一段时间内,要着重对教学内容、教学过程、教学模式、评估标准进行研究。教学管理应对教学的全员、全过程,全面进行管理。它包括对教学内容、教学过程、教学教研人员、教学行政、教学设施、教学档案和信息的管理。教学管理的核心是质量管理。

(一) 教学内容的研究和管理

1. 研究教学计划、教学大纲和教材,首先要研究教学计划。专业教学计划,要研究"课程模式"。"课程模式"是一种相对稳定的课程结构框架和程序,用来描述某一专业门类的教学内容所涉及的各个因素,以及它们间的关系。它是教学理论的具体化,是教学理论和教学实践的中介。教学计划是学校教学法规,是组织实施学校教学工作的依据。立法、执法、依法治教、管教,才能提高管理水平。其次,对各门类专业教学大纲、教材的研究要明确某一专业类的基础知识、基本技能、基本能力。所谓基本(础)是指保证知识、技能、能力得以展开、延伸、迁移的主要框架,也就是要确定知识结构、技能结构和能力结构,简称为知能结构。这种结构框架具有概括性高、派生性强、包容性大、适应性广的特点。

2. 就管理来说,要按照国家教委"八五"期间已取得的经验性成果执行。一方面要执行颁发的教学大纲,使用推荐的教材;另一方面要把握"八五"期间制订教学文件和编写教材的"广浅用新"原则。广是指知识、技能、能力的面要广;浅是指理论要浅,要重基础,要深入浅出;用是指顶用、够用、实用;新是指新技术、新工艺、新材料、新产品、新规范。

(二) 教学过程的研究和管理

1. 职教的课堂教学与实践教学并重。国家教委1993年3月10日颁发的4号文中,将建筑结构这门理论课程中课程综合练习的内容,明确为"钢筋混凝土整体楼盖",用10课时完成,这就是实践性教学环节。实践教学,特别是实习,作为一门课程被研究还很不够。研究这些内容,克服"时间实习"(只谈实习时间,不看学生掌握技能规律的过程,不看效果)弊病。目前对实习的规律性研究甚少,处于"幼儿阶段"。

2. 对教学过程管理来说,要按照周稽裘同志代表省教委提出的"加强教学管理,规范教学行为,坚持常规管理"执行。他提出,首先要按照《江苏省职业高中教师的教学常规》常抓不懈,认真落实。这个"常规"详细规范了课堂教学和实践教学的教学过程。各职业学校要加强执行文件的自觉性,要加强对教学过程的管理。

(三) 教学模式的研究

教学模式是指在一定教育思想指导下,在教学实践经验的基础上,为完成教学目标和内容,围绕一定主题形成的稳定简明的教学结构理论框架,以及可操作的实践活动方式。经10多年职教实践,目前较普遍试行的教学模式有"双元制"、"能力本位"、"技能点"、"积木式"(或叫"模块式")等四种。目前要对这四种以及其他模式进行研究、阐述,指导各学校根据不同实际情况、特点,采用不同的模式,进行教学改革。模式不同,管理方式当然也不同。教学模式是直观、简约化的教学理论,具有系统导向和诊断性,便于操作实施。

(四) 教学评估和教学评估标准的研究

1. 评估是测评。它可以协调、制约教学,是教学管理的重要手段。从这个意义上讲,评估也是管理。

2. 教学评估标准,涉及教学和教师两个主要方面。教学方面指教学思想、教学内容、教学过程等全方位的评估标准;教师方面指以绩效为目的、素质为条件、职责为保证的三方面的评估标准。这些评估标准的研究是检测、激励、导向的基础。

二、教学质量管理

(一) 教学研究和教学管理的一致性——提高教学质量

1. 哪里有教学,哪里就有教学研究,哪里就有教学管理。职业教育的教学研究是一种应用科学研究。教研成果应是对教学各方面的规律性认识,根据这种理性的认识,拟定管理若干条文时就有了理论依据。"以建章立法抓规范"的职教工作思路和原则就可以得到落实。应做好下面三方面的教学管理工作:一是对教学工作的指挥与导向,组织与安排;二是对教学工作进行定期和不定期的检测与检评,调整执行偏差,为一个目标不断地协调;三是深广度结合,深入的典型分析与广泛的全员、全面、全过程的统计相结合,总结表彰,使教学工作步入科学合理的正常运行轨道,有序有效地进行。

2. 职教的教学研究和教学管理是两个不同的方面,但又是相互联系、相互促进,在一定条件下相互转化的。因此,它们是统一的、一致的。教学研究和教学管理不是目的,而是手段。它们的出发点和归宿是提高职教的教学质量,是培养高职业素质的中等应用型人才。

(二) 教学质量

1. 教学质量是指专业培养目标中对人才的规格要求以及职业素质要求的符合度和学生数的比例。人才规格的层次有高、中、低之分;类别有应用型、研究型之分;工作性质有管理人员、技术人员、其他从业人员之分。职业素质包含政治思想道德素质、文化素质、专业素质、技能与能力素质、身心素质。不同的专业,不同的职业群,对职业素质的要求也都是不同的。围绕经济社会中职业群对人才规格和职业素质的要求,以及依此而确定的专业培养目标,研究计划的核心内容是课程设置。职高有政治课、文化课、专业课和实习四类课程。中专分为普通课、基础课、专业课三类课程。课程设置中有四类或三类课程,再细化为10多门课程。每门课程有目标、性质、内容、要求、课时分配、课程间横纵向内容的联系等,这就是课程教学大纲,依据教学大纲编著教材。

2. 课程教学质量,是指符合课程教学大纲中教学目标、教学内容、教学要求的度以及学生数的比例。这就是课程教学质量。它是衡量一名任课教师的尺度。每门课程教学质量综合起来,就构成了这所学校的教学质量。课程设置中没有涉及的因素也加入其中,就构成了一所学校职业教育教学质量。

3. 职教教学质量的高低是职教发展的生命线。大力发展职教事业,特别要重视提高职教教学质量。质量的提高要靠教学基本理论的指导,要靠课程模式、知能结构、职教课堂教学特殊性、实践教学规律性、教学模式理论等教学应用理论导向,要靠教学评估标准等可操作管理手段评估,更要靠社会、政府和广大职教同仁对质量的重视和努力。

注:
作者许高炎,本文发表在 1996 第 5 期《南京职教》上。

第五节 课程学分管理

本文试图对学分制概念进行界定,阐明学分制的本质和实施条件,说明试行学分制的意义。试行学分制目的在于推动课程与教学改革,提高教育质量。其意义在于为学生提供全面重点发展的空间,推动课程改革、教学改革、管理改革,加强师资队伍建设,提高高职教育质量,为普职沟通提供必要条件。

一、试行学分制阶段与发展

下面分别叙述试行学分制发展与选课制、学年学分制、完全学分制 3 个阶段。

(一)选课制

选课制是选修课制度的简称,又称选科制。选课制是指学生根据需要、兴趣与能力,以及课程设置、教师配备等客观情况,选择学习课程的教学制度。选课主体是学生,选课制度的建立、实施与执行主体是学校。

(二)学年学分制

界定学年学分制,先介绍学年制和学分概念。学年制是学生须学满规定学年,修满规定课程,考试合格,方可毕业获证的教育管理制度。学年制是一种刚性教育管理制度。我国大、中、小学实施的学年制分别是 4 年、6 年、6 年。学分是衡量学生学习量的一种计算单位。它是表示课程完成教学时数时所获得的度量单位。各门课程以学分为单位度量。

学年学分制以选课制为基础,规定每学年学习量完成的学分数的教学管理制度。它保留了刚性的学习年限与必修课,增加了弹性的选修课,课程的质和数都量化为学分,并规定每学年学生应完成的学分。

(三)完全学分制

完全学分制是以选课制为基础,不受学制限制,修满规定下限学分,就可毕业获证的教育管理制度。完全学分制采用弹性学制,学分统计打破学年界限,以整个专科学段为单位,统筹计算学生修习的学分。修满(或未修满)规定下限学分,允许学生提前毕业(或推迟毕业)。整个专科学段没有年级之分,只有第几年之别。弹性学制提供学生更大的学习空间,更多的人性化服务。完全学分制有完善的教育管理制度、有效的学分配置与质量评价、高素质的教育工作队伍保证。完全学分制是在弹性限度内的"完全"。

（四）学分制发展

选课制是学分制发展的基础阶段，学年学分制是学分制发展的初级阶段，完全学分制是学分制的高级阶段。现阶段，高职高专教育还没有发展成为一个可供学生选择学分的"市场"，大多数学校只可能试行选课制与学年学分制，极小部分有条件学校可开展弹性学制试验，试行完全学分制。据我国各类教育实行学分制经验，学分制的模式有多种，如：学年学分制、计划学分制、实绩学分制、复合型学分制、弹性学分制、整合学分制、全面加权学分制、绩点学分制、学分相通制、学分互换制等。因弹性较小，统称"部分学分制"或"不完全学分制"。现在使用最多的模式是学年学分制。

二、学分制本质

（一）提高"全面重点发展"的人才教育质量

试行学分制，坚持以学生为本，以"全面重点发展"的人才质量标准提高教育质量。

"全面发展"指两方面：高素质与有能力。"高素质"是内化稳定的好品质：第一，提高做人素质。在现代社会实践环境中，通过意志、情操、信仰、价值观、人生观、荣辱观、爱国主义、集体主义等教育，形成对事物、人与社会的正确态度和稳定心态，学会做人。第二，融入社会与时俱进。在强国战略和时代要求下，形成不断进取、勇于创新等现代人优秀品质，学会做现代社会人。"有能力"是有本领、有方法提高进行活动的效率：第一，对主观，有认识、挖掘、发展自我的方法。第二，对客观，有进行学习活动、社会活动、职业活动的本领。"重点发展"指四方面：第一，有职业素质——社会职业人方面的品质；第二，掌握应用知识与技术技能——职业行业需求的应用知识、高技能与技术应用；第三，培养职业能力和技术创新能力——与职业有关的认知能力、实践能力、情绪能力；第四，优化个性发展——学生个体潜能、优势、特质的挖掘、培养和发展。

（二）提升"宽进严出"的学分教学管理水平

高等教育大众化后，高职入学属第三批次，如何在宽进情况下把好毕业质量关呢？学年学分制本质在提升学分教学管理水平。提升"宽进严出"的学分教学管理水平关键有两方面。第一，严格学分教学管理制度，执行"取消留级，弹性延期"；第二，严格学分教学管理过程"每生课程学时数，每生课程考试分"的质量控制与监督。

（三）提高"学生本位"的学分教育管理能力

学年制与学分制的本质区别：前者为管理本位，后者为学生本位。构建学分制是一个系统工程，包括学分课程管理、学分教学管理、课程班级管理、校园管理、宿舍管理、导师制管理、硬件软件配套教育管理等一系列教育工作与管理改革，在管理为服务的管理思想指导下，提高"学生本位"的，全面重点发展的，高质量育人的学分教育管理能力。当然,完全学分制的实施,对大多数高职来说条件不成熟,其试行还相当难,但有确定的方向,要努力创造条件。

三、实施学分制条件

（一）确定"必选比",推动课程改革

必修课与选修课的比例,简称"必选比"。如何确定"必选比",推动课程改革呢?

第一,进行课程分析和职业分析。课程分析是根据目标与对象,沟通知识联系,科学合理删繁就简、削枝强干、优化整合,构建新课程。职业分析是根据职业工作过程（或任务、项目、产品）分析知识点、技能点,并扩大到职业群,根据行业标准将知识点、技能点系统深化拓展为应用知识、技术与应用,构建新课程。

第二,经课程分析和职业分析后,新课程有:一是模块课程,特点是具有针对性、灵活性,解决1~2个技术或应用问题,它有利于课程搭接、组合;二是综合课程,特点是具有适应性、实用性,用在"基础、应用平台"上;三是实践课程,内容有"技术应用方面的物化工具、设备、材料的使用;技术应用方面的内化工艺、方法、制度的掌握;技术应用方面的知识体系的理解"等三个方面。

第三,构建专业课程结构体系,制订专业课程计划。一是课程总量。要减少理论,增加实务、应用、技术、工艺课程。二是课程类型与位置。专业课程结构体系有文化基础平台、专业技术应用平台、职业选项,确定学科、模块、综合、实践课程在专业课程结构体系中的位置。三是排列组合。确定课程间的联系与作用,安排课程的空间序与时间序,制订专业课程计划。

第四,根据国、域、校情与条件,确定"必选比"。由学校确定必修与选修课,据各类教育实行学分制经验,试行学分制的参考"必选比"是:试行选修课时文化基础平台课程必修课约占40%;专业技术应用平台课程必修课占30%,选修课约占10%;职业选项选修课约占20%。试行学年学分制时专业技术应用平台课程选修课约占20%。完全学分制文化基础平台课程选修课约占10%。"必选比"一览表如下(仅供参考)。

课程结构体系	选课制		学年学分制		完全学分制	
	必修课	选修课	必修课	选修课	必修课	选修课
文化基础平台课程	40%	0	40%	0	30%	10%
专业技术应用平台课程	30%	10%	20%	20%	20%	20%
职业选项课程	0	20%	0	20%	0	20%
合计	70%	30%	60%	40%	50%	50%

确定"必选比",不仅推动了课程改革,而且扩大了学生全面重点发展的空间。

（二）加强"专兼、高水平"的师资队伍建设

试行学分制确定"必选比",推动课程改革与建设,为教师带来了专业发展空间,但也

会有一些不适应的情况。因此要加强师资队伍建设,具体要求:

第一,走出去请进来,专兼互动。教师定期去企业培训、实践,形成培养双师型教师制度;请有实践经验的高水平技术实用型专业人员来校上课。采取双赢措施,专兼教师互动,推动企校结合,推动师资队伍结构改革。

第二,提高学分管理水平。管理人员、教师要有"选课意识""学分意识",举办"学分教育教学管理"培训班轮训教师,提高管理人员、教师的学分教育教学管理水平。

第三,引入"导师制"。学生要有自己的学习计划,为确保其符合实际,须引入"导师制"进行导师指导。高职高专生在学习方法上,在选课上,在安排周密的学习计划上应得到指导。高职高专生导师有教育、学习、管理学知识,导师不仅是专业课程专家,也是教育、管理行家。因此,试行学分制需要高水平的高职师资队伍(推行"导师制"须解决工作量、导师遴选、导师管理体制等问题)。

第四,引入"选师竞争机制"。选修课比例逐步增加,学生选课也要选教师,选师竞争出现,为此应事先引入"选师竞争机制",充分调动教师积极性,提高教育效率。通过"选师竞争机制"的教育教学活动,建立高水平高职师资队伍,有效地培养高质量人才。

(三)确定学分的配置与管理

确定学分的配置与管理,主要是从学籍学分和课程学分两方面进行,根据配置进行管理制度的制定、执行、监督、反馈等管理工作循环程序。

首先,确定学籍学分配置与管理。高职院校首先确定各专业毕业修满的总学分;必修课程多少门,学分是多少;限定选修课程多少门,学分是多少;任意选修课程多少门,学分是多少,以及相应的学分、学业、学籍管理。其次,确定学年学分配置与管理。各专业也要确定每一学年修满的学分;每一学年必修课程多少门,学分是多少;限定选修课程多少门,学分是多少;任意选修课程多少门,学分是多少,以及相应的学年学分教学管理。学籍和学年学分的配置与管理,具体反映在高职各专业课程计划中的课程学分的配置与管理上。下面简单介绍高职各专业课程计划中确定课程学分配置的要点:

第一,要确定文化基础平台课程多少门,必修课程多少门,每门课程学分是多少,小计多少;限定选修课程多少门(不是指开设的而是指规定的),每门课程学分是多少,小计多少;任意选修课程多少门(不是指开设的而是指规定的),每门课程学分是多少,小计多少。

第二,要确定专业技术应用平台课程多少门,必修课程多少门,每门课程学分是多少,小计多少;限定选修课程多少门(不是指开设的而是指规定的),每门课程学分是多少,小计多少;任意选修课程多少门(不是指开设的而是指规定的),每门课程学分是多少,小计多少。

第三,要确定职业选项课程多少门,限定选修课程多少门(不是指开设的而是指规定的),每门课程学分是多少,小计多少;任意选修课程多少门(不是指开设的而是指规定的),每门课程学分是多少,小计多少。

（四）掌握"动态"学分的教育、管理与评价

试行选课制、学年学分制、完全学分制，都为学生创造了弹性的发展空间，只是大小不同而已。因此，把握学生学习活动时间、地点、内容的规律，是进行"运动"学分教育、管理和质量评价的基础。如下五方面的"动态"学分教育、管理与质量评价应予以关注：第一，班级集体组织形式变更，如变为课程班级、校园、宿舍三合一教育组织形式等；第二，增加了动态的隐性课程；第三，增加了校园文化的活动；第四，增加了各类社会实践活动；第五，参与产学研办学、教学研究、创造创新能力的学分管理与评价。

（五）实施"按部就班"的程序

高职教学改革试行学分制，必须按部就班。首先，创造条件试行选课制；积累经验创造更有利的条件，再试行学年学分制；最后条件成熟，再试行完全学分制。实行学年学分制前提和核心是选课制，实行完全学分制的教育与质量管理制度的基础是学年学分制。高职试行学分制是一个系统工程，应符合国、域、校情，创造条件按学分制的本质要求，"按部就班"地实施程序步骤，推动教育教学改革，提高教育质量。关于高职学分制概念、本质和实施条件如下表所示。

学分制	概念	本质	实施条件
基础阶段——选课制	学生选修学习课程的教学制度	1. 提高"全面重点发展"的人才教育质量 2. 提升"宽进严出"的学分教学管理水平 3. 提高"学生本位"的学分教育管理能力	1. 确定"必选比"，推动课程改革 2. 加强"专兼、高水平"师资队伍建设 3. 学籍、学年、课程学分配置与管理 4. "动态"学分的教育、管理与评价 5. "按部就班"地进行程序步骤
初级阶段——学年学分制	以选课制为基础，每学年完成学分的教学管理制度		
高级阶段——完全学分制	以选课制为基础，修满下限学分毕业获证的教学管理制度		

参考文献：

[1] 王欢.学分制如何走出困境[N].光明日报，2005-12-28(6).

[2] 教育部办公厅《关于在职业学校进行学分制试点工作的意见》，教职成司〔2001〕3号文件.

[3] 曾宪年.对我国高校实施学分制的思考[J].湖南师范大学教育科学学报，2006(3)：52-54.

注：

本文曾登载在2006年11月《职教论坛》上，后在"钟山学院"学报发表，除稿费外还获得学院论文一等奖，奖金5000元。作者系钟山学院职教所研究员许高炎。

第十五章　沉浸篇

片段与碎片

职教工作者的中国梦是对中国式职教特殊基础体系的追求、探索与研究。改革开放40多年以来,职教工作者孜孜不倦地进行了教育结构改革,改变了千军万马过独木桥的教育单一结构,形成了普职齐头并进的合理教育结构。

职业教育改革40多年实践,涉及积极发展职业教育、提高职业教育质量、提高教研科研水平、完善发展职教结构、顶层设计高质量发展等五个方面或者说是经历了这五个阶段,是一条探索实践—认识职教—再实践探索—再提高认知的辩证唯物主义路线。本文"片段与碎片"有10点要具体阐述,对40多年职业教育探索认识发展路径,可略展示一二。

40多年来,职教工作者撸起袖子干了十件事,笔者虽作为亲历者将其表达出来,但叙述难免偏颇与不足,所以只能说是"片段"或者说是"碎片"。这10件事是:(1)学习德国经验;(2)创办职业学校;(3)发展职教事业;(4)加强教学管理;(5)出版职校用书;(6)深入课堂导向;(7)职教理论科研;(8)职教课程科研;(9)省市地区科研;(10)建设高职教育,形成还不完善的初中高三个层次的现代化职业教育体系。今后还必须继续适应性发展,深化产教融合,高质量发展。

一、学习德国经验

1. 部长外访,中德合作建中心:1978年改革开放后,教育部蒋南翔部长赴联邦德国访问,于1982年确定了中德合作发展职教的意向,并落实了中德合作教育项目,在中国建立三个中心,即:北京大学德语培训中心;南京职教培训中心;上海师资培训中心。

2. 中德合作,南京项目:1982年12月南京市教育局与建工局决定推荐、遴选、公派优秀教师与技术工人,前往北京大学西语系"德语培训中心"强化德语培训,他们还作为全国第一批公派中学理论教师与实训教师赴德国进修(公派留学生待遇)。

3. 德国教育结构:德国教育分类,学生在十岁时确定发展方向。德国中等教育分三类:完全中学、实科中学、职业学校。完全中学相当于我国重点高中,方向是"重基础知

王明达副部长(右六)与联邦德国同行研讨中德合作最早南京项目

识,重科学实验,强调探索精神,培养科学家";职业学校,方向是"重技术知识,重技能训练,强调工匠精神,培养高技能人才"。

4. 中国借鉴经验,结构改革:我国教育结构要改革,高中教育要分流,开拓发展职业教育,夯实发展经济的人才基础。学习德国发展经济的成功经验,德国人喜欢说"发展职教是德国经济发展的秘密武器"。中国对此进行学习借鉴。

二、创办职业学校

1. 教育软实力,教师为根

联邦德国进修学校

理论进修(在联邦德国)

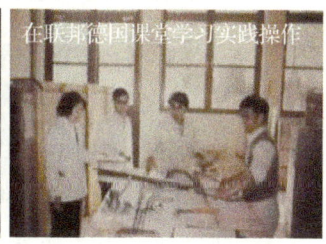

实践进修(在联邦德国)

教育软实力是教师修养与水平。第一批去联邦德国的教师,进行理论进修与实践进修,学习联邦德国发展职业教育的经验。一支过硬的职业教育的教师队伍,是发展德国实体经济的基础。

2. 教育软实力,内容为本

翻译联邦德国专业教材《基础理论》,上册编译由许高炎负责,下册由李明负责,参编有朱虹、邓立功、陈瑞萍、张明正、翁汇中、张永庚、吴舒琛、韦三好、杜渐、樊建华等十位老师。

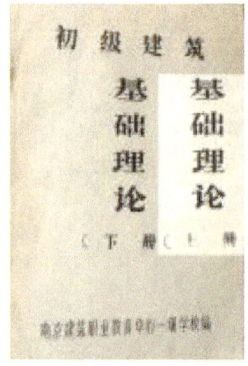  

这批在德国进修的教师回国后,立即到第一所中德教育合作学校——南京建教中心任教,从事专业理论教学与实训教学工作。当时上课没有教材,教师们团结合作,夜以继日翻译了联邦德国职教专业理论教材。

经过不断实践,南京与天津的职校实训教师,创新开拓合作编辑了《专业技能训练》教材与《综合实习》教材(高等教育出版社出版)。

3. 创新开辟,实训教学

上海实习工地上许高炎与德方专家斯麦茨勒先生交谈实习经验　　实训老师研讨、践行"六程序教学法"

南京建教中心教学校长亲力亲为,彻夜撰写了近万言实训课程技能教学法——《六程序业务演练教学法》作为实训教学过程法则,其沿用至今(1986年在杂志上发表)。实训教学法则,是为技能训练立规矩。

4. 创办本土化、双元制办学

在南京建教中心的教育改革开拓者杨敫校长等引领下,南京市招生办研究破例,为中德合作学校开绿灯解决招生问题,创新在全市单独提前招生。专业教师不足,南京市人事局研究决定,特为该中心二次在全市公开招聘专业人才。在市教育局的授权下,

分别与六大城区教育局,分散解决文化教师工作问题,形成职业学校文化与专业教师的合格比例。在南京市建工局、南京市教育局、德方代表、南京建教中心、六大公司多方共同努力下,南京建教中心一级职业学校与南京六大公司签订了校企合作协议,如上图。职业学校与南京市六家大企业合作,实施"双元合作办学"引领模式。1986年一级学校有了第一届毕业生,他们被分到各建筑行业并大受欢迎,他们是肯干、能干、会干活的技能人才。

5. 创办一级、二级学校

1986年中德双方在完成三年合作的基础上,开始第二轮合作的谈判——创建二级学校(技术员学校)。借鉴"德国322技术员学校",重技能重技术特点,南京建教中心结合中国国情采取技术员学校4年学制,创建了中国式212技术员学校办学模式。中德合作第二轮合作协议,1986年在德国慕尼黑完成,确定继续在南京建教中心进行第二期合作。1989年,经过六年艰苦努力,一所借鉴德国模式且具有中国特色的一级学校与二级学校,完成了一个周期多层次办学任务。

南京建教中心办学进行的教育改革有:创建多层次学制、单独提前招生、企校合作模式办学、公开招聘专业教师、实训教学训练立规、特色实践教材编写等,这些措施都具有开拓性。借鉴中德合作的成功经验,中国教育部门扩大与德方合作,在沈阳、无锡、芜湖等六个城市实施双元制企校合作模式试验。

6. 杨敖与维尔克

中德合作办学中,作出开拓性、创造性、卓越贡献的中方代表杨敖校长与德方代表维尔克处长,在中德合作30年纪念大会上,南京市教育局对他们表示了感谢。改革开放40年,南京高等职业技术学校(原南京建教中心)教职员工,在杨敖、黄重国、许高炎、程福伦、潘栋标、张宁新、张荣胜、杨正民等校长们的开拓引领下,团结一致、克服困难、努力工作,学校已初步发展为培养"技术技能""工匠"人才的摇篮,成为有特色有影响的全国重点职校。南京职校参加江苏省职教技能大赛,十多年来一直保持技能赛三连冠(技能冠军数第一、技能奖牌数第一、技能总分第一)的成绩。多年来,市、省、国家3级的职教技能大赛已常态化,突显职教"重技能"特色,突显职教培养"技术技能""工匠"人才的方向。

上台领奖的是杨敖夫人与维尔克

中德职教合作30年纪念

三、发展职教事业

1. 合作项目迅速扩大:从1982年南京第一个项目开始,除了推向六大城市试点双元制之外,到80年代中后期还有上海电子职校(1984年)、湖北十堰机械职校(1885年)、湖北武汉啤酒职校(1987年)、山东青岛平度农业职校(1990年)等各个不同专业学校,与德国汉斯·赛德尔基金会合作的项目共达10个。不仅与德国汉斯·赛德尔基金会合作办教育,还与德国其他基金会、其他一些国家合作办教育,试点双元制办学。

2. 职教事业迅速发展

国内职校发展迅速。在经济发展、市场需求、升学率驱动下,有些普高改制职校,有些行业、社会团体创办职教班。职教发展日新月异,职教事业不断壮大。不到十年时间,全国中考招生计划普职比,已从1∶0快速发展为1∶1,有的地区甚至普职比达4∶6。1991年国务院发布《关于大力发展职业技术教育的决定》作为指导文件,发展职业教育已是一项发展方向明确的重大教育结构改革。

南京高等职业技术学校(中德职教合作第一个项目)成为国家级重点职业学校、全国教育系统先进集体、全国职业教育先进单位、全国首批改革发展示范学校,在谷孝和、程福伦、潘栋标、张宁新、张荣胜等校长们的引领下,学校扩大了规模,从一大类4种专业稳定地扩展为七大类17种专业,创建了产教融合多元模式,成为具有全国性引领作用的高等职业技术学校。

3. 质量是生命,加强管理:办职教是有软硬条件的,有些职校实训设备缺乏、实习管理水平较差,缺少专业规划教材,缺少专业实训教师。20世纪90年代,职教开始收缩。针对问题,教育部提出"发展好职教,质量是生命",从发展数量逐步转向发展提高职教质量阶段。教育部针对职教发展中出现的"教学管理与教材用书"两大问题,采取针对性措施。

四、加强教学管理

1. 成立职教教研室:各个省市按照教育部指示精神,加强统一职业教育教学的管理,成立职教教研室。1993年南京市教育局创建了江苏省规模最大的职业教育教学研究室(编制29人),勤力而行开展全市职教教研与教学管理工作。当时南京市已有大大小小一百多所职校与职业班,职教事业发展规模较大。

2. 加强教学管理:南京市职教室加强审批了每所职校的教学计划,还进行了文化课与专业基础课程的统一考试,指导与规范管理了南京职校的教学工作秩序。另外,职教室多次组织、调研、听课、评选全市职校专业教学带头人与优秀青年教师的工作。职教室教研员和工作人员,在主任带领与各职校积极配合支持下,肯干事苦干事、能干事干好事,发挥了全市职校专业教学带头人与优秀青年教师模范带头作用,为提高南京市职教教学质量做了大量工作。

3. 加强教研与交流:

1996年10月,南京市职教室承办了全国部分城市职业教育教研协作会,参会代表152名。开幕式上分管教育市长与教育局长讲话。会议期间,小会大会,会内会外,交流经验,热烈讨论。各个城市的职教室主任与教研员们,为提高我国职教教学质量,毫无保留地介绍了本城市的职教教学管理与提高职教教学质量的宝贵经验。在职教系统里,亲切地流传一句话——"全国职教是一家"。

五、出版职校用书

1. 部司领导,调研决策

教育部提出要架构职教课程体系,职教司教材处与职教处积极与省市教育部门、基层职业学校联系调研,组建了以省市职教处室为组长单位的全国九个教研组,推动课程改革与教材建设,指导职业教学工作。教育部职教司领导到南京调研,召开江苏南京职教方面领导与职校领导会议,决定由江苏南京为全国职教建筑教研组组长单位,开展全国性教研活动,主要工作是制定教学方案、编写教学大纲、编写教材。

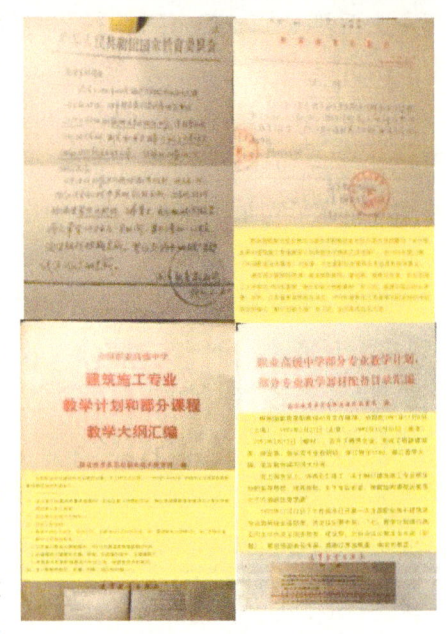

2. 高等教育出版社,出版职教教材

高等教育出版社1985年组建职业教育编辑室,开创职业高中与成人中专的教材建设工作。在张志军、杨胜伟、王军伟等副总编的直接领导与践行下,十年来,共出版职业高中建筑、电子电器等20个专业的计划、大纲、教材,共189种2 832.6万字,总共出版职业教育、成人教育教材等380种8 000余万字,发行3 000余万册。出书量从1985年的0到十年后的1995年占整个高等教育出版社出版量约1/3,成为国内出版职业教育的主要基地(引高等教育出版社副总编张志军《职业教材建设十年》文)。具体配合了教育部职教司职教处与教材处落实职业教材用书。张志军说,"职业教育编辑室有一批肯于吃苦,勇于创业,不断攀登的好同志,他们冬练三九,夏练三伏,不辞劳苦,连续出差;有些同志带病坚持工作;有些同志家有上小学、上中学的孩子,顾不了家务,克服困难,为职教事业奔波。有的同志,为了保证发稿加班加点,一杯浓茶干半宵……"高等教育出版社杨述先、周德邺、贾瑞武等一大批编辑工作人员,在全国范围内进行了广泛深入的职教课程调研,及时出版了满足职业学校紧迫需要又切合职教实际的教材用书,为职教事业科学稳定发展与职教质量提高作出了突出贡献。

六、深入课堂导向

1. 科研成果指导实践。职教科研是为了指导实践,职教工作者把科研成果简化为职教工作的唯象特点:① 职教专业与市场职业领域沟通;② 职教办学灵活,学制多层次;③ 培养"准职业人"人才;④ 专业课程结构两段式,基础平台+积木与模块;⑤ 课程内容与教学内容"广浅用新",广在综合性,浅在理论性,用在技能训练,新在技术知识;⑥ 推广课程学分制;等等。科研成果简化为唯象特点,利于深入课堂指导教学。

2. 深入某高职课堂。21世纪初,南京市职教室与南京财经学校配合,从事督导教学工作,深入学校进行指导。在督导期间,深入课堂,不打招呼,推门听课。一年听了63位不同文化与专业教师的课。听完课后与教师沟通交流,亮出好的具体内容,明确不足之处与问题。如何上好课?在职校教职工大会上,进行督导工作总结,介绍不同专业、不同课程上的好课教师,导向讲课方向与做法。全面提出教学建议,坚持职业教育的教学观,培养高素质高技能人才。

3. 教学教育融合育人观。职校教师教书育人，课堂是主阵地，教师职责是备好课、上好课。第一，职校教师如何备好课？备好课要备实用教材、备教育对象、备讲课教具、备职业设备材料工具、备职业实际、备教学过程，本质上备课就是职业教学策划。第二，职校教师如何上好课？首先，将教学融入教育五要素中。另外，教学方法多种多样，但是要根据所处职教环境、场景、教学设备、教学对象等，积极探索与研究出一个最佳的好方法。正确教法督导是"教法无定法，但总有好法优法"。

七、职教理论科研

职业教育经过20年，从创建创办职业学校，到"事业积极发展期"，到"加强教学管理期"，职业教育稳定发展。

1. 顶层理论指导：为进一步提升职业教育的发展水平，教育部采取了多项措施，积极推进国家与地区进行职业教育的科学研究。1990年，中德合作成立了国家教委职业技术教育中心研究所（北京）、上海职教研究所、沈阳职教研究所，配合教育部职教司研究宏观职教事业发展战略与职业教育教学指导思想、原则、规范等。创建研究所后，直接由教育部职教司司长孟广平担任所长，职教科研工作迅速展开。经几任所长努力，由国家教委职业技术教育中心研究所编著，北师大教授高奇主编，刘京辉所长等10位同志参编的具有开拓性的《职业技术教育原理》，于1998年3月由经济科学出版社出版。这是职业教师与职教管理干部的指导书，也是一本职业教育师范院校教材。

2. 中央地方合作科研：另外，由教育部职业技术教育中心研究所姜大源主编、李璞副主编的《职业学校专业设置的理论 策略与方法》，是全国教育科学"九五"规划教育部重点课题——"面向21世纪的职业学校专业设置"的总结，2002年9月，由高等教育出版社出版。课题总负责人教育部北京职业教育研究所余祖光副所长在序言中说，本书具有创新意义与实用价值，它突出了地区与行业的重大作用，论述了专业与职业的关系、专业设置的供给驱动与需求驱动的模式、专业建设与专业评估策略与方法、深入国际比较探究、专业设置未来趋势与应解决问题等，发挥了科研的指导作用。

八、职教课程科研

1. 发动群众科研：《全国教育科学"九五"规划教育部重点课题——面向21世纪中等职业学校课程与教材体系改革的研究与实验》由高等教育出版社与教材发展研究所引领，组织发起了21个省市、140所职业学校与教科研单位、近1 000名职业教育工作者参与课题科研。2001年9月由高等教育出版社出版。

2. 高等教育出版社导向职教课程发展：课题总负责人王军伟（主编）在导言中说"从岗位定向教育向素质与综合职业能力的转变，是21世纪初中国职业教育改革的核心。对创新精神与实践能力的培养是中等职业学校素质教育的根本任务。社会能力、方法能力、专业能力,是综合职业能力在中等职业学校课程目标中的具体体现。——职业技术研究的对象,不只是一个技术过程,同时也是一个社会与劳动的过程,那种单纯以学科为基础的课程远远不能满足职业的需要。新世纪的职业教育,必须以从事的某一种职业领域为目标,以劳动过程为导向,综合技术与劳动的各个方面。——'宽基础、活模块'作为一种新型的课程结构,正从实践到理论日趋完善。它适合中国国情,具有中国特色,它以素质和综合职业能力培养为核心,既强调集合相关职业通用知识与技能,也重视一个特定职业必需的知识与技能。——加大课程综合化的力

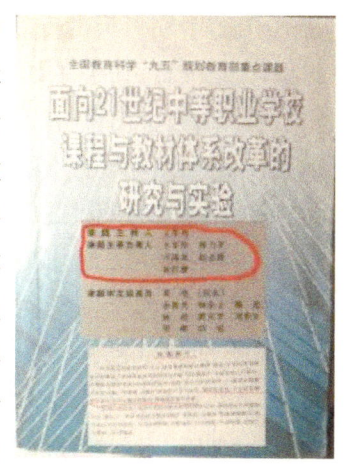

度,建立与完善技能训练体系是目前我国中等职业教育课程改革行之有效的手段"。

3. 职教工作者精神食粮:以上"职教原理、经济发达地区职业教育研究、专业设置、职教课程"四本科研理论成果,是课题负责人、主编、参编等职教工作者,在职业教育改革实践中的总结与提升,是职教战线上的教师、校长、科研工作者、职教管理人员需要的有借鉴参考作用、有实用价值的好书。

九、省市地区科研

1. 在南京举办科研会议

1999年5月,南京市职业教育教学研究室受高等教育出版社教材发展研究所委托主办,金陵职业教育中心承办,在南京召开全国教育科学"九五"规划教育部重点科研课题,"课程综合化与专业技能课程"专题研讨会。1999年10月22日,《高教书讯》第二版登载

报道中说,为期三天的专题研讨会有"专家讲座,小组讨论,大组交流,研究工作"四项议程。参会的有全国重点职校研究型校长、省市职教科研单位研究人员、著名职教专家、高等教育出版社与教材研究所等4方面人员,近100名知名职教工作者。

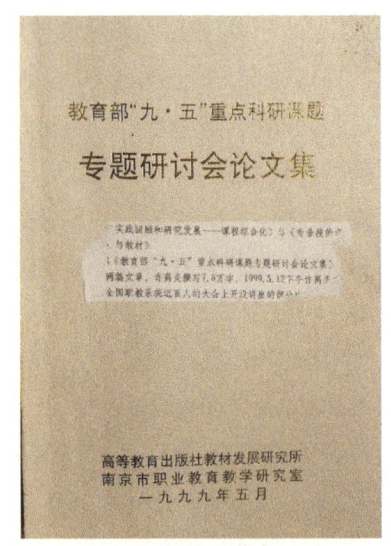

2. 会议内容丰满,成果深远

南京市分管市长与教育局局长等领导参会讲话。全国著名职教专家、江苏省教育厅副厅长周稽裘作了"江苏省职业教育专业现代化建设"深度发言,《全国教育科学"九五"规划教育部重点课题——面向21世纪中等职业学校课程与教材体系改革的研究与实验》总负责人首先对科研课题作了全面详尽介绍并布置了下一阶段的科研任务。课题主要负责人之一南京市职教室主任许高炎对"课程综合化与专业技能课程"作了专题研究阐述。北京市朝阳区职教中心副主任蒋乃平与上海职教教研所副所长黄克孝作了专题讲座。成都教科所职教室主任邓永伦、武汉市教研室教研员周南岳、河南省教委职教教研室教研员陈延军、长春市职业技术教育中心副主任高铁、广州电子职业学校中学副校长徐治乐、北京市朝阳幼师校长杨文尧在大会上作了课题专题实验性成果、研究性成果以及理论探索性的发言。大会后分4小组对分类专题进行热烈讨论,会议成果影响深远。

以提高职教教育教学质量为目的,各省区市职教室与各职校教师在职教科研的大氛围中,还从职教各个方面参与了"职教专业设置课题""经济发达地区职教研究课题""区域职教教学管理模式研究课题""大学生职业生涯规划"的研究等。

3. 强富美高的江苏的科研水平

中国职教学会、国家教委职业技术教育中心研究所1999年9月第一次收到从各省推荐优秀成果多达 2 000 篇,如江苏省教育厅副厅长周稽裘、王兆明、眭平撰写的《开展专业现代化建设试点工作,积极推进江苏职业教育现代化》与南京市职教室主任许高炎撰写的《面向 21 世纪课程综合化的几点认识》分别获得优秀成果奖一等奖,还有很多作品获二、三等奖,优秀成果奖。

十、建设高职教育

1. 建设高职教育:教育部提出高等教育大众化后,积极发展高职高专,2010 年高职高专招生数占普教高校一半以上,高职高专成为高等教育大众化的主力,初级、中级、高级职教体系建设初步完成。教育部还及时出台了高职高专"办学教学评估标准",并提出在 2020 年将把部分高等普通大学转入职教体系的战略思想,构建现代职业教育体系。

2. 践行五项内容:一些热衷于职教事业的老职教工作者为提高高职高专办学教学水平奔波。如南京市原常务副局长高耘同志,退休后担任钟山学院职业教育研究所所长,并带领一批职教工作者,继续从事职教研究。

第一,沟通行业与学校,沟通中职与高职。调研人才市场、职业市场、招生市场与学生专业思想,为钟山学院设置专业与毕业生就业提供参考,为中高职衔接与招收中职生提供参考。

第二,提高高职教科院水平,提升高职院办学教学水平。每年初发布院课题计划、组织评选、宣传总结,召开高职院科研大会。每年所长代表钟山学院向全院各系院(包括爱恩分院)布置一年的课题内容、要求,落实高职院第一要素,首先是姓"职","职教课程"不完全是"学科课程"。

第三,深入课堂进行教学研究与导向,参与电子工程系调研、教师软件课题研究、职业生涯课程方案实施研究。

第四,撰写论文与课题,进一步明确高职办学教学的指导思想。撰写了两个部级课题子课题《教学评价体系》与《课堂教学》(专业杂志 3 次连载)以及多篇论文:图片从左向右,分别是《论高等教育大众化后的课程观》、《高职教育项目教学法的实践与研究》、《论高职教育的教学策划》、《坚持高职教学观,培养技能高素质人才》、《高职试行学分制构想》、《课程观与质量观》。多篇在中文核心期刊发表。

第五,在课程结构与教学内容上跟进技术革命产业变革。研究如何快速适应"知识

更新""技术更新"与"新产品、新工艺、新标准"科技创新,提高学习速度,使高职院大专与本科职教课程快速跟进我国社会经济的高质量发展。

十一、小结:职教发展五阶段

教育改革发展的 40 多年,可分为五个阶段:

1. **积极发展职业教育**:从办职业学校始,20 世纪 80 年代经过 10 年努力,从走出国门学习借鉴外国经验,到结合中国国情,从创建职业学校到积极发展职业教育,形成普职事业半分天下的教育结构格局。

2. **提高职业教育质量**:经过关停、并转、升级调整,加强教学管理,成立职业教育教学研究室,编写职教专业教材,深入调研督导职教课堂第一线,职业教育进入稳定提高教学质量发展期。

3. **提高教研科研水平**:"全国职教是一家",群策群力齐心搞教科研,进行职业教育实践的总结与理论概括。

4. **完善发展职教结构**:教育部提出"高等教育大众化"方针以来,建设了一大批高等职业学院,10 年内初步完成职业教育初、中、高体系的建设。

5. **顶层设计高质量发展**:发布了一系列规划、法律、体制、政策、措施等,今后一个阶段将继续完成如下任务:

(1) **高质量发展**:发展职业本科大学与产学研用创研究生培养模式,形成适合中国式职业教育现代化的职业教育体系规模。

(2) **适应性发展**:跟进经济发展,设置新专业,适合适应工业革命与产业转型升级的发展,适应适合产业数字化与数字产业化的发展。

(3) **深化产教融合**:高质量发展职业教育,培养高质量技术技能人才。筑梦"职业教育是一类特殊的基础教育",还需要不断追梦、圆梦,完成培养具有特殊性的直接为经济建设服务的新时代的人才结构基数巨大的技术技能人才,以技术技能教学内容为主的适应适合产业内涵的基础性教育,实现中国职教工作者的中国梦——中国特色社会主义的职业教育现代化。

后　记

完成本书写作,我的心放下了。对国家的培养、德国老师的培训、我们的心愿,我都有了交代。

我们(德国进修一行 11 人)的心愿:努力学习,把德国先进职业教育经验学到手。德国人喜欢说:"我们在战后,经济迅速发展起来的秘密武器就是发展职业教育。"因此在德国,我们除了在课堂认真学习外,还全面调研德国教育结构。我们去"完全中学""实科中学""职业学校"参观学习,为"完全中学"八年级学生课堂上讲中国地理,索要德国小学四年级(10 岁)分流前的四个年级教材课本,以及职业中学心理学教学资料,等等。我们利用休息时间,去西门子公司理学博士家访问,去公司经济博士兼大学教授家做客,去职校校长家访问,去导游(原小学校长)家做客,去职校毕业生从事经营服装店与咖啡店的老板家做客,去职校老师家做客,等等。我们抓紧时间,多访问多学习。

我们是幸运的:领导十分重视我们发挥的作用。回国后,我们从探索专业教学内容入手,翻译专业德国教材。德国专家霍尼克在南京中德合作学校介绍了实训 17 条规范,我们概括为 6 条,创建适合我们实际情况的实训教学程序规范。还主编了国家规划的示范创新教材《技能训练》与《综合实习》,把职业标准、职业工作内容、实训课教学程序编进教材,为产教融合内容作出了示范、进行了创新。

我是幸运的,因学校领导信任,从专业教师岗位走向教学校长岗位,创新 2-1-2 培养技术员学制(中德合作模式,后演变为我校高职模式)。我创新专业教学内容,创建实训教学程序,创新办学教育,边学习实践边研究总结,为创建本土化办学发挥作用。由于市局领导重视,为进一步发展职教,我从教学校长调至市里当主任,创办职业教育研究室,负责全市职业教育教学管理与教研,这是江苏省成立最早的职业教育教学研究室。我从办学教学到教研管理,有了践行机会、学习机会,职业教育认知面从微观向宏观扩展,对职业教育认知水平也有提高。

我是幸运的,退休后得到老同志的推荐,到钟山学院职教所工作,研究高等职业教育。从中职到高职,使我探索践行研究向职业教育纵深发展。至此,才可完成这本书。

因此,本书是国家培养我、司厅局校领导信任与栽培我、同事支持我、同行帮助我的结果,也是对开拓中德友好职业教育事业并作出重大贡献的中国杨敫校长与敬爱热情友好的德国校长布林恩的纪念。这本书也是我的心愿、梦想,是我追梦、筑梦的结果。

左图左边是中国杨敖校长,右图左边是德国布林恩校长

学习德国"双元制",关键在合作,核心在内容。本土双元制本质在产教融合。产教融合是职业教育的办学基本模式,深化产教融合,高质量发展职业教育,是实现中国式职业教育现代化的必由之路。

附表：论文、课题等文章一览表

序号	名称	所在图书、杂志	发表时间	承担者
1	《初级建筑基础理论》（翻译德语上册）	《初级建筑基础理论》（翻译德语上下册）	1985年	许高炎主编上册，李明主编下册，参编有邓立功等10位教师
2	"略论实训课的业务演练程序教学法"——六程序教学改革，实践总结成果	《职教通讯》杂志	1986年第2期	黄重国、杨敖、许高炎（撰写）
3	第四篇"创办过程、学制、双元制"（撰写：副校长 许高炎）	《南京建筑职业技术教育中心——三级学校（技术员学校）首届毕业生纪念册》（1987.7—1989.9）香港印刷	1989年出版	主编：许高炎、夏广云；德语顾问：约尔根·斯麦茨勒
4	《经济发达地区职业教育研究》子课题第八篇"职业技术教育的实训教育研究"	—	1991年出版	李步斗主编 南京市教育局课题组 许高炎撰写
5	《砖瓦工抹灰工木工钢筋工技能训练》	—	1994年出版	许高炎主编，8位老师参编
6	《关于职业高中建筑施工专业教学计划和教学大纲的几点说明》	《中国职业技术教育》杂志	1994年第12期	陈光（教育部）许高炎（南京市职教教研室）
7	《职教的实训教材特色》	《职教论坛》杂志	1996年第12期	许高炎撰写
8	《再谈职教的实训教材特色》	《职教论坛》杂志	1997年第4期	许高炎撰写
9	《"八五"期间职高专业课程结构的改革——积木结构》	《中国职业技术教育》杂志	1997年第7期	许高炎撰写
10	《全国职业高中教学论文集》——"浅谈职业高中课程和课程结构改革"	—	1997年出版	许高炎撰写
11	《面向21世纪，加大职高课程结构改革力度的几点认识》	《中国职业技术教育》杂志	1998年第2期	许高炎撰写

(续表)

序号	名称	所在图书、杂志	发表时间	承担者
12	《谈对职业高中数学第二册教材(高中版)的几点认识》	《数学通报》学术刊物	1999年第4期	许高炎撰写
13	第二篇"实践回顾和研究发展——课程综合化"	《教育部"九·五"重点科研课题专题研讨会论文集》高等教育出版社教材发展研究所(大会文件,论文集)	1999年出版	许高炎撰写
14	第三篇"专业技能课程与教材"	《教育部"九·五"重点科研课题专题研讨会论文集》高等教育出版社教材发展研究所(大会文件,论文集)	1999年出版	许高炎撰写
15	《实施课程综合化的缘由与途径》	《职教通讯》杂志	1999年第7期	许高炎撰写
16	《课程综合化结构的改革取向》	《职教论坛》杂志	1999年7月	许高炎撰写
17	《光辉的事业 成功的探索》	《面向21世纪中等职业学校课程与教材改革论文集》(全国优秀职教教学成果论文集锦一等奖)	1999年出版	许高炎撰写
18	理论研究 第一章 专业技能概念和模式 第二章 专业技能内容来源与形成过程 第三章 专业技能课程的教材编写与教学模式	《专业技能课程的理论与实践研究报告》"面向21世纪中等职业学校课程与教材体系改革的研究与实验"课题组(大会材料,论文集)	2000年5月	课题组31位 主持人:许高炎 理论部分第一章、第二章、第三章撰写人:许高炎
19	《课程综合化的研究》	《面向21世纪中等职业学校课程与教材改革论文集》	2000年出版	许高炎撰写
20	《专业技能课程改革与教材编写》	《面向21世纪中等职业学校课程与教材改革论文集》	2000年出版	许高炎撰写
21	"区域中等职业教育教学管理模式的研究"课题	2003年5月获教育部课题三等奖	2000年12月	课题组主要负责人:眭平、许高炎

(续表)

序号	名称	所在图书、杂志	发表时间	承担者
22	《综合实习》教材	高等教育出版社出版	2002年出版	主编：许高炎、徐飞
23	《中职工民建专业综合实习课程和教材特色》	《中国职业技术教育》杂志	2003年11月	许高炎撰写
24	"面向21世纪中等职业学校课程与教材体系改革的研究与实验"（全国教育科学"九五"规划教育部重点课题）	—	2001年出版	课题主要负责人：王军伟、蒋乃平、许高炎、赵志群、崔红珊
25	"南京地区中等职业学校专业设置的调研报告"课题组	《职业学校专业设置的理论策略与方法》	2002年出版	课题组负责人：许高炎
26	《关于高等职业教育课程综合的思考》	《职教论坛》杂志	2004年30期	许高炎撰写
27	《论高等教育大众化后的课程观》	《教育与职业》杂志	2005年第23期	许高炎撰写
28	第一章 概述	《大学生职业生涯规划》教材	2006年出版	许高炎撰写
29	《树立以学生为本的教学观，培养高素质高技能人才》	《钟山学院学报》杂志	2006年2月	许高炎撰写
30	《坚持高职教学观 培养高技能高素质人才——高等教育大众化后的思考》	《职教论坛》杂志	2006年第10期	许高炎撰写
31	《教学改革研究与实践》—— 课程观与质量观	—	2006年7月	许高炎撰写
32	《高职试行学分制构想》	《职教论坛》杂志	2006年第22期	许高炎撰写
33	《高职教育"有价值取向课堂生活"的课程——高职教育"有价值取向课堂生活"的研究之一》（全国教育科学十五规划教育部重点课题）	《职教论坛》杂志	2007年第2期	钟山学院课题组组长：高耘 撰写：许高炎

(续表)

序号	名称	所在图书、杂志	发表时间	承担者
34	《高职学生全面重点"适应"与"发展"——高职教育"有价值取向课堂生活"的研究之二》(全国教育科学十五规划教育部重点课题)	《职教论坛》杂志	2007年第4期	钟山学院课题组组长:高耘撰写:许高炎
35	《高职教育"有价值取向课堂生活"的原则、内容与方法——高职教育"有价值取向课堂生活"的研究之三》(全国教育科学"十五"规划教育部重点课题)	《职教论坛》杂志	2007年第6期	钟山学院课题组组长:高耘撰写:许高炎
36	《谈驾驶技能训练的教学》	《职教论坛》杂志	2007年第18期	许高炎撰写
37	《高职教育项目教学法的实践与研究》	《职教论坛》杂志	2008年第10期	许高炎撰写
38	《论高职教育的教学策划》	《职教论坛》杂志	2008年第20期	许高炎撰写
39	《谈Ps课程的教学》	《职教论坛》杂志	2010年第3期	许高炎撰写
40	《职业教育是一类教育》	《职教论坛》杂志	2020年第2期	许高炎撰写

作者简介

许高炎,1940年出生,1963年苏州大学物理系毕业,被分配到南京任教,担任普通中学班主任教育工作,担任物理教师、教研组长、市物理中心组成员、全国物理学会会员。中学物理高级教师职称,南京市中学高级职称评定委员会学科组长。1983年到北京大学学习德语,1984年公派赴德国进修,回国后在第一个中德合作项目南京高等职业技术学校任教,1988年担任教学校长,
1993年调南京市教学研究室任副主任,创建发展职业教育教学研究室,担任主任。2000年退休后任教育部"面向21世纪职业教育课程改革和教材建设规划"研究与开发项目成果审定委员会委员,任钟山学院职业教育研究所研究员。

(注:作者照片由南京职教教研室摄影)